완전한 깨달음

완전한 깨달음

이제열 강의

민족사

『원각경』 대의(大意)

『원각경』의 본래 제목은 『대방광원각수다라요의경(大方廣圓覺修多羅了義經)』이다. 이 경은 부처님이 문수 · 보현을 비롯한 열두 보살과의 대화를 통하여 어떻게 하면 중생들이 허깨비 같은 무명(無明)을 여의고 진실하고 뚜렷한 부처의 깨달음에 들 수 있을 것인지를 밝히고 있다.

지고한 깨달음의 경지인 원각을 돈교(頓敎)적 측면에서 설함과 동시에 그에 이르는 수행법을 점교(漸敎)적 측면에서 가르치고 있어, 상근기나 하근기 모두가 필수적으로 의지해야 할 경전임을 강조한다. 중국에서 만들어진 위경(僞經)이 아니냐는 논란도 있지만, 그 뜻이 대승불교의 묘의를 밝히는 데 조금도 모자람이 없으므로 오랫동안 불교의 핵심적 수행 경전으로 추앙받아 왔다.

모두 1권 12장으로 이루어졌고, 당(唐)나라 영휘(永徽) 연간에 북

인도 계빈국의 불타다라(佛陀多羅) 삼장(三藏)이 한역하였다. 이에 대한 주석서(註釋書)로는 당나라 종밀(宗密)의 『원각경소(圓覺經疏)』(6권), 『원각경초(圓覺經抄)』(20권), 『원각경대소(圓覺經大小)』(12권) 등 9종이 있고, 명나라 감산덕청(憨山德淸)의 『원각경직해서(圓覺經直解序)』, 적정(寂正)의 『원각경요해서(圓覺經要解序)』 등이 있다.

우리나라에서는 고려의 지눌(知訥) 선사께서 이 경을 중시하여 널리 알려지기 시작하였고, 조선 초에 함허득통(涵虛得通) 선사가 이 경 3권을 지으면서 중요한 수행 경전으로 채택되었다. 유일(有一) 스님의 『원각사기』(2권), 의첨(義沾) 스님의 『원각경사기』(1권) 등도 현존하는데, 특히 선(禪)을 표방해 온 우리나라 불교에서는 『유마경』, 『능엄경』, 『금강경』과 함께 그 위치에서 손꼽히는 자리를 차지하고 있다.

경의 제목을 풀이함

부처님께서 설하신 수많은 경전은 그 내용에 따라 각기 이름을 달리하고 있는데 대략 네 가지 방법에 의해서 제목을 삼는다. 첫째는 『열반경』, 『능엄경』, 『반야경』처럼 부처님께서 깨달으신 내용, 즉 '법으로써 제목을 삼는 경우'이고, 둘째는 『금강반야바라밀경』, 『대방광불화엄경』, 『묘법연화경』처럼 법을 어떤 '사물에 비유하여 제목을 삼는 경우'이며, 셋째는 『아미타경』, 『지장경』, 『유마경』처럼 불보살의 이름이나 특정 사람의 '이름을 따서 제목을 삼는 경우'이고, 넷째는 『능가경』처럼 법을 설한 '장소에 따라 제목을 삼는 경우'이다. 이 가운데에서 『원각경』은 첫 번째 경우라 할 수 있는데, 원각이란 부처님이 깨달으시고 누리시는 경지인 동시에 내용 그 자체가 되기 때문이다.

그럼 『대방광원각수다라요의경』이라는 제목부터 풀이해 보도록 하자. 우선 '대(大)'라는 것은 글자 그대로 크다는 뜻이다. 그런데 이 때의 크다는 것은 우리가 상식적으로 말하는 상대적인 대소관계에 있어서의 큼이 아니다. 여기서 '크다'는 것은 작은 것에 반대되는 큰 것이 아니고, 크다 작다를 벗어난 것으로 원각(圓覺)이 지닌 몸을 가리킨다.

흔히 우리는 눈에 보이지 않는 원자나 소립자 따위는 아주 작고, 눈앞에 펼쳐진 산하대지나 일월성신 등의 우주는 매우 크다고 말한다. 그러나 이와 같이 크고 작은 모든 것들은 부처님이 누리고 계신 원각의 경지에서 보면 하나의 그림자요, 허깨비에 불과하다. 진실로 큰 것이 있다면 그것은 크다 작다를 분별하는 주체로서의 마음자리인 원각이라 할 수 있다.

원각의 '대'에 세 가지가 있다고 했으니, 체대(體大)와 상대(相大)와 용대(用大)가 그것이다. 체대는 원각의 그 바탕이 크다는 것으로 능히 일체를 싸고도 모자람이 없어 모든 생명과 우주가 이 가운데 있고, 과거·현재·미래가 이로 인해 존재하며 그 뚜렷함이 끝이 없다. 상대는 원각이 지닌 모습이 크다는 것으로 일체의 착한 법과 청정한 공덕을 빼놓지 않고 갖추고 있을 뿐만 아니라, 갖가지 공덕과 방편을 구족하고 있다. 용대는 원각의 작용이 크다는 것으로 청정한 자리만을 고집하고 있는 것이 아니라, 인연에 따라 능히 범부도 되고 성인도 되며 깨끗해질 수도 있고 더러워질 수도 있으며 출세간법과 세간법을 들이고 내기도 한다. 여러 경과 논에서는 이 대를 무궁무진의 뜻으로 해석하기도 한다.

다음은 '방(方)'이다. '방'이라는 것은 동서남북을 가리키는 방위를 뜻하는 글자지만 여기서는 방정(方正), 즉 옳고 바르다는 의미로, 원각의 경지는 크기만 한 것이 아니라 모든 삿됨과 치우침을 벗어나 홀로 밝아 있다는 것이다. 옛사람들은 이 방(方)의 뜻을 좀 더 분명히 하기 위해서 그쳤다는 뜻을 지닌 지(止)로 해석하고, 제지(制止)와 안지(安止)와 쌍지(雙止)로 설명하기도 하였다. '제지'란 원각은 일체의 허물이 사라지고 집착이 끊어져 모든 허망한 경계가 그쳤다는 뜻이고, '안지'는 생사와 번뇌와 미혹이 모두 그쳐 아주 평온하다는 뜻이며, '쌍지'는 일체의 마주해야 될 상대가 그쳐 나다 너다, 깨달았다 미혹하다, 중생이다 부처다 할 것이 본래 없다는 뜻이다. 이렇게 부처님의 깨달음인 원각은 삿되고 편협한 견해에 떨어지지 않고 어디에도 물들지 않는 순수한 성품으로 으뜸을 삼는다.

그 다음은 '광(廣)'이다. '광'이란 드넓다는 뜻으로 원각은 크고 올바를 뿐만 아니라 그 행이 광대무변하여 끝을 알기 어렵다는 말이다. 즉 원각은 우주에 충만하여 일체의 차별을 떠나 바르고 평등하면서도 갖가지 행을 일으켜 중생과 세계를 이익되게 하기를 끝내 쉬지 않는다.

이 넓음에도 세 가지가 있다고 했으니, 자리행(自利行)과 이타행(利他行)과 자타평등(自他平等)의 원융무제행(圓融無際行)이다. 자리행은 수행으로써 모든 장애를 끊어 스스로 일체 공덕을 성취하고 온갖 복을 구족함이며, 이타행은 자리행에서 얻어진 공덕과 복을 일체의 중생들에게 나누어 그들을 교화하고 해탈시키는 것이며, 원융무제행은 공덕을 베푸는 나와 공덕을 받는 남이 본래 없음을 깨달아 자리행과 이타행이 평등해지는 것이다. 원각이 넓다고 하는 것은 그 행이 미치지 않는 곳이 없고 닿지 않는 곳이 없어 일체 중생이 이 가운데에서 생사의 괴로움을 벗고 크나큰 깨달음의 경계에 들 수 있기 때문이다.

다음은 '원각(圓覺)'이다. '원각'이란 가장 높고 완전한 깨달음이다. '원'이란 본래 둥글다는 뜻을 가지고 있지만 여기서는 일체의 번뇌가 끝까지 다하여 그 마음이 세계와 더불어 평등해진 경지를 말하고, '각'은 깨달았다는 뜻으로 중생의 근원적인 어리석음인 무명이 완전히 사라지고 온갖 법의 근본을 꿰뚫어 아는 것을 말한다. 경지가 지극하여 더 닦을 것도 없고 성취할 것도 없는 최상 무극의 깨달음으로 부처님의 마음자리를 가리켜 원각이라고 한 것이다.

다음은 '수다라(修多羅)'이다. '수다라'는 인도 범어 수트라(Sūtra)의 음역으로 계경(契經), 직설(直說), 성교(聖敎)라고 번역하며, 보통은 여시아문(如是我聞)으로 시작되는 경(經)을 가리킨다.

'경'은 '성인의 말씀'이라는 뜻과 '영원히 변하지 않는 진리'라는 뜻을 아울러 지니고 있다. 예전에 여인들이 천을 짤 때는 베틀에 앉아 날줄과 씨줄을 함께 엮었다. 여기서 날줄은 위에서 아래로 마냥 이어진 세로줄이고, 씨줄은 실패에서 나와 옆으로 오간 가로줄이다. 이때 날줄을 한문으로 경(經)이라 하고 씨줄을 위(緯)라 했는데, 시간적인 면에서 날줄인 경은 천이 시작될 때부터 완성될 때까지 일관되게 변하지 않는 데 비해 씨줄인 위는 왼쪽, 오른쪽이 번갈아 가며 바뀌게 된다. 이 때문에 날줄은 과거 · 현재 · 미래에 걸쳐 영원히 변치 않는다는 의미를 가지게 되었고, 씨줄은 시대와 상황에 따라 가변적일 수밖에 없는 것이라는 의미를 가지게 되었으므로 언제나 변치 않는다는 말씀인 성인의 가르침을 경이라고 부르게 되었다.

끝으로 '요의경(了義經)'이다. 수다라가 경의 뜻을 지닌 말이라 할 때 '대방광 원각경'으로 이미 경의 제목이 끝난 터인데 뒤에 다시 '요의경'이라 이름했다. '요의'라는 것은 '마쳤다', '완성했다', '끝까지 밝혔다'는 뜻으로 『원각경』이야말로 부처님의 뜻을 남김없이 완전하게 밝힌 경이라는 말이다.

부처님이 말씀하신 경전을 보통 '팔만사천경'이라 하는데 이들 경전은 차원에 따라 '요의경전'과 '불요의경전'으로 나눌 수 있다. 이미 말한 대로 요의경이 부처님의 경지를 끝까지 완벽하게 설한 것이라면, 불요의경은 이와는 반대로 궁극의 경지를 다 밝히지 않고 중간 단계까지만 설한 것이다. 이를 산에 비유하면, 산 아래부터 산 정상까지의 풍경과 오르는 길을 모두 설명한 것이 요의경이고, 산 아래나 산 중턱까지의 길만 설명하고 만 것은 불요의경이다. 『원각경』은 그런 의미에서 부처님의 깨달음을 완전히 밝혀 더 이상 오를 곳이 없게 설하였으므로 요의경이라 한 것이다.

각 장의 내용을 풀이함

대부분의 불교 경전이 그렇듯 이 『원각경』도 서분(序分), 정종분(正宗分), 유통분(流通分)의 형식으로 이루어져 있다. 서분은 경전을 설하게 된 동기를 말한 것이고, 정종분은 경의 내용을 밝힌 것이며, 유통분은 경전을 후대에까지 널리 알려서 퍼지도록 당부하는 말씀에 대한 것이다.

『원각경』은 모두 13장으로 이루어져 있는데, 이 경도 예외는 아니어서 첫 장인 법회인유분, 즉 '경이 생긴 동기'를 서분으로, 둘째 장부터 12장까지를 정종분으로, 마지막 장을 유통분으로 하고 있다.

정종분의 첫 번째 장은 「문수보살장」이다. 문수보살은 부처님께 부처님의 불도성취는 무엇으로 가능했는가를 묻는다. 이에 대해 부처님은 여래의 불도성취는 청정한 원각의 비춤으로 무명을 영원히 끊었기 때문이라고 답한다. 중생들이 몸과 마음을 나라고 여기는 것이 바로 무명이며, 무명의 본성은 실로 허깨비와 같아 본래 있는 것이 아니라고 설한다.

두 번째 장은 「보현보살장」이다. 문수보살의 질문에 대한 부처님의 답변에 보현보살은 무명이 허깨비와 같다면 몸과 마음도 허깨비 같을진대 어떻게 허깨비로써 허깨비를 여읠 수 있느냐고 묻는다. 부처님은 허깨비 같은 무명은 역시 허깨비 같은 수행 방편으로 없앨 수 있으며, 모든 허깨비는 사라지더라도 허깨비를 허깨비라고 깨달은 그 마음, 즉 원각은 사라지지 않는다고 한다. 아울러 수행이란 다름 아닌 무명과 더불어 일체를 허깨비와 같다고 여기고 떠나는 공부인데, 허깨비를 떠나되 떠났다는 것마저 떠나고, 또다시 떠났다는 것마저도 떠나 더 이상 떠날 게 없어야 비로소 원각의 경지에 이른다는 것이다.

세 번째 장은 『원각경』의 핵심이라 할 수 있는 「보안보살장」이다. 모든 허깨비를 여의려면 어떻게 수행하고 어떻게 머물고 어떤 방편을 써야 되는지에 관해 설한다. 원각을 구하려면 계율을 굳게 지니고 고요한 방에 앉아 몸과 마음을 관찰하는 수행을 짓는데, 몸은 사대의 조화로 이루어져 나라고 할 만한 실체가 없고, 마음도 육진의 인연으로 나타난 그림자와 같아 내가 없음을 관찰해 갈 것을 권하고 있다.

완전한 깨달음

이렇게 공부하면 중생이 본래 부처라는 것을 알게 되고, 허깨비 같은 일체의 존재 그대로가 법계에 두루하고 움직임 없는 청정 원각의 모습으로 나타나게 된다.

네 번째 장은 「금강장보살장」이다. 본래 부처였던 중생에게 왜 무명이 있게 되었는가, 무명이 본래 있는 것이라면 중생을 부처라고 하지 말아야 되지 않는가, 그리고 부처도 나중에 다시 중생이 될 수도 있지 않은가 등의 금강장보살의 질문에 부처님은 우선 윤회하는 마음으로 부처의 원각을 알려고 하는 어리석음을 경책한다. 그리고 금광의 비유를 들어 금은 본래 금이라 광석을 제련해서 생기지 않듯 중생이 본래 부처이나 수행하지 않으면 안 된다는 이치를 설명하고, 광석 속의 금이 순금으로 제련되면 다시는 광석으로 돌아가지 않는 것처럼 중생이 본래 부처라는 이치를 깨달으면 다시는 무명을 일으키지 않는다고 설한다.

다섯 번째 장은 「미륵보살장」이다. 윤회의 근본이 무엇인지를 파헤치고, 중생의 근기에는 몇 종류가 있으며, 깨달음을 얻은 보살이 중생을 제도하는 데는 어떠한 방편이 있는지를 설한다. 시초도 없는 예로부터 중생들이 생사를 거듭하는 이유는 애욕과 무명 때문이고, 이 애욕과 무명으로 인해 이장(理障)과 사장(事障)의 지배를 받아 성문성(聲聞性), 연각성(緣覺性), 보살성(菩薩性), 부정성(不定性), 외도성(外道性)이라는 오성(五性)의 다섯 가지 차별된 근기가 나타나게 된다고 한다. 그리고 보살은 오직 중생을 불쌍히 여기고 이들을 제도하고자 하는 원력을 방편으로 삼아 이 세상에 태어난다는 이치를 밝힌다.

여섯 번째 장은 「청정혜보살장」이다. 청정혜보살은 앞 장에서 설한 오성의 차별됨이 수행에 있어서는 어떠한 경지로 나타나는가를 묻는다. 이에 대해 부처님은 설혹 번뇌를 끊어 청정한 도리를 성취했어도 그 경지에 머물면 범부의 차원이 되고, 청정하다는 경지마저도 물리쳐 자재는 얻었으나 아직도 깨달아야 할 과제가 남아 있다고 여기면 보살 차원이긴 하나 완전치 못한 보살이며, 깨달은 경지에 있어 비추어야 할 대상이 있고 깨달은 바가 있으면 보살의 경지에는 완전히 올랐으나 여래의 경지는 아니라고 설한다. 여래의 경지는 현상계의 일체 차별된 모습이 그대로 원각의 나툼이라 오성뿐만이 아니라 일체 세계를 비추어 보는 것이 허공의 꽃 같음을 아는 지혜라는 것이다.

일곱 번째 장은 「위덕자재보살장」이다. 앞서 「미륵보살장」과 「청정혜보살장」에서 밝힌 근기의 종류와 수행의 경지에 근거하여 원각을 깨달아 들어가는 수행 방법에는 몇 종류가 있는지 소개된다. 이것을 관행이라 하는데, 부처님은 깨달아 들어가는 방편은 무수히 많으나 이들은 모두 정관(靜觀), 환관(幻觀), 적관(寂觀)이라는 사마타와 삼마발제와 선나 세 종류의 관행으로 나눌 수 있음을 밝힌다. 그러나 이들의 특징과 방법을 설하고는 있지만 막상 무엇이 다르고 어떻게 해야 되는지에 대해서는 막연한 감이 없지 않다. 부처님은 사마타를 거울의 그림자, 삼마발제를 나무의 싹이 자람, 선나를 그릇 안의 종소리에 비유하여 설명한다.

여덟 번째 장은 「변음보살장」이다. 여기서는 앞의 삼관 수행을 스물다섯 가지로 세분하여 원각을 이루는 수행법으로 설하고 있는데, 홀으로 닦고 쌍으로 닦고 함께 닦는 식으로 나열하고 있다.

아홉 번째 장은 「정제업장보살장」이다. 여기서는 수행자가 없애야 할 과제로서 가장 중요한 아상, 인상, 중생상, 수명상이라는 사상(四相)을 설명하고, 사상에 빠진 상태란 무엇인지를 말한다. 사상이란 무엇인가? 얻었다는 상, 깨쳤다는 상, 벗어났다는 상을 가리키는 것으로 수행자가 자칫 지닐 수 있는 선병(禪病)이다.

열 번째 장은 「보각보살장」이다. 보각보살은 말세에 정법이 숨고 수많은 스승들이 나타나 갖가지 가르침으로 중생들을 미혹하게 할 때 어떤 스승을 만나 어떤 행을 해야 되는지를 묻는다. 이에 대해 부처님은 올바른 스승의 상을 제시하고, 특히 짓고, 멸하고, 맡기고, 없애는 작지임멸(作止任滅)을 가르치는 스승은 따르지 말 것을 가르치면서 스승을 어떻게 섬기고 따를 것인가를 밝힌다.

열한 번째 장은 「원각보살장」이다. 앞의 삼관 수행을 닦을 때 필요한 안거하는 법이 설해진다. 즉 수행자는 도량을 정갈하게 꾸미고 거룩한 마음으로 큰 원을 세워 지극한 마음으로 참회하여 업장을 소멸한 다음, 조용히 앉아 마음을 관찰하라는 것이다.

열두 번째 마지막 장은 「현선수보살장」이다. 이곳은 경의 유통분에 해당하는 장으로, 경의 명칭이 설해지고 경을 수지하는 공덕이 얼마나 큰지가 설명되면서 금강역사를 비롯한 법을 지키는 신들이 등장하여 서원을 발하는 것으로 결론을 맺는다.

차
례

완전한 깨달음

차
례

1

경이 생긴 동기(動機)

경이 생긴 동기(動機)

　본래 법회가 열리고 경전이 설해지려면 반드시 다음의 여섯 가지 요건들을 구비해야만 한다. 이것을 육성취(六成就) 혹은 육종성취(六種成就)라고 하는데 믿음[信]의 성취, 들음[聞]의 성취, 설법한 때[時]의 성취, 경을 설할 분[土]의 성취, 경을 설할 장소[處]의 성취, 경을 들을 대상[衆]의 성취이다. 이를 본문에 대비해 보면 '이와 같이[如是]'는 신성취에 속하고 '내가 들었다[我聞]'는 문성취에 속한다. 그리고 '한때에[一時]'는 시성취에 속하고 '바가바께서[婆伽婆]'는 주성취에 속하며, '신통대광명장(神通大光明藏)'에서 나타낸 정토(淨土)는 처성취에 속하고 '큰 보살마하살 십만 인[大菩薩摩訶薩 十萬人]'은 중성취에 속한다.

●

　이와 같이 나는 들었다. 한때에 바가바께서 신통대광명장삼매(神通大光明藏三昧)에 드시니 모든 여래께서 빛으로 장엄되어 머무는 자리이며, 모든 중생이 본래부터 청정하게 깨달아 있는 자리이며, 몸과 마음이 적멸(寂滅)하여 평등한 근본 자리였다.

如是我聞　一時　婆伽婆　入於神通大光明藏　三昧正受　一切如來　光嚴住持　是諸衆生　淸淨覺地　身心寂滅　平等本際

먼저 경전은 '이와 같이 나는 들었다.'는 말로 시작된다. 불교 경전의 첫 장을 열게 되면 여시아문(如是我聞), 즉 '이와 같이 나는 들었다.'는 구절을 접하게 된다. 역사적 사실로 볼 때 불경의 성립은 부처님을 그림자처럼 모셨던 제자 아난 존자가 부처님으로부터 들었던 여러 가르침들을 왕사성 칠엽굴에서 오백 명의 장로 비구들이 증명하는 가운데 암송한 것으로부터 기인된다. '총지제일' 또는 '다문제일'로 불릴 만큼 기억력이 뛰어났던 아난 존자가 부처님을 가까이 모시면서 겪고 들었던 사건과 말씀을 '이와 같이 나는 들었다.'는 말로 암송하였기 때문에 모든 경전의 첫머리를 이처럼 장식하고 있는 것이다.

그러나 여기서 우리가 받아들이기 어려운 문제가 한 가지 있음을 솔직히 말하지 않을 수 없다. 그것은 아난 존자의 머리가 아무리 총명했다 하더라도 팔만사천으로 불리는 어마어마한 분량의 모든 경전을 다 외웠다고 보기는 어렵다는 점이다. 다시 말해서 아난 존자가 기억했던 경전은 그동안 소승경전으로 취급받아 왔던 초기경전에 국한되는 것으로 지금부터 공부하게 될 『원각경』을 포함한 『화엄경』, 『법화경』, 『금강경』, 『능엄경』과 같은 수많은 대승경전들은 포함되지 않는다.

태국이나 미얀마 같은 남방불교권에서 대승경전을 비불설(非佛說),

즉 부처님이 설하지 않은 경이라며 인정하지 않는 까닭도 여기에 있다. 남방불교권에서는 『법구경』, 『아함경』과 같은 초기경전만이 정통성이 있다고 여긴다. 그렇다면 어떻게 부처님께서 입으로 설하시지도 않고 아난 존자의 암송에 의해서 전해지지도 않은 대승경전을 부처님 말씀으로 삼고, '이와 같이 나는 들었다.'는 말로써 첫머리를 시작할 수 있을까 하는 의문이 든다.

이에 관한 해답은 대승경전이 안고 있는 가르침의 핵심을 파악하고 보면 뚜렷해진다. 대승의 입장에서는 아난 존자에 의한 초기경전들이 석가모니 부처님의 말씀을 입으로 전해 받은 것은 틀림없지만, 그 진실에 있어서는 오히려 대승의 여시아문이 부처님의 뜻을 훨씬 더 잘 전해 받았다고 보고 있다.

초기불교 경전만을 인정하는 시각에서는 부처님은 이 세상에 오셔서 깨달음을 얻으신 후 45년간 입으로 설법을 하시고 열반하셨으므로 부처님 일생 외에 설법은 있을 수 없고, 오직 육신을 지닌 부처님이 직접 입으로 설하신 경전만이 진실이라고 말한다. 그러나 이에 대한 대승불교의 시각은 사뭇 다르다.

대승의 입장에서는 부처님은 육신을 가지고 이 세상에 살아 계신 동안만 존재했던 분이 아니다. 부처님은 이 세상에 육신을 가지고 오시기 전부터도 계셨고 육신을 버리고 난 후에도 계시기 때문에 사라지신 분이 아니다. 따라서 부처님의 설법 역시 과거·현재·미래에 걸쳐 육신을 가지고 오시기 전이나 육신을 가지고 계실 때나 육신을 버리고 난 후에도 계속된다. 그리고 이러한 설법은 언어와 문자로써 이루어진 것이 아니다. 부처님이 육신을 가지고 입과 음성을 통해 하신 설법은 귀를 가진 중생이라면 다 들을 수 있다. 이에 반해 입과 음성이 아닌 설법은 아무리 귀를 가졌어도 마음이 어두우면 들을 수 없다. 그 설법은 마음을 깨닫고 그 깨달은 마음에서 듣는 설법으로 대승의 여시아문이 이에 해당한다. 부처님과 깨달음 그리고 그분의 설법은 과거와 현재가 없으며 이곳과 저곳이 없다. 대승의 여시아문은 누구든지 부처님 말씀을 믿고 이해하여 열심히 수행하면 언제 어디서든 가능하다.

그러므로 이 『원각경』을 비롯한 모든 대승경전의 여시아문은 깨달음을 이루어 석가모니 부처님과 하나가 된 후대의 어떤 제자가 시간과 공간을 초월해 미래의 중생들에게 그 뜻을 깨닫게 하기 위하여 경전의 첫머리를 장식하고 있는 것이다.

다음으로는 『원각경』이 설해지게 된 때에 대한 부분이다. 불교 경전을 접하다 보면 이해하기 어려운 말씀들을 자주 만나게 된다. 그중하나가 부처님께서 설법을 하신 시간에 대한 부분이다. 무엇보다도 경전에서는 경을 설하게 된 시기가 낮인지 밤인지 아침인지 저녁인지를 밝히고 있지 않다. 그냥 뭉뚱그려서 일시, 즉 '한때'라고만 나와 있다. 특히 이러한 경향은 초기경전보다는 대승경전이 더욱 심하다. 그 이유를 알려면 우선 불교에서 말하는 시간의 개념에 대해서 알아둘 필요가 있다.

만물은 시간과 공간 속에서 존재한다. 모든 것은 과거·현재·미래라는 시간의 흐름 속에서 생겨나고 사라지기도 한다. 그러다 보니 사람들은 시간을 먼 과거로부터 흘러와서 미래를 향해 끝없이 흐르는 존재라고 여기고 있다. 그리고 사람들은 이러한 시간에 대해 실체성을 부여하거나 이를 가늠하기 위한 어떤 기준을 설정해 놓기도 한다.

하지만 불교에서는 이러한 시간을 실재한다고 보지 않는다. 불교의 입장은 시간은 본래 존재하지 않는데 중생들 스스로가 마음으로 지어 놓고 실재하는 것처럼 여긴다는 것이다. 그렇기 때문에 시간은 중생 각자의 마음 차원에 따라 얼마든지 달리 나타날 수도 있고 인식 될 수도 있어서 어떤 절대적 기준을 설정할 수가 없다고 본다. 경전을 보면 인간계의 하루가 고통이 극심한 지옥세계에서는 오백 년이 되고, 기쁨이 가득한 도리천의 하루는 인간계의 오백 년이 된다고 나와 있다.

이와 같은 이치에서 본다면 『원각경』에서 말하고자 하는 '한때'는 시간이 초월된 한때로, 중생들 입장에서 시간을 말하고 있고 중생들이 『원각경』의 가르침을 듣고 있는 순간을 가리킨다고 말할 수 있다. 시공이 없는 깨달음의 자리에서 교화받을 중생들의 마음을 따라 부처의 모습이 나타나고 음성이 나타났듯 법회가 열리게 된 시간도 존재하게 된 것이다.

바가바는 범어 바가바트(Bhagavat)를 음역한 것으로 세존(世尊)이라 번역한다. 세존은 부처님의 여러 가지 호칭 가운데 하나로 세상에서 가장 위대하고 존귀한 분이라는 뜻이다. 『불지론(佛地論)』에 의하면 바가바는 만법에 걸림이 없으므로 자재(自在)하다는 뜻, 지혜의 불꽃이 가득하므로 치성(熾盛)하다는 뜻, 모습이 단정하고 거룩하므로 단아(端雅)하다는 뜻, 존재 가운데 으뜸 되는 이름이므로 명칭(名稱)의 뜻, 즐겁고 상서로우므로 길상(吉祥)의 뜻, 세상에서 가장 높고 귀하므로 존귀(尊貴)하다는 뜻을 지녔다고 한다.

다음으로 이 경을 설하고 있는 장소에 관해 살펴보자. 장소라는 것은 산, 들, 마당, 집 등과 같이 사람들이 모일 수 있는 공간이어야 한다. 『금강경』을 설한 기원정사나 『법화경』을 설한 영취산, 『유마경』

1

경이 생긴 동기

23

을 설한 암라원 등은 모두 실제로 존재하는 장소이다. 그런데 『원각경』은 저들 경전들과는 전혀 다른 새로운 형태의 공간으로 '신통대광명장삼매'라는 곳을 설법의 장소로 삼고 있다.

사람들은 흔히 신통이라는 말을 들으면 기적을 행한다든가, 초능력을 보인다든가 하는 기이한 징조나 술법을 부리는 일로 알고 있다. 하지만 부처님의 바른 가르침의 입장에서는 이러한 신통은 진정한 신통이 아니다. 지금 『원각경』에서 말하는 '신통'은 중생의 생각으로는 미칠 수 없고 파악할 수 없는 불가사의한 깨달음의 마음자리를 뜻하는 것으로, 신(神)은 미묘하여 알기 어렵다는 의미를 담고 있고, 통(通)은 막힘이 없이 두루 통해 있다는 의미를 담고 있다.

대광명장(大光明藏) 역시 크고 밝은 부처님의 마음자리로 신통의 의미와 다르지 않다. 여기에 장(藏)이라는 말이 붙게 된 까닭은 더 설명을 하겠지만 부처님의 신통하고 밝은 마음자리는 세상의 모든 더럽고 깨끗한 법을 다 간직하고 있기 때문이다. 마치 창고가 갖가지 곡식을 저장하고 있듯 부처님의 마음은 세상의 온갖 존재들을 하나도 빠짐없이 갈무리하고 있으므로 보관한다는 의미의 장이라는 글자가 붙게 되었다.

삼매는 범어 사마디(Samādhi)의 음역으로 정(定), 정수(正受), 등지(等持) 등의 뜻을 지니고 있고 '움직임이 없는 마음', '집중된 마음' 등으로 해석하는데, 이 또한 부처님이 누리고 계신 마음을 가리키는 말이다. 원문의 삼매정수(三昧正受)에서 삼매와 정수는 같은 뜻을 가진 용어이다.

여기서 한 가지 짚고 넘어가야 할 대목은, 부처님께서 신통대광명장삼매에 들어갔다고 할 때 들어갔다는 것은 부처님의 마음 가운데에 따로 존재하는 어떤 특별한 자리가 있어 그곳에 들어갔다는 말이 아니라, 원각의 뚜렷한 밝음이 스스로 비추어 부처님의 마음과 더불어 한 바탕이 되어 안주하고 있음을 의미한다. 본래 부처님이 누리고 계신 신통대광명장삼매는 들어갈 것도 없고 나올 것도 없이 한결같지만 중생을 위하여 방편으로 든다고 한 것이다.

그렇다면 이와 같은 신통대광명장삼매 자리는 어떠한 곳인가. 모든 여래가 빛으로 장엄되어 머무는 자리인 동시에 본래부터 깨달아 있는 중생들의 마음이며, 몸과 마음이 적멸(寂滅)하여 평등한 근본 자리이다. 즉 신통대광명장삼매는 한 부처님이 누리고 있는 마음이 아니라 모든 부처가 함께하고 있는 마음이며, 모든 중생들이 깨달아 있는 마음으로 부처와 중생이라는 대립과 구별이 사라진 곳이다. 중생들을 겉으로 보면 온갖 죄나 짓고 고통이나 받다가 허무하게 사라져 버리는 어리석고 불쌍한 존재인 것 같지만, 실상에 있어서는 부처님과 조금도 다름없는 광명을 지닌 고귀한 존재인 것이다. 『화엄경』의 '마음과 부처와 중생 이 셋은 차별이 없다.'는 '심불급중생 시삼무차별(心佛及衆生 是三無差別)'의 가르침이 이곳에서도 설해지고 있음을 알 수 있다.

이렇게 한 부처 마음이 신통대광명장삼매이고 그 속에 모든 부처와 중생이 자리하고 있다면 부처와 삼매와 중생은 서로 별개의 존재가 아니어서 삼매가 곧 부처요, 부처가 곧 삼매이며 중생을 떠난 부처가 없고 부처를 떠난 중생이 없어 서로서로 통하여 다함이 없으니, 중중무진(重重無盡)의 일진법계(一眞法界)의 연기(緣起)가 펼쳐지게 된다.

그리고 신통대광명장삼매가 몸과 마음이 적멸하여 평등한 근본 자리라는 것은, 겉으로는 중생과 부처가 차별이 있어 보이고 나고 죽음이 있는 것처럼 보이지만, 신통대광명장삼매를 근본으로 삼고 보면 부처의 몸과 마음뿐만 아니라 중생들의 몸과 마음 역시 나고 죽음이 없는 존재로 본래부터 평등하다는 뜻이다. 여기서 적멸은 번뇌가 사라지고 생사가 끊어진 열반의 경지를 가리킨다.

●

모든 세계에 원만하여 둘 아닌 경계를 따르고 둘 아닌 경계에서 온갖 정토를 나투시니

圓滿十方 不二隨順 於不二境 現諸淨土

이는 신통대광명장삼매가 이 세계와 어떤 관계를 가지고 있는지를 설명하는 부분이다. 시방(十方)은 동서남북 사방에다 동남, 동북, 서남, 서북인 간방을 더하고 다시 상과 하를 더한 것으로 온갖 세계를 통칭한다.

앞에서 신통대광명장은 모든 부처와 모든 중생의 평등하고 적멸한 근본 자리라 했는데, 여기서는 이제 한 차원 더 나아가 모든 세계까지도 본래부터 평등하여 따로 떨어져 있는 존재가 아니라는 것이다. 신통대광명장삼매와 부처 그리고 모든 중생과 세계는 아무런 차별이 없다.

'원만'이라는 말은 '두루하다', '가득하다', '충만하다'는 뜻이고, '둘이 아니다'라는 말은 '평등하다', '대립을 떠났다'는 뜻이다. 어떤 사람들은 둘이 아니라는 불이법(不二法)을 하나다, 둘이다 하는 식의 숫자 개념으로 알고, 둘이 아니라고 하니까 하나라고 여기는 경우가 있다. 둘이 아니라는 말은 하나라는 말이 아니라 이것과 저것이

본래 없어 하나마저도 세울 수 없는 무차별의 경계를 뜻하는 말로 이해해야 한다.

이와 같은 둘 아닌 경계에서 온갖 정토를 나투었다고 한 것은 신통대광명장삼매와 이 세계는 아무런 차별이 없으므로 온갖 세계 그대로가 정토, 곧 깨끗한 부처의 땅으로 나타나게 된다는 말이다. 따라서 이 『원각경』을 설한 장소는 다른 곳이 될 수 없다. 바로 신통대광명장삼매에 의해서 나타난 우리가 사는 이 세계 그대로를 정토로 삼고 설법을 하신 것이다.

●

　큰 보살마하살 십만 인과 함께하시었다. 그 이름은 문수사리보살, 보현보살, 보안보살, 금강장보살, 미륵보살, 청정혜보살, 위덕자재보살, 변음보살, 정제업장보살, 보각보살, 원각보살, 현선수보살 등이었고, 이들이 우두머리가 되어 여러 권속들과 함께 삼매에 들어가서 여래의 평등한 법회에 함께 머물렀다.

　與大菩薩摩訶薩　十萬人俱　其名曰文殊師利菩薩　普賢菩薩　普眼菩薩　金剛藏菩薩　彌勒菩薩　淸淨慧菩薩　威德自在菩薩　辯音菩薩　淨諸業障菩薩　普覺菩薩　圓覺菩薩　賢善首菩薩等　而爲上首　與諸眷屬　皆入三昧　同住如來　平等法會

『원각경』의 서분은 다른 경에서 볼 수 없는 특이한 점이 많다. 그것은 법문을 듣기 위해 찾아온 청법 대중에 있어서도 마찬가지이다. 보통 부처님의 설법을 듣기 위해서는 법을 구하려는 자가 부처님 계신 곳으로 찾아가야 한다. 그런데 『원각경』 법회에 모여든 인물들은 설법을 듣기 위해서 부처님이 계신 곳으로 찾아온 것이 아니다. 참으로 묘한 가르침이 아닐 수 없는 것이 『원각경』은 법을 설하시는 부처님과, 설해지는 법의 내용과, 법을 설하는 장소와, 법을 듣는 대중들이 모두 부처님 마음과 다른 별개의 존재들이 아니라는 점이다.

앞의 내용과 마찬가지로 법을 설하는 주체로서의 부처와 설하는 장소로서의 정토와 설법을 청하는 대중과 교화받을 미래의 중생과 신통대광명장은 차별이 없다. 그러니까 당연히 『원각경』의 가르침을 듣고자 모인 청법 대중 역시 부처님의 마음을 떠나 별개로 존재하는 인물들이 아닌, 부처님 마음자리인 신통대광명장에서 중생을 교화하기 위해 방편으로 만들어 낸 인물들이다.

보살마하살은 보리살타와 마하살타를 하나로 묶은 것이다. 보리살타(菩提薩陀)는 각유정(覺有情), 깨달음을 이룬, 혹은 깨달음을 이룰 생명이라는 뜻이고, 마하살타(摩訶薩陀)는 대유정(大有情), 크나큰 생명이라는 뜻이다.

보살을 수행적 측면에서 크게 두 가지로 나눌 수 있는데 지상보살(地上菩薩)과 권현보살(權現菩薩)이 그것이다. 먼저 지상보살은 수행 과정에 있는 보살로 중생이 부처가 되기 위하여 노력하는 단계에 있는 보살이고, 권현보살은 완전한 깨달음의 지위, 즉 부처의 경지에 있는 보살로 중생을 교화하기 위해 일부러 방편으로 몸을 나타낸 보살이다.

당연히 지금 『원각경』에서 부처님의 설법을 듣고자 모인 십이 보살을 위시한 십만 보살은 권현보살들이다. 부처님은 지상보살과 말세의 중생들을 깨우치기 위해 『원각경』을 설하시려고 당신의 마음자리인 신통대광명장에서 십이 보살을 위시한 십만의 권현보살들을 만들어 낸 것이다.

  이렇게 본다면 이 경은 형식적으로는 십이 보살과 부처님의 대화로 이루어져 있지만, 실제로는 부처님과 보살 간의 대화가 아니라 부처님이 묻고 부처님이 대답하는 자문자답으로 이루어져 있음을 알 수 있다. 그리고 법회에 참석한 보살의 숫자에 대해서도 한번 주목해 볼 필요가 있는데, 예로부터 십(十)은 완성을 뜻하는 숫자이고 만(萬)은 구족하다는 뜻을 지닌 숫자인 만큼 최고의 깨달음이 공간적으로나 시간적으로 시방세계에 가득하다는 것을 상징적으로 나타내고 있다.

2

문수보살장(文殊菩薩章)

문수보살장(文殊菩薩章)

이때 문수사리보살이 대중 가운데 있다가 얼른 자리에서 일어나 부처님의 발에 이마를 대 절하고, 오른쪽으로 세 번 돌고 무릎을 세워 꿇고 손을 모으고 부처님께 여쭈었다.

"대비하신 세존이시여, 바라옵건대 이 모임에 온 법의 무리들을 위하여 여래께서 본래 일으켰던 청정한 인지법행(因地法行)을 말씀해 주소서. 그리고 보살들이 대승 가운데서 청정한 마음을 일으켜 모든 병을 여의는 방법을 말씀하셔서 오는 세상 말세의 중생들로서 대승을 구하는 이들이 사견(邪見)에 빠지지 않도록 하옵소서."

이렇게 말하고는 몸의 다섯 활개를 땅에 던져 세 번 청하여 마치고는 다시 시작하려 하였다.

그때 세존께서 문수사리보살에게 말씀하셨다.

"좋은 말이다. 좋은 말이다. 선남자야, 그대는 지금 보살들을 위해 여래의 인지법행을 묻고, 나아가 말세의 모든 중생으로서 대승을 구하는 이로 하여금 바른 자리에 머물러서 사견에 떨어지지 않게 하니 그대들은 자세히 들으라. 마땅히 그대들을 위해 말해 주리라."

그때 문수사리보살이 분부를 받들어 기뻐하면서 대중들과 함께 조용히 귀를 기울였다.

於是 文殊師利菩薩 在大衆中 卽從座起 頂禮佛足 右繞三匝
長跪叉手 而白佛言 大悲世尊 願爲此會 諸來法衆 說於如來
本起淸淨 因地法行 及說菩薩 於大乘中 發淸淨心 遠離諸病
能使未來末世衆生 求大乘者 不墮邪見 作是語已 五體投地
如是三請 終而復始 爾時 世尊 告文殊師利菩薩言 善哉善哉
善男子 汝等乃能爲諸菩薩 諮詢如來因地法行 及爲末世一切
衆生 求大乘者 得正住持 不墮邪見 汝今諦聽 當爲汝說 時文
殊師利菩薩 奉敎歡喜 及諸大衆 默然而聽

『원각경』의 정종분은 「문수보살장」으로부터 시작된다. 문수보살은 부처님의 원각, 즉 둥근 깨달음 속에 내재하는 대지혜를 상징하는 보살로 묘덕(妙德)보살, 길상(吉祥)보살이라고도 한다. 이 보살은 대승불교에 나오는 여러 보살들 가운데 가장 대표적인 보살로 주요 경전마다 대중 가운데 항상 으뜸이 되어 부처님께 법을 청하고 대화를 이끌어 간다.

문수보살을 모든 부처의 아버지(諸佛之父)라고 칭하기도 하는데,

이는 지혜를 통해 모든 부처님이 세상에 나오시기 때문이다. 어떤 사람들은 문수보살을 청량산이나 오대산 같은 명산에 신선처럼 숨어서 중생을 교화하는 존재로 알고 있지만 어찌 문수보살이 특별한 장소에 머물러 있겠는가. 마음을 깨닫고 보면 시방세계 이대로가 문수 도량 아님이 없고 일체 중생 모두가 문수의 지혜를 갖추지 않음이 없다.

다음으로 '대중'은 앞서 설명한 바와 같이 권현보살과 그 권속들을 가리킨다. '얼른 자리에서 일어났다.'는 것은 마치 앉아 있던 사람이 질문을 하려고 일어난 듯이 보이지만, 수행적인 의미로 보면 부처님이 가없는 마음자리에서 중생들로 하여금 원각을 깨닫게 하기 위해 한 생각을 일으켰다고 해야 한다. 이마를 땅에 대고 절한 것은 부처님을 향한 지극한 신심과 공경심을 보인 것이며, 오른쪽으로 세 번 도는 것은 예로부터 인도인들이 왼쪽보다는 오른쪽을 성스럽게 여기고, 여러 숫자 중에 3이라는 숫자를 길하고 복된 수라고 믿었기 때문이다. 부처님 주변을 도는 이유는 부처님의 공덕을 찬탄하는 방법으로 이렇게 하면 온갖 고통으로부터 벗어나 최상의 깨달음을 얻게 되기 때문이며, 두 무릎을 세워 꿇은 것은 '나'라는 마음을 항복시킨다는 표현이다. 손을 엇잡은 것은 합장의 한 형태로 흐트러진 마음을 모아 부처님께 돌아간다는 의미이다.

'대비'는 대자대비(大慈大悲)의 줄인 말이다. 자비라는 말은 원래 산스크리트어 마이트리(Maitrī)와 카루나(karuṇā)를 합친 말로 '자'는 기쁨과 우정의 뜻이 있고, '비'는 연민, 슬픔의 뜻이 있다. 『열반경』에서는 '대자'를 '온갖 생명을 지극히 사랑하되 기쁜 마음으로 즐거움을 주는 것'이라 했고, '대비'를 '온갖 생명들을 항상 불쌍히 여기면서 괴로움을 뽑아 주는 것'이라고 정의한다.

또한 자비에는 중생연자비(衆生緣慈悲), 법연자비(法緣慈悲), 무연자비(無緣慈悲)의 세 가지가 있는데, '중생연자비'는 부처님께서 온갖 중생을 보되 친한 이와 친하지 않은 이가 따로 없는 마음에서 평등하게 일으키는 자비이고, '법연자비'는 부처님이 온갖 세계를 하나의 깨달음으로 감싸서 저절로 중생들을 이익되게 하는 자비이며, '무연자비'는 자비를 일으키되 일으킬 바 없다는 마음에서 중생을 제도하는 자비이다.

'법중(法衆)'이란 부처님의 깨달음과 법 속에서 함께하는 일체 보살을 비롯한 일체 중생 등의 청법 대중을 말한다. '여래(如來)'는 부처님의 별호로 진리로부터 오신 분, 진리에 도달하신 분이라는 뜻으로 참되고 한결같고 영원한 깨달음(如)의 경지에서 중생들을 향해 오신 분(來)이므로 이렇게 부른다.

그럼 이제부터 문수보살의 질문과 함께 부처님이 답변하신 내용을 풀어 나가도록 해보자. 문수보살의 첫 질문은 부처님께서 본래 일으켰던 청정하기 이를 데 없는 인지법행은 무엇이었느냐는 것으로부터 시작된다.

인지법행(因地法行)은 부처가 되기 위한 수행 방법과 그에 따른 과정을 말하는 것으로 부처님께서 깨달음을 이루기 위해서 행했던 수행 방법은 과연 무엇이었느냐는 뜻이다. 마치 열매를 맺기 전에 밭에 씨앗을 뿌리고 거름을 주듯 부처의 경지는 어떠한 수행 과정을 통해서 얻어지는 것인지를 묻고 있다.

그런데 우리가 여기서 한 가지 알고 넘어가야 할 부분이 있다. 그것은 문수보살의 질문처럼 실제로 부처님에게 있어 새삼 닦아야 할 수행과 그에 따른 과정이 있느냐는 점이다. 역사적 관점에서 보면 틀림없이 석가모니 부처님도 한 인간으로 태어나 출가를 했고 고행을 했으며 수도를 통하여 깨달음을 얻으셨다. 그러나 그것은 어디까지나 부처님을 인간적인 측면에서만 보는 것으로, 지금 설하고 있는 『원각경』을 비롯한 대승적 관점에서는 입장을 달리한다.

서분에서도 밝힌 바와 같이, 대승법에서 볼 때 석가모니 부처님의 모든 역사적 사실은 진리의 부처 그 자체가 중생을 깨닫게 하려는 하나의 방편에 불과하다. 부처님이라는 존재는 수행을 하고 안 하고를 떠나서 본래부터 항상 계신 분으로 수행 여부와는 관계가 없다.

그렇다면 여기서의 인지법행은 왜 나오게 된 것일까. 그 이유는 부처는 본래부터 부처였으므로 수행 과정이 새삼 있을 수 없지만 미혹한 중생들에게는 수행 방법과 과정이 있어야만 하기 때문이다. 즉 문수보살이 중생의 입장에서 본래 일으킨 바도 없는 부처님의 인지법행을 묻고 있다는 사실이다.

다음으로 문수보살이 부처님께 물은 내용은 대승을 구하는 이들이 지닐 수도 있는 갖가지 병이다. 이때 말하는 병이란 보통 알고 있는 몸에 걸리는 병이 아닌, 중생들이 지니고 있는 번뇌와 삿된 소견을 가리킨다. 대승은 모든 부처와 중생이 함께 타는 큰 수레로 혼자만의 깨달음이 아닌, 일체 존재와 더불어 완전한 깨달음을 이루게 하는 가르침이다.

말세는 법약마강(法弱魔强)의 시대라 올바른 법은 숨고 마군의 세력이 강하여 세상이 혼탁해진다. 중생들은 물질과 쾌락만을 탐하며 갖가지 삿되고 그릇된 사상과 종교가 번성하여 바른 법을 찾기 힘들다. 설혹 대승을 향한 믿음을 발하여 바른 가르침 속에 들어왔다 할지라도 번뇌와 사견을 여의기란 여간 어려운 일이 아니다. 문수보살은 이와 같은 마음에서 대승을 향해 발심한 보살들과 말법 시대의 중생들을 위하여 인지법행과 함께 병을 여의는 가르침을 간곡히 여쭙고 있다.

이어서 몸의 다섯 활개를 땅에 던져 세 번을 청하여 마치고 거듭 되풀이하려 했다는 것은 법을 위해서라면 몸을 버린다는 위법망구(爲法亡軀)의 신심을 보여 주는 행위로, 불교에 있어 신심이 얼마나 중요한가를 가르쳐 준다. 다섯 활개는 이마와 두 팔 그리고 두 다리를 말하고, 이를 땅에 던졌다는 것은 온몸을 다해 부처님과 그 법 앞에 자신을 다 버린 것을 의미한다.

다음으로 부처님께서는 문수보살의 위와 같은 행위를 크게 칭찬하시고는 '선남자(善男子)'라는 호칭을 썼다. 이를 글자대로 해석하면 '좋은 남자', '착한 남자'라고 해야겠지만, '훌륭한 자', '거룩한 자', '갸륵한 자'로 풀이할 수 있다. 그리고 이때 문수보살을 선남자로 부르신 것은 문수보살이 남자의 모습을 하고 있기 때문이 아니다. 권현 보살들은 온갖 모습을 벗어난 지혜의 성품 그 자체이므로 남자니 여자니 할 수가 없다.

비록 사찰 법당에 많은 보살들의 형상이 남녀의 모습을 띠고는 있지만 그것은 형상에 의존하는 중생들을 위해서 방편으로 지어 놓은 것이지, 실상에 있어서 불보살은 어떠한 모습도 취하고 있지 않다. 그러므로 부처님께서 질문을 하고 있는 보살에게 선남자라는 호칭을 썼어도 대승법을 공부하는 수행자는 남자니 여자니 하는 말에 치우칠 것이 아니라 거룩하고 훌륭한 문수보살의 마음을 선남자라는 말로 대신하고 있다고 받아들여야 한다.

선남자야, 위없는 법왕에게 큰 다라니문(陀羅尼門)이 있으니 이름을 원각이라 한다.

善男子 無上法王 有大陀羅尼門 名爲圓覺

지금부터 부처님의 가르침이 시작된다. 위없는 법왕은 부처님의
또 다른 호칭이다. 부처님은 세간에서 가장 뛰어난 분이며 가장 높은
분이다. 일반 종교에서는 신(神)을 창조주나 절대자로 섬기면서 가장
위대하다고 말하지만, 불교에서 볼 때 그러한 신들은 하나의 중생에
지나지 않는다.

많은 종교가 인간을 신에 귀의시키려 하지만 불교는 신들도 부처
님께 귀의해야 한다고 말한다. 법왕(法王)은 모두 가운데 최고라는
뜻이기도 하고 진리의 왕이라는 뜻이기도 하다. 나고 죽음이 없고 청
정하며 모든 존재의 참모습을 분명히 깨쳐 온갖 방편으로 모든 생명
을 이익되게 하신다.

이러한 법왕에게 큰 다라니문이 있다고 했으니, 다라니는 드하라
니(Dhāraṇī)의 음역으로 총지(總持)라고 번역한다. 총지란 '모든 법을
갖추고 있다.'는 의미로 온갖 존재가 빠짐없이 다 들어 있음을 뜻한
다. 범부와 성인, 세간과 출세간, 미혹과 깨달음, 지옥과 천궁, 깨끗
함과 더러움 등의 모든 법을 저장하고 있기 때문이다.

이 같은 다라니에는 세 종류가 있는데 일자다라니(一字陀羅尼)와
다자다라니(多字陀羅尼)와 무자다라니(無字陀羅尼)이다. 이 중 일자
다라니와 다자다라니는 글자로 된 다라니로, 불자들이 흔히 암송하
는 아(阿)자나 옴(ॐ)자처럼 한 글자로 이루어진 다라니와 신묘장구대
다라니나 수능엄다라니처럼 여러 글자로 된 다라니를 가리킨다.

이에 비해 무자다라니는 이름으로도 불릴 수 없고 글자로도 나타낼 수 없는 다라니로 곧 마음을 지칭한다. 마음이야말로 세상의 모든 존재들을 다 저장하는 창고와 같기 때문에 다라니라고 한 것이다. 따라서 지금 무상법왕이 가지고 있다는 다라니는 부처님의 마음을 가리키는 것으로 곧이어 나오는 원각과 동일한 의미를 지닌 말이라고 할 수 있다. 이와 같은 다라니에 문(門)이 있다고 한 것은 부처님 마음인 대다라니는 들고 나는 세간의 문과 같아서 곧이어 나오는 일체의 청정한 진여와 보리와 열반과 바라밀을 내보내는 작용을 하기 때문이다.

'이름해서 원각이라 한다.' 할 때 '이름해서'라는 표현을 쓴 것은, 진실된 부처의 마음인 대다라니는 무어라고 이름 붙일 수도 없고 설명을 할 수도 없는 존재이지만 중생들을 위하여 구태여 이름을 붙인다면 원각이라고 할 수 있다는 의미이다.

●
일체의 청정한 진여와 보리와 열반과 바라밀을 흘려보내 여러 보살들을 가르치시나니

流出一切 淸淨眞如 菩提 涅槃 及波羅蜜 敎授菩薩

이는 대다라니문인 원각의 한량없는 공덕을 설하는 말씀이다. 부처님은 청정을 근본으로 한다. 마치 허공의 성품처럼 맑고 깨끗하여 어느 것에도 물들거나 더럽혀지지 않는다.

'진여(眞如)'는 진실되어 한결같다는 뜻으로 허망하지 않으므로 진(眞)이라 하고 변하지 않으므로 여(如)라 한다. 세상의 모든 존재는 헛되고 망령되어 잠시도 머무르지 못하고 생멸을 거듭하는 듯 하지만

부처님의 마음인 원각에서 보면 세상 모든 법은 본래부터 참되어 생멸하거나 뒤바뀌지 않는다. 대승법에서의 이와 같은 말씀을 우리는 반드시 기억해야만 한다.

'보리(菩提)'는 깨달음의 뜻으로 원각은 일체의 미혹과 어리석음을 떠나 만법의 본질을 꿰뚫어 안다. '열반(涅槃)'은 모든 번뇌가 끝까지 다하고 생사가 완전히 사라졌다는 의미로 원적(圓寂)이라고도 한다. '바라밀(波羅蜜)'은 이곳에서 저곳으로 건너게 한다는 뜻으로 고통이 가득한 중생계에서 벗어나 기쁨이 가득한 부처 세계에 도달하는 것이다. 또한 이 바라밀은 강을 건너는 데 필요한 배처럼 수단의 의미를 지니고 있으니, 중생은 바라밀을 통해 부처의 세계에 이르고 부처님과 보살들 역시 이 바라밀을 통해 중생들을 제도한다.

'보살들을 가르친다(敎授菩薩).'는 것은 원각의 작용을 말하는 것으로, 부처님의 마음은 깨달음에 머물러 한자리만 고집하고 가만히 있는 것이 아니라 항상 깨치지 못한 보살들과 중생들을 위해 갖가지 방편으로 가르침을 베푼다는 뜻이다.

●

여래가 본래부터 일으킨 인지는 모두가 청정한 깨달음의 모습이 원만히 비추어짐에 의해서 무명을 영원히 끊고서야 비로소 불도를 성취하셨느니라.

一切如來本起因地 皆依圓照淸淨覺相 永斷無明 方成佛道

이제부터 『원각경』의 본격적인 법문이 시작된다. 이 말씀은 문수보살이 부처님께 드렸던 두 가지 질문 중 첫 번째인 과거 부처님께서 불도를 이루실 적에 행했던 인지법행은 무엇이냐에 대한 대답이다. 불도의 완성은 청정한 깨달음의 모습(淸淨覺相)으로 무명을 영원히 끊었기 때문에 가능하다는 것이다.

그런데 이 말씀에 대해 좀 살펴보고 넘어가야 될 부분이 있다. 그것은 어떻게 무명을 청정한 깨달음의 모습으로 비추어 볼 수 있느냐는 점이다. 청정한 각상은 무명이 제거된 자리에서 나타날 수 있는 것으로 처음부터 청정각상으로 무명을 끊을 수는 없다. 먼저 무명을 영원히 끊어야만 청정각상이 드러나서 불도를 성취할 수 있는 법인데 부처님은 순서를 바꾸어 설하고 있다.

그러나 부처님의 이러한 설법은 크게 문제되지 않는다. 그것은 청정한 깨달음이 원만히 비춤에 의해서라는 말씀과 무명을 영원히 끊은 뒤라는 말씀을 선후 관계로 이해하지 말고 상호 관계로 이해하면 된다. 이를 좀 더 설명하면, 청정각상을 원만히 비추어 무명을 영원히 끊고서야 불도를 성취했다는 말은 곧 무명을 영원히 끊어서 각상을 원만히 비추게 하고 나서야 불도를 성취했다는 말과 같은 것으로, 중요한 것은 무명을 끊어야만 된다는 사실이다.

본래 무명이라는 말은 아드비야(Adviyā)를 음역한 것으로 태양이 구름에 가려지듯 마음이 무엇인가에 덮여서 어두워진 상태를 가리킨다. 이 경에서는 무명을 이렇게 말씀하고 있다.

●

어떤 것이 무명인가. 선남자야, 일체 중생이 시초가 없는 과거로부터 갖가지로 뒤바뀐 것이 마치 어리석은 사람이 사방을 바꾸어 아는 것과 같나니, 사대를 잘못 알아 자기 몸이라 여기고 육진의 그림자를 자기 마음으로 삼은 것이니,

云何無明 善男子 一切衆生 從無始來 種種顚倒 猶如迷人 四
方易處 妄認四大 爲自身相 六塵緣影 爲自心相

불교에서는 의식(意識)이 있는 모든 생명을 중생(衆生)이라고 한다. 이렇게 부르는 까닭은 첫째, 삶과 죽음을 되풀이하기 때문이요, 둘째, 같은 종류들끼리 모여 살기 때문이요, 셋째, 수많은 인연이 화합해서 존재하기 때문이다.

'시초가 없는 과거로부터'를 원문으로 '종무시래(從無始來)'라고 했는데, 이때 시작이 없다는 뜻의 무시(無始)는 꼭 시간적 측면에서만 말하는 것이 아니고 근원이 없다, 근본이 없다는 의미로도 해석된다. 중생은 시간적으로도 시초가 없는 존재일 뿐만 아니라 공간적으로도 뿌리가 없이 무한한 세월에 걸쳐 나고 죽음을 되풀이하는 존재이다. 부처님은 이러한 중생의 무명을, 동서남북을 바꾸어 아는 어리석은 사람처럼 사대(四大)를 잘못 알아 자기의 몸이라 여기고 육진의 그림자를 잘못 알아 자기의 마음이라 여기는 것으로 정의한다.

중생은 누구나 몸과 마음을 '나'라고 여기면서 살아가고 있다. 이같은 생각은 너무도 당연한 사실로 의심할 여지조차 없다. 그런데 부처님께서는 중생들이 몸과 마음을 나라고 생각하는 것은 크나큰 착각에 불과하다고 하셨다. 어째서 이런 말씀을 하는 것일까? 중생들이 나라고 할 때의 나는 보통 두 개의 견해를 가지고 있다. 하나는 눈, 귀, 코, 혀 등의 몸과 더불어 마음을 나로 여기는 견해이고, 또 하나는 눈, 귀, 코, 혀 등의 몸과 마음을 나의 것으로 여기는 견해이다. 앞의 견해가 몸과 마음 그대로를 나로 삼는 경우라면 뒤의 견해는 몸과 마음을 내 소유로 삼으면서 몸과 마음속에 특별히 어떤 실체로서의 내가 있다고 여기는 경우이다. 이를 불교용어로 유신견(有身見)이라고 하는데 부처님께서는 이러한 중생들의 견해에 대해 몸과 마음은 나도 아니고 내 것도 아니며 몸과 마음의 근본이 되는 내가 따로 있는 것도 아니라고 말씀하셨다.

그 이유는, 중생들이 우선 나라고 여기는 몸은 사대가 인연으로 화합하여 생긴 거짓 존재, 즉 가유(假有)이기 때문이다. 사대는 지대(地大), 수대(水大), 화대(火大), 풍대(風大)로 흙, 물, 불, 바람의 네 가지 요소를 의미한다. 중생의 몸은 위로는 조상의 정혈(精血)을 받고 환경적으로는 태양과 땅과 공기와 음식물 등의 영양소를 공급받아 형체를 이룬다. 그렇다면 이 같은 단순한 사대의 물질들이 화합하여 움직이는 생명체로 바뀔 수 있는 원리는 무엇에 있는가. 그것은 중생의 업에 의해서이다. 즉 태어나게 될 중생의 보이지 않는 업의 힘이 지수화풍 사대를 뭉치게 하여 하나의 생명 현상으로 존재하게 된 것인데, 중요한 것은 이 업의 뿌리가 무명이라는 점이다. 중생은 무명에서 일으킨 업을 통해 사대를 화합시켜 몸을 만들고 그 몸에 대해 나라는 무명을 또다시 일으킨다. 마음의 경우에 있어서도 마찬가지이다. 형체 아닌 비물질로서의 마음도 스스로 있을 수 없고 육진(六塵)에 의지해서 존재한다.

육진이란 눈〔眼〕, 귀〔耳〕, 코〔鼻〕, 혀〔舌〕, 몸〔身〕, 의식〔意〕인 여섯 가지 감각기관에 의해서 파악되는 물질〔色〕, 소리〔聲〕, 냄새〔香〕, 맛〔味〕, 감촉〔觸〕, 대상〔法〕인 여섯 가지 경계〔六境〕를 말하는 것으로, 마음은 마치 두 손바닥이 마주쳐서 일어나는 박수 소리처럼 육근(六根)과 육진의 인연으로 말미암아 있게 된 것이다. 육경(六境)인 물질, 소리, 냄새, 맛, 감촉, 대상에 먼지와 티끌의 뜻을 지닌 진(塵)을 넣어 육진이라 하는 까닭은, 깨끗한 거울을 먼지가 덮듯 여섯 대상들이 중생에게 본래부터 갖추어져 있는 맑고 깨끗한 진여, 원각의 부처 성품을 덮어 더럽히기 때문이다.

『능엄경』을 보면 부처님이 아난 존자에게 "네가 집을 떠나 여래의 제자가 될 때 무엇을 보고 어떤 마음이 일어나 출가를 하게 되었느냐?"고 묻는 장면이 나온다. 이때 아난 존자는 "여래의 거룩하고 청정하신 모습을 보고 기쁨과 신심이 생겨 출가를 했고, 지금도 그 마음은 변함이 없습니다."라고 대답한다. 그러자 부처님이 "아난아, 그 마음은 너의 마음이 아니다." 하시니 아난 존자가 깜짝 놀라 "이것이 제 마음이 아니면 무엇이 제 마음입니까?" 하고 반문을 한다. 이에 대해 부처님은 "그것은 너의 본심이 아니라 바깥의 경계에 의해 만들어진 반연심(返緣心)이다." 하시며 아난 존자에게 마음에 대한 시각이 근본적으로 잘못되어 있음을 깨우쳐 주신다.

●

비유하건대 눈병이 났을 때 허공에서 꽃이 보이거나 달을 보면 두 개로 보이는 것과도 같다. 선남자야, 허공에는 실제로 꽃이 없는데 눈병 난 이가 허망하게 집착하거늘, 허망한 집착 때문에 허공의 제 성품을 잘못 알았을 뿐만 아니라 실제의 꽃이 나오는 자리까지도 모르느니라.

譬彼病目見空中華及第二月 善男子 空實無華 病者妄執 由妄執故 非唯惑此 虛空自性 亦復迷彼實華生處

눈에 병이 생기면 허공에서 꽃이 보이고〔見空中華〕 달이 두 개〔及

第二月)로 보이는 수가 있다. 허공에는 본래 꽃이 있을 수도 없고 달은 두 개일 리 만무다. 이때 어리석은 사람은 자기의 눈 탓인 줄 모르고 허공의 꽃과 두 개의 달이 있다고 착각한다. 이와 같이 허망한 판단을 하는 사람은 허공이 무엇인지도 제대로 알지 못하는 사람일 뿐만 아니라 꽃이 나오는 자리도 알지 못하는 사람이다.

여기서 부처님이 허공과 꽃을 비유한 까닭은 원각과 무명의 관계를 밝히기 위해서이다. 부처님은 몸과 마음에 대해서 나라고 여기는 무명을 눈병에 비유하셨고, 꽃과 두 개의 달을 몸과 마음에 비유하셨으며, 허공을 원각에 비유하셨다. 즉 중생은 무명으로 말미암아 몸과 마음을 나라고 여기고 허망하게 집착함으로 인하여 허공과 같은 원각을 알지 못한다는 말이다.

●

이와 같은 까닭에 허망하게 생사에 헤매니 그러므로 무명이라 하느니라.

由此妄有輪轉生死 故名無明

시작도 알 수 없는 아득한 과거로부터 중생들을 이 세상에 끌고 와 나고 죽음을 거듭하게 한 근본 원인은 다른 것에 있지 않다. 앞서 말했듯 무명이 뿌리가 되어 갖가지로 업을 짓고 그 업으로 인해 허망한 삶과 죽음을 되풀이하면서 끝없이 헤맨다.

●

선남자야, 이 무명이라는 것은 실제로 있는 것이 아니니, 마치 꿈을 꾸는 사람이 꿈속에는 없지 않다가 깬 뒤에는 아무것도 없는 것과 같으니라.

善男子 此無明者 非實有體 如夢中人 夢時非無 及至於醒 了
無所得

그렇다면 이렇게 중생의 근원이요, 생사의 뿌리인 무명은 과연 어
떤 성질을 지니고 있으며 정체는 무엇인가. 그 대답은 비실유체(非實
有體)로 실재하는 것이 아니라는 것이다. 중생이 지닌 몸과 마음을 나
라고 여기는 근원적 어리석음인 무명은 중생들에게 있어 고정화되어
있고 실제화되어 있는 것 같지만, 그 본질에 있어서는 비어 있는 존
재이다. 비유하면, 어떤 사람이 연인과 사랑하는 꿈을 꾼다고 할 때
꿈을 꾸는 동안에는 그 꿈속의 일이 참인 줄 알지만, 꿈에서 깨고 나
면 사랑한 연인이 있는 것이 아니고 사랑한 적도 없는 것처럼, 몸과
마음이 나인 줄 여기는 무명 역시 깨달음을 얻고 보면 실재하는 게 아
니었음을 알게 된다.

언젠가는 끊고 없애 버려야 할 크나큰 과제로서의 무명이 본래 있
는 것이 아니라는 부처님의 이와 같은 말씀은 미혹에 머물러 있는 중
생들로서는 다행스러운 일이다. 만약 꿈이 진실이라면 깬다는 일은
있을 수 없는 것처럼, 무명이 실재하는 것이라면 중생은 영원히 깨닫
지 못하고 무명 속에 잠겨 있어야만 한다.

●

또 뭇 허공꽃이 허공에서 사라졌을 때 사라진 자리가 일정하게
있다고 할 수 없으니, 왜냐하면 난 곳이 없기 때문이니라.

如衆空華 滅於虛空 不可說言 有定滅處 何以故 無生處故

눈병 난 사람이 허공에서 있지도 않은 꽃을 보았다가 눈병이 치료되어 본래의 눈으로 회복이 되면 허공의 꽃도 함께 사라지게 된다. 그런데 이때 허공에 있던 헛꽃이 어디로 사라졌느냐고 사라진 장소를 찾는다면 어디서도 찾지 못한다. 허공의 꽃은 본래 있는 것이 아니므로 허공에서 생긴 것도 아니고 허공에서 사라진 것도 아니다. 사대와 육진의 그림자를 나인 줄 여기는 무명도 마찬가지여서 깨달음을 얻고 보면 무명이 무명 아니어서 일어난 곳도 사라진 곳도 본래 없다는 것을 알게 된다.

●

일체 중생이 태어남이 없는 가운데서 허망하게도 생멸이 있다고 여긴다. 그러므로 생사에 헤맨다 하느니라.

一切衆生 於無生中 妄見生滅 是故說名 輪轉生死

무명은 몸과 마음, 더 나아가 모든 세계에 대한 근원적 착각이다. 무명이 없다면 중생도 생사도 세계도 존재하지 않는다. 근본불교의 핵심적 가르침 중 하나인 십이연기법(十二緣起法)을 보아도 무명이 조건이 되어 중생들이 태어나고 죽는 과정이 차례로 나타나고 있는 것임을 알 수 있다.

하지만 이와 같은 무명은 원각의 입장에서 보면 참으로 있는 것이 아니어서 끊고 없애고 할 것이 없다. 중생이 무명 속에 잠겨 생사를 받고 있는 듯 보이지만, 실상에 있어서 중생은 무명의 존재가 아니며, 따라서 나고 죽는 존재도 아니다. 무명을 끊었기 때문에 나고 죽음이 없는 것이 아니라, 무명은 실체가 없는 공한 것이므로 나고 죽음이 본래 없는 것이다. 중생은 이렇게 나고 죽음이 없는 존재임에도 불구하고 허망한 무명의 정체를 알지 못하는 까닭에 나고 죽음을 거듭한다.

●

선남자야, 여래의 인지에서 원각을 닦는 이가 이러한 허공꽃을 알면 헤맴이 즉시에 없어질 것이며 생사에 끄달릴 몸과 마음도 없으리니, 수고로이 애를 써서 없어지는 것이 아니라 본 성품이 없기 때문이니라.

善男子 如來因地 修圓覺者 知是空華 卽無輪轉 亦無身心 受彼生死 非作故無 本性無故

문수보살이 부처님께 모든 여래가 불도를 이룰 때 행했던 수행 방편 인지법행이 무엇이냐고 묻자 부처님은 무명을 영원히 끊는 것이라고 답하셨다. 이때 무명을 끊기 위해서는 수행과 노력이 수반되어야 하는데, 여기서 부처님은 무명은 그 본바탕이 허깨비처럼 실재하는 것이 아니기 때문에 수고로이 애를 쓰고 노력해서 없앨 성질의 것이 아니라고 하고 있다. 무명을 끊어 없앤다고 하나 사실에 있어서는 끊고 없애야 될 무명이 본래 없는 줄을 알아야 한다는 말씀이다. 그런 의미에서 보면 깨달음을 얻기 위해 일으키는 모든 수행은 쓸데없는 짓에 불과하다는 말이 된다.

그것은 마치 눈병 난 이가 허공의 꽃을 지우려고 어리석게도 손짓을 하는 것과 같이 또 하나의 헤매는 행위를 짓고 있을 뿐이다. 무명의 본질이 비어 있음을 철저히 파악하신 부처님의 안목에서는 제거해야 될 무명이 있고, 떠나야 될 몸과 마음이 있으며, 벗어나야 될 생사가 있다고 여기고 수행을 하는 것 자체가 바로 헤매는 것이며 끄달림이다. 무명이 본래 없고 몸과 마음이 본래 없으며 나고 죽음이 본래 없는데 어찌 여기에 수행이라 할 것이 설 수 있겠는가? 그러므로 스스로 만겁 동안을 뼈를 깎는 수행을 했다 할지라도 여기서 분명히 알아야 할 것은, 마음 가운데 수행한 내가 있고 수행한 바가 있으면 이는 모두 꿈속의 일을 생시로 아는 것과 같은 것이다. 무량한 세월에 걸쳐 만 가지 수행을 닦았어도 원각의 자리에서는 한 법도 닦은 바가 없는 것이니, 내가 수행을 한다는 소견을 일으키지 말고 닦는 바 없이 닦아야 한다.

●

이렇게 아는 것도 허공과 같고 다시 허공이라고 아는 것마저도 허공꽃과 같지만 그렇다고 알거나 깨달은 성품이 아주 없다고 말할 수 없으니,

彼知覺者 猶如虛空 知虛空者 卽空華相 亦不可說無知覺性

수행하는 이가 위에서 말한 대로 수행을 한 바 없이 수행을 해서 무명이 실로 없고 생사가 실로 없음을 바로 깨쳤다고 치자. 하지만 이때 수행자의 마음에 모든 것이 실재하지 않음을 깨쳤다는 견해나 자취를 가지고 있으면 이는 바르게 깨친 것이 아니다. 진실된 수행은 깨달아 얻은 마음도 다시 허깨비로 본다. 일체를 깨달았다 하더라도

수행자는 그 경지마저 허공의 꽃처럼 여김으로 인해 무언가를 얻었다는 것에 머무르지 않는다.

만약 공부를 했다는 사람이 마음 가운데에서 안 것이 있고 본 것이 있고 깨달은 것이 있다고 여기면, 이것은 모두 미혹의 소치로 증상만(增上慢)에 떨어진 사람이다. 무명이 허공의 꽃과 같은 줄 바로 깨쳐 알았다고 할지라도 그렇게 깨닫고 아는 마음을 허공의 꽃처럼 또다시 여기고 머물지 말아야지, 그렇지 않으면 또 다른 차원의 허공꽃을 움켜쥐고 있는 것이다. 이는 원각의 경지는 깨닫고 안다는 인식의 주체가 끊어졌음을 말하는 것으로, 참된 깨달음 속에는 그 깨달음을 깨달음인 줄 아는 내가 있지 않다.

많은 사람들은 수행을 해서 깨달음을 이루면 당연히 그 깨달음을 인식하고 누리는 주체가 있을 것이라고 추측한다. 즉 미혹한 범부 중생들은 누가 깨달음을 얻었다고 하면 깨달음을 자기의 차원으로 끌어내려 깨달음을 누리는 자가 있고, 그 깨달음을 누리는 자 속에는 깨달은 바의 어떤 특별한 내용이 있을 것이라는 견해를 갖는다. 그러나 원각의 참된 깨달음에서는 어떠한 경지도 허공의 꽃처럼 볼 뿐만 아니라 그렇게 허공의 꽃처럼 보는 것 또한 허공의 꽃으로 여기기 때문에 깨달음을 인식하는 자와 인식되는 바가 실재하지 않는다.

그렇다면 반대로 원각을 깨달은 사람은 아무것도 이룬 것이 없고 아는 것도 없어서 범부 중생과 마찬가지로 미혹 속에 머물러 있거나 바위와 나무토막처럼 인식 능력도 없고 아는 작용도 없는 것이냐 하면 그렇지 않다. 깨달음 속에는 깨달음을 이룬 이도 없고 깨달은 바도 없어 모두가 허공꽃과 같지만, 그렇다고 보고 듣고 아는 주체와 대상이 모두 끊어져 아무것도 없는 것은 아니다. 원각은 아무런 자취가 없는 가운데에서도 갖가지의 보고 듣고 아는 경계를 나타내어 중생들이 보지 못하는 것을 보고, 듣지 못하는 것을 들으며, 깨닫지 못하는 것을 깨닫는다. 이는 원각이 지닌 치우침 없는 중도실상(中道實相)의 도리를 말하는 것으로, 모두가 허공의 꽃 같다는 말씀은 원각의 공(空)한 성품을 가리키고, 알거나 깨닫는 성품이 아주 없다는 것은 원각의 공하지 않은(不空) 성품을 가리킨다.

●

있고 없음을 끝까지 물리쳐야 이를 일러 깨끗한 원각을 수순한다 하느니라. 왜 그런가 하면 비어서 허공 같은 성품이기 때문이고 항상 움직이지 않기 때문이며,

有無俱遣 是則名爲 淨覺隨順 何以故 虛空性故 常不動故

옛 어른의 말씀에 불법은 아는 속에도 있지 않고 모르는 속에도 있지 않다는 가르침이 있는데, 이는 수행자가 마음공부를 함에 있어 깨달음을 인식의 대상으로 삼고 행여 자기 체험에 빠져 원각의 본분을 등질까 우려해서이다. 깨달음을 깨달음이라고 인식하고 아는 순간, 이미 그 마음은 물체에서 갈라진 그림자처럼 허상이 된다. 원각 가운데에서는 무언가 하나라도 안 것이 있으면 모조리 인연의 그림자요, 반대로 아무것도 인식할 줄 모르면 무명의 움집이니, 모름지기 불법을 공부하는 데 있어서 가장 주의할 것이 있다면 어느 한 법도 마음에 세우지 말아야 된다고 하는 것이다.

만약 누가 깨달음 속에는 깨달음을 누리는 자가 있고 보고 듣고 아는 바가 있다고 한다면 이는 토끼에게 뿔이 있다고 하는 격이고, 깨

달음 속에는 아무것도 없어 보고 듣고 아는 바가 있지 않다고 한다면 이는 소에게 뿔이 없다고 하는 격이어서 모두가 그르친 꼴이 된다. 본문의 문수보살이 부처님께 올린 두 번째 질문 중 보살과 말세의 중생이 대승법에 대하여 일으킬 수 있는 모든 병을 말했는데, 그 병이란 다름 아닌 이 같은 인식의 있고 없음에 떨어지는 병을 가리킨다.

허공을 보면 허공은 있다고도 할 수 없고 없다고도 할 수 없다. 따라서 허공을 본다고 해도 틀리고 보지 못한다고 해도 틀린다. 허공은 텅 비어 자취가 없지만 이 세계에 두루하여 일체를 감싸면서도 뒤바뀜이 없고 움직임이 없다. 세상의 모든 것이 허공 속에서 일어나지만 허공 그 자체는 변함이 없다.

●

여래장 안에서는 일고 꺼짐이 없기 때문이며 알거나 보는 것이 없기 때문이며 법계의 성품이 끝내 원만하여 시방에 두루하기 때문이니라. 이것을 인지법행이라 하나니, 보살은 이에 의해 대승법에 청정법에 마음을 일으킬 것이며 말세의 중생들도 이에 의해 수행하면 사견에 빠지지 않으리라.

그때 세존께서 이 뜻을 거듭 펴시기 위해 게송으로 말씀하셨다.

문수여, 그대는 마땅히 알라.
한량이 없는 모든 여래께서는
본래 보리심 낸 마음 땅에서
모두 다 지혜의 깨달음으로
무명을 분명하게 통달했도다.
무명이 허공꽃과 같은 줄 알면

생사의 유전을 면하게 되니
마치 꿈 가운데 있던 사람이
깨고 나면 아무것도 없는 것과 같다.
무명을 깨닫는 일 허공과 같아
평등하여 요동함이 전혀 없나니
깨달음이 시방세계 두루하므로
즉시에 불도를 성취하리라.
여러 가지 헛된 환상 사라질 적에
사라지는 곳마저 찾을 수 없듯
불도를 이루는 것 역시 그러해
본 성품이 본래부터 원만하도다.
보살은 얻을 바 없는 마음에 의해
청정한 보리심을 일으킬 것과
말세의 한량없는 여러 중생도
이 법 닦아 삿된 견해 벗어나리라.

如來藏中 無起滅故 無知見故 如法界性 究竟圓滿 徧十方故
是則名爲 因地法行 菩薩因此 於大乘中 發淸淨心 末世衆生
依此修行 不墮邪見
爾時 世尊 欲重宣此義 而說偈言

文殊汝當知　　　一切諸如來
從於本因地　　　皆以智慧覺
了達於無明　　　知彼如空華
卽能免流轉　　　又如夢中人

醒時不可得	覺者如虛空
平等不動轉	覺徧十方界
卽得成佛道	衆幻滅無處
成道亦無得	本性圓滿故
菩薩於此中	能發菩提心
末世諸衆生	修此免邪見

'여래장(如來藏)'이라는 말과 '법계의 성품〔法界性〕'이라는 말은
원각의 또 다른 표현이다. 여래장은 부처의 공덕이 본래부터 갖추어
져 있는 마음이고, 법계성은 존재하는 모든 것들의 근본 성품이다.
세상의 모든 것은 일어나고 사라지는 것을 기본 법칙으로 한다. 들이
쉬고 내쉬는 호흡을 비롯하여 세포 하나하나가 일어남과 사라짐의 연
속이며 나고 죽음의 연속이다. 앞생각이 꺼지면 곧이어 뒷생각이 따
르면서 한순간도 머무르지 못하고 변화를 계속한다. 어디 그뿐이랴.
생멸하는 몸과 마음에 의해 분별되는 이 세계 역시도 생멸을 거듭하
니 고정된 법은 아무것도 없다.

일찍이 부처님께서는 초기 법문에서 모든 존재는 생멸한다는 제행
무상(諸行無常)의 법을 설하셨다. 하지만 원각의 입장에서는 저 같은
법문은 완성법문, 상승법문이 아니다. 이러한 시각은 어디까지나 중
생들의 무명에 의해 그렇게 나타나고 보일 뿐, 원각인 여래장 안에
들어와 보면 이것은 전부 허깨비로 본래 있는 존재가 아니기 때문에
태어나거나 죽은 적이 없고 일어나거나 멸한 적이 없다. 모든 법이
일고 꺼진다는 생멸의 가르침은 중생의 미혹한 마음에서 본 법칙을
설명하고 있는 것이지, 무명이 사라진 대원각이며 여래장이며 법계

성의 경지에서 본 법칙을 설명한 것이 아니다. 우리가 생멸한다고 여기는 자신과 이 세상은 생멸이 없는 하나의 크나큰 대원각 속에서 나지도 않고 멸하지도 않는 존재들로 그 본질을 삼고 있다. 무명의 일고 꺼지는 마음에 의해 온갖 세계가 생멸하는 것처럼 보이는 것이지, 생멸 없는 여래장인 법계의 성품으로 보면 온갖 세계 그대로가 불생불멸하는 진여의 나툼으로 변함이 없다.

또한 원각의 깨달음 자리는 눈, 귀, 코, 혀, 몸, 뜻 그리고 이에 마주하는 물질, 소리, 맛, 냄새, 촉감, 대상의 영역을 벗어나 있으므로 알거나 보는 것이 없다. 마음 안에도 마음 밖에도 원각의 자리에서는 모든 존재가 꿈과 같이 실재하는 것이 아니므로 보는 놈도 없고 볼 것도 없다. 무명이 끊어져 원각의 성품이 드러나게 되면 그 밝은 마음은 근본 성품이 되어 세상에 두루하고, 인연으로 일어난 갖가지 차별된 현상계를 비추되 마치 광대한 바다에서 갖가지 파도와 물방울이 일어난 것처럼 온갖 존재가 원각의 성품을 떠나 있지 않음을 깨닫게 된다.

부처님께서 제자들의 물음에 대해서 본문의 형식을 빌려 자세하게 설법을 해주신 것을 장행(長行)이라 한다. 그리고 이 장행의 내용을 다시 대중들에게 요약하여 게송으로 읊으신 것을 중송(重頌)이라 한다. 중송의 내용은 장행에서 자세히 설명했으므로 이에 대한 해설은 생략한다.

3

보현보살장(普賢菩薩章)

보현보살장(普賢菩薩章)

이때 보현보살이 대중 가운데 있다가 얼른 자리에서 일어나 부처님의 발에 이마를 대 절하고, 오른쪽으로 세 번 돌고 무릎을 세워 꿇고 손을 모으고 부처님께 사뢰었다.

"대비하신 세존이시여, 바라옵건대 이 모임에 온 보살들과 말세의 중생들로서 대승을 닦으려는 이들을 위하여 말씀해 주옵소서. 이 원각의 청정한 경계를 듣고 어떻게 수행해야 합니까?

세존이시여, 저 중생들로서 허깨비 같은 줄 아는 자일진대 그의 몸과 마음도 허깨비이거늘 어떻게 허깨비로써 허깨비를 닦으리까? 만일 온갖 허깨비가 다 멸했다면 몸과 마음마저 없어지리니 무엇으로 수행하겠기에 허깨비 같은 삼매를 닦으라 하십니까?

만일 중생들이 애초부터 수행하지 않는다면 생사 속에서 항상 허깨비 같은 변화에 묻혀 있어 허깨비 같은 경계임을 전혀 알지 못하리니 망상에서 어떻게 벗어나리까? 바라옵건대 말세의 여러 중생들을 위하여 말씀해 주옵소서.

어떤 방편과 점차와 수습을 써야 그 중생들로 하여금 온갖 헛된 것들을 영원히 여의게 하리이까?"

이렇게 말하고는 몸의 다섯 활개를 땅에 던져 세 번이나 청하여 마치고 다시 시작하려 하였다.

그때 세존께서 보현보살에게 말씀하셨다.

"좋은 말이다. 좋은 말이다. 선남자야, 그대는 보살들과 말세의 중생들을 위하여 보살이 허깨비 같은 삼매를 닦아 익힐 방편과 점차를 물어서 중생들로 하여금 모든 허깨비를 여의는 법을 묻는구나. 자세히 들으라. 마땅히 그대들을 위하여 말해 주리라."

그때 보현보살이 분부를 받들어 기뻐하면서 대중들과 함께 조용히 귀를 기울였다.

於是 普賢菩薩 在大衆中 卽從座起 頂禮佛足 右繞三匝 長跪
叉手 而白佛言 大悲世尊 願爲此會 諸菩薩衆 及爲末世 一切
衆生 修大乘者 聞此圓覺 淸淨境界 云何修行 世尊 若彼衆生
知如幻者 身心亦幻 云何以幻 還修於幻 若諸幻性 一切盡滅
則無有心 誰爲修行 云何復說 修行如幻 若諸衆生 本不修行
於生死中 常居幻化 曾不了知 如幻境界 令妄想心 云何解脫
願爲末世 一切衆生 作何方便 漸次 修習 令諸衆生 永離諸幻
作是語已 五體投地 如是三請 終而復始 爾時 世尊 告普賢菩
薩言 善哉善哉 善男子 汝等 乃能爲諸菩薩 及末世衆生 修習
菩薩如幻三昧 方便漸次 令諸衆生 得離諸幻 汝今諦聽 當爲

汝說 時普賢菩薩 奉敎歡喜 及諸大衆 默然而聽

보현보살은 부처님의 깨달음 속에 내재하고 있는 크나큰 행〔大行〕을 상징하는 보살이다. 이 보살은 일체 중생을 교화하되 그 행위가 곳곳에 미치지 않음이 없으므로 지혜의 우두머리인 문수보살과 더불어 짝한다. 중생들의 수명을 길게 해주므로 연명보살(延命菩薩)이라고도 한다.

앞서 부처님께서는 문수보살에게 부처님이 불도를 성취할 수 있었던 것은 청정하기 그지없는 깨달음의 모습〔淸淨覺相〕으로써 무명을 완전히 끊었기 때문이라고 하셨다. 그리고 무명의 본질은 눈병 난 이가 그린 허공의 꽃처럼 실제로 있지 않을 뿐 아니라 그 무명에 의해서 나타난 나라고 하는 몸과 마음 역시 허깨비〔幻〕와 같다고 말씀하셨다.

보현보살의 질문은 세 가지로 요약할 수 있다. 첫째는 본래 있는 것이 아닌 허깨비와 같은 무명을 어떻게 허깨비 같은 몸과 마음으로 닦을 수 있는가이고, 둘째는 만약 온갖 허깨비 같은 무명이 멸했다면 몸과 마음도 없어져야 될 것인데 누가 수행을 했다고 할 수 있는가이며, 셋째는 무명이 허깨비인 줄 모르고 망상 속에 빠져 사는 중생은 어떻게 해야 벗어날 수 있는가이다.

●

선남자야, 일체 중생의 허깨비 같은 변화〔幻化〕가 모두 여래의 뚜렷이 깨달아 있는 묘한 마음〔圓覺妙心〕에서 나왔나니 마치 허공꽃이 허공에서 생긴 것과 같다.

善男子 一切衆生 種種幻化 皆生如來圓覺妙心 猶如空華 從空而有

우선 부처님께서는 보현보살의 질문에 답하기에 앞서 중생들이 지니고 있는 허깨비 같은 무명심이 어디로부터 생겼는가를 밝히셨다. 일체 중생의 허깨비 같은 변화라 함은 중생의 무명에 의해서 그려진 자신과 세계를 가리킨다. 뒤에서도 언급하겠지만 불교적 시각에서 볼 때 자신과 세계, 육체와 마음, 주관과 객관 등의 온갖 법은 모두 무명심이 변화되어 나타난 그림자이다. 마치 잠을 자지 않으면 꿈속의 일들이 생길 수 없듯 어두운 중생들의 마음인 무명이 없다면 나도 있을 수 없고 세상도 있을 수 없다.

이렇게 무명이 원인이 되어 모든 것이 일어난다는 이치를 무명연기(無明緣起) 또는 업감연기(業感緣起)라고 한다. 연기는 인연생기(因緣生起)의 줄인 말로 모든 존재는 원인과 조건을 통해 있게 된다는 법칙을 설명하는 말이다. 그런데 이 같은 자아와 세계로서의 근본이 되는 무명심은 대체 어디에서 일어났는가. 그곳은 다른 곳이 아닌 원각묘심(圓覺妙心), 즉 본래부터 밝아 있는 묘한 깨달은 마음이다.

여기서 우리는 부처님의 이 같은 말씀에 중생의 마음은 반드시 어둡기만 한 것이 아니라는 새로운 사실을 발견할 수 있다. 중생들이 지니고 있고 쓰고 있는 마음은 분명히 부처님이 보실 때 어리석은 무명 마음이요, 허깨비 마음이다. 그러나 부처님은 지금 중생과 세계가 무명과 업으로 인해서 펼쳐진 것만은 사실이지만 그 바탕은 부처님과 똑같은 원각묘심, 즉 밝고 참되게 깨달아 있는 원각에 두고 있다는 것이다. 넓고 넓은 바다에서 일어난 물거품이 곧 바다의 물이듯 돌이켜 깨달으면 무명과 그 무명에서 나타난 일체의 법들이 모두 다함없는 부처 성품인 원각의 마음에서 펼쳐진 줄을 알게 된다.

이와 같이 모든 존재가 무명 아닌 참되고 한결같이 깨달아 있는 묘한 마음자리에서 인연을 좇아 일어나는 이치를 진여연기(眞如緣起)라고 하는데, 수행은 바로 이와 같은 무명연기를 허깨비로 보고 진여연기로 돌이키는 작업이라 할 수 있다. 쉽게 말하면, 무명에 의해서 만들어진 자기의 몸과 마음, 그리고 자기와 마주하고 있는 모든 대상들을 허깨비라고 관찰해서 그 본성이 진여원각임을 깨닫는 공부가 곧 수행이다.

삶에서는 연기를 설하는 데 있어서 무명연기와 업감연기로 끝이 나지만 대승에서는 세간의 모든 법은 이 원각의 진여에서 일어났다고 보고 있는 것이다.

●

허공꽃은 사라지더라도 허공 자체는 무너지지 않나니 중생의 허깨비 같은 마음도 역시 허깨비에 의지해 사라지나 모든 허깨비가 다 사라졌더라도 깨달은 마음은 움직임이 없느니라.

幻華雖滅 空性不壞 衆生幻心 還依幻滅 諸幻盡滅 覺心不動

보현보살의 질문 중 앞의 두 내용을 다시 요약하면, 중생의 몸과 마음이 모두 허깨비 같다면 수행은 무엇으로 하는 것이며, 허깨비 같은 무명이 사라지면 그 무명에 의해 나타난 몸과 마음도 다 없어질 텐데 무엇으로 환 같은 삼매〔如幻三昧〕를 닦으라 하느냐이다.

이에 대해 부처님은 중생의 허깨비 같은 무명은 역시 허깨비 같은 몸과 마음에 의지해서 수행을 해야 한다고 대답하신다. 이는 마치 꿈꾸는 사람이 꿈을 깨기 위해서 꿈속에서 자기의 몸을 꼬집는 것과 같고, 땅에 의해 넘어진 사람이 땅을 짚고 일어서는 것과 같다. 이렇게 허깨비 같은 무명을 허깨비 같은 몸과 마음에 의지해 수행을 하게 되면 그 결과로 무명도 사라지고 몸과 마음도 사라져 실재하지 않음을 보게 되는데, 이때 허깨비 같은 모든 현상들은 다 사라져도 허깨비를 허깨비라고 깨달은 그 마음은 사라지지 않고 우뚝하게 홀로 밝아 일체를 비춘다. 여기서 몸과 마음이 사라진다는 말은 몸과 마음이 무슨 불꽃처럼 꺼져서 아무것도 없게 된다는 뜻이 아니라 몸과 마음이 실재한다는 집착, 몸과 마음을 나로 여기는 집착이 사라진다는 뜻이다.

부처님의 가르침을 공부하다 보면 사람들이 싫어하는 부정적인 용어들이 많이 나온다. 무상(無常)하다느니, 공(空)하다느니, 없다[無]느니, 허망(虛妄)하다느니 하는 말들이 자주 나오다 보니까 마치 불교가 염세를 가르치고 허무를 얻게 하려는 가르침인 줄 안다. 그러나 부처님이 이와 같은 말씀을 중생들에게 하시는 것은 중생들을 허무로부터 건져내고 무상으로부터 빠져나오게 하여 참된 공덕을 얻게 하기 위해서이다. 부처님께서는 중생들에게 허깨비들을 허깨비라고 바로 보는 수행을 닦아야만 여환삼매를 얻어 생사로부터 해탈하게 된다고 하시는 것이다.

여환삼매란 일체가 허깨비와 같음을 깨달아 움직이지 않는 마음을 가리키는 말로 원각·진여·여래장·법계·열반과 같은 뜻을 지니고 있다.

●

허깨비를 의지해 깨달음을 말해도 또한 허깨비며, 만약 깨달음

이 있다고 해도 허깨비를 떠나지 못한 것이며, 깨달음이 없다고
해도 또한 이와 같으니라. 그러므로 허깨비가 사라져야 움직이
지 않음이라 이름하느니라.

依幻說覺 亦名爲幻 若說有覺 猶未離幻 說無覺者 亦復如是
是故 幻滅 名爲不動

이는 보현보살이 부처님께 올린 세 번째 질문에 대한 답변이다. 보
현보살은 만약 중생들이 부처님의 허깨비 같다는 말씀을 듣고 애초부
터 수행을 하지 않는다면 허깨비 같은 무명과 생사 속에서 빠져나오
지 못할 것이고, 끝내 거꾸로 뒤집힌 망상심으로부터 벗어나지 못할
것이니 어떻게 하면 좋겠느냐고 물었다.

허깨비를 의지해서 깨달음을 말한다 해도 또한 허깨비며 깨달음이
있다고 해도 허깨비를 떠나지 못한 것이라 함은, 허깨비 같은 무명을
여의지 못한 중생들에게는 허깨비로부터 벗어난 원각의 오묘한 법을
일러준다 해도 역시 허깨비 같은 무명 속의 일이라 진실이 될 수 없다
는 뜻이며, 깨달음이 없다고 해도 또한 이와 같다고 함은 반대로 깨
달음이 없다고 아무리 부정해도 역시 허깨비 같은 무명 속의 말이라
진실이 될 수 없다는 뜻이다. 다시 말해 꿈을 꾸고 있는 상태에서는
어떤 말을 해도 진실이 될 수 없는 것처럼, 무명의 꿈을 깨지 못한 중
생들에게는 깨달음이 있다고 해도 참이 아니고 깨달음이 없다고 해도
참이 아니다. 그러므로 움직임이 없는 마음인 깨달음이 무엇인지를
알려면 허깨비 같은 무명을 모두 여의어야만 한다.

●

선남자야, 일체 보살과 중생들은 온갖 허망한 허깨비와 같은 변화의 경계를 멀리 여의어야 하느니라. 멀리 여의려는 마음을 굳게 지녔다면 그 마음도 허깨비 같음을 알아 멀리 여의어야 하며 다시 멀리 여의었다는 것도 멀리 여의어야 하고, 허깨비 같음을 멀리 여의었다는 여윔마저 다시 여의어서 더 여읠 것이 없게 되면 모든 허깨비가 사라지리라.

善男子 一切菩薩 及末世衆生 應當遠離 一切幻化 虛妄境界
由堅執持 遠離心故 心如幻者 亦復遠離 遠離爲幻 亦復遠離
離遠離幻 亦復遠離 得無所離 卽除諸幻

계속적으로 반복해서 허깨비 현상을 떠나라는 이 말씀은 불교 수행의 극치가 어디에 있는가를 명료하게 보여 준다. 불교 수행의 특징은, 특히 최상승의 대승수행법은 자기와 더불어 모든 것이 무명이 만들어 낸 허깨비임을 알고 떠나기를 거듭하여 절대 광명의 깨달음을 얻을 것을 가르친다. 이렇게 모두를 하나도 남김없이 허깨비와 같다고 관찰하는 공부를 '환관(幻觀)'이라고 하는데, 이 환관은 『원각경』 뿐만이 아니라 다른 경전에서도 한결같이 가르치고 있다.

『아함경』 같은 초기경전에서는 몸을 거품처럼 관찰하고, 느낌을 물방울처럼 관찰하며, 생각을 아지랑이처럼 관찰하고, 의욕을 파초처럼 관찰하며, 의식을 환영처럼 관찰하라고 했고, 『반야심경』에서는 일체를 공이라고 비추어 보고서야 비로소 온갖 일체의 고통으로부터 벗어났다고 했다. 『금강경』에서는 일체의 현상은 허망한 것이니 모두를 있는 것이 아니라고 관찰하면 곧 부처를 본다고 했고, 『화엄경』에서는 몸이 허깨비 같은 줄 알면 부처의 몸을 보고, 마음이 꼭두각시 같은 줄 알면 부처의 마음을 본다고 했으며, 『유마경』에서는 보살은 중생을 볼 때 마술사가 만든 허상, 거울에 비친 그림자, 더운 날의 아지랑이처럼 보아야 한다고 했다.

이로 미루어 보아도 불교의 모든 수행은 말만 다를 뿐, 세상 모두를 무명이 만들어 낸 거짓, 꿈, 환상 등으로 관찰하는 것임을 알 수 있다. 그런데 여기서 크게 우려되는 바는 위에서도 잠깐 언급했듯 이러한 가르침을 잘못 들으면 마치 불교가 사람들을 허무주의자나 염세주의자로 만들어 삶의 의욕을 빼앗고 생활을 자포자기하게 만들지 않느냐는 오해를 낳을 수도 있다는 데 있다.

다시 강조하고 싶은 것은 이렇게 모두를 허깨비, 환상으로 보는 환관의 참된 목적은 자신의 뿌리 깊은 근원적 어리석음인 무명을 깨뜨려 일체를 다시 온통 밝고 신령한 깨달음으로 전환하게 하는 데 있다. 즉 거듭되는 환관을 통해서 그야말로 허무하고 괴로운 이 세상을 광명과 안온 그리고 기쁨의 세상으로 바꿔 놓는 데 목적이 있는 것이다.

일체를 허깨비라고 살피는 환관의 입장에서 보면 이 세간의 어느한 법도 인정할 것이 없다. 그것이 종교가 되었든 철학이 되었든 역사가 되었든 예술이 되었든, 세상의 모든 가치는 무명의 그림자이다. 윤리 도덕의 근간이라 할 수 있는 부모 자식 간의 천륜도 만생의 인연이라 하는 부부간의 사랑도 원각에 비추어 보면 하나의 허상 놀음이다. 그렇다고 해서 부처님이 세상의 윤리 도덕을 부정하고 인간과 인간의 애틋한 사랑과 의리를 부정하신 것은 아니다. 부처님도 중생계의 차원에서는 이런 것들 모두가 소중하고 존귀하다는 것을 누구보다도 잘 안다. 부처님 또한 효도를 설하셨고 사랑을 가르치셨으며 세상의 질서를 원하셨다. 그러나 이 같은 가치는 어디까지나 중생의 차원에서 인정했지 원각의 차원에서 인정한 것은 아니다.

원각의 차원에서는 세간의 윤리 도덕과 가치와 기준을 인정하면서 또 인정하지 않는다. 제 몸과 마음도 본래 허깨비 같은데 무엇인들 진실이라 여기겠는가? 빨간색 물감으로 그린 그림은 모두가 빨간 모습이다. 마찬가지로 허깨비 같은 무명에 의해서 지어진 모든 존재는 허깨비일 수밖에 없다. 그러므로 중생들이 자신의 마음 가운데에서 한량없는 광명을 비추게 하려면 무명을 여의는 공부를 끊임없이 해 나가야만 한다.

본문을 보면 허깨비를 여읠 것을 자그마치 여섯 번을 중첩적으로 되풀이해서 강조하고 있는데, 이것을 육리(六離)라고 한다. 무명의 허깨비 놀음에 속아 살던 중생이 부처님의 말씀을 듣고 이내 발심하여 허깨비 같은 무명을 떠나겠다고 마음을 일으켜 그 무명을 여의고 여의고 또 여의어서 여의었다는 것마저 여의게 되면 마침내 대원각의 경지에 오르게 된다.

부처님께서는 무슨 까닭으로 이와 같이 허깨비를 떠나라고 거듭거듭 되풀이하는 것일까? 그 이유는 행여 수행하는 사람이 완전한 구경의 깨달음을 얻기 전 수행 도중에 또 다른 차원의 허깨비 현상에 머물거나 속지 않게 하기 위해서라고 할 수 있다. 이때 또 다른 차원의 허깨비 현상이란 이른바 깨달았다고 착각하는 것으로 수행하는 사람들은 주의하지 않으면 안 된다.

무명은 허깨비와 같은 속성을 지니고 있어 실체성은 없지만 막상 수행을 통하여 없애려고 하다 보면 그 뿌리와 세력이 얼마나 깊고 강한지를 알게 된다. 무명은 글자 그대로 빛이 없는 어두운 마음이다. 수행은 이 어둠을 제거하여 참마음의 광명을 얻는 일이라 할 수 있는데, 수행을 하게 되면 구름 속에서 태양이 비치듯 마음이 밝아지는 체험을 하게 된다.

그렇게 되면 수행자는 스스로 나는 이제 깨달음을 이루었다는 소견을 일으켜 그만 삿된 곳으로 흘러가거나 도중에 머물러 큰 뜻을 그르치게 된다. 빛에도 차원이 있듯 무명을 여의고 수행에서 얻어지는 지혜에도 차원이 있다. 어둠을 여의고 밝음을 얻었다 해도 밝다는 소견을 지으면 그 소견이 곧 어둠이 되는 것이며, 허깨비를 벗어나 참됨을 이루었다 해도 참됨을 인정하게 되면 그 참됨은 또 다른 허깨비가 되어 참다운 깨달음의 자리를 등지게 한다. 그러므로 수행자는 마음공부를 하는 데 있어 어떠한 경지가 열린다 할지라도 머물거나 인정하지 말고 거듭거듭 허깨비 같다고 여기고 그로부터 떠나는 수행을 쌓아야만 한다.

●

비유하건대 불을 구할 때 두 나무를 서로 비비면 불이 나는데 나무는 타 없어지고 재는 날아가 연기까지 사라지는 것과 같이 허깨비로써 허깨비를 닦는 것도 이와 같아서 모든 허깨비는 사라지나 아주 없는 것은 아니니라.

譬如鑽火 兩木相因 火出木盡 灰飛煙滅 以幻修幻 亦復如是 諸幻雖盡 不入斷滅

여기 긴 나무토막 하나가 있다고 가정하자. 이 긴 나무토막을 없애는 데는 여러 방법이 있을 수 있겠으나 다음과 같은 방법도 생각해 낼수 있다. 성냥이 없던 옛날에는 나무끼리 비벼서 불을 만들었다. 나무토막을 분질러 두 토막을 내고 이를 서로 비비면 불이 난다. 그렇게 되면 불에 의해 막대기도 사라지고 재도 사라지고 나중에는 불까지도 사라져 자취를 찾을 수 없게 된다. 무명과 수행과 깨달음의 관계도 이와 같아서 하나의 나무토막은 무명에 비유할 수 있고, 나무토막을 분질러 비비는 행위는 수행에 비유할 수 있으며, 불은 수행에 의해 얻어지는 지혜에 비유할 수 있다. 그리고 재가 날아간 것은 지혜를 얻었어도 지혜의 자취를 남기면 안 된다는 데에 비유할 수 있고, 연기까지 사라진 것은 지혜의 자취를 없앴다는 그 흔적마저 남기지 않는 데에 비유할 수 있다.

이렇게 모든 게 사라져 아무 흔적도 남지 않는 것을 깨달음이라고 비유할 때, 그렇다면 깨달음은 아무것도 없는 허무한 경계냐 하면 그게 아니다. 나무에서 불이 나 나무가 다 타게 되어 불도 꺼지고 연기도 사라지고 재도 날아가면 형상의 불은 꺼졌으나 보이지 않는 불의 본성은 세상에 가득 차 있기 때문이다. 즉 뜨겁게 타오르는 형상의 불은 언제 어디서든 공기와 나무와 마찰 등의 인연만 빌리면 언제든지 꺼졌다가 새로 생겨난다.

『능엄경』에서 부처님은 세상에는 유형의 불과 물과 흙과 바람만이 있는 게 아니라 무형의 불과 물과 흙과 바람이 있는데, 이를 성품(性)이라는 말로 표현하였다. 지·수·화·풍과 같은 유형의 물질은 무형의 성품이 인연을 따라 모습으로 나타난 것인데, 유형의 모습은 모두 허깨비와 같아 일어나고 멸함이 있으나 나타나지 않은 무형의 성품은 나고 멸함이 없다는 것이다.

본문 말씀에 나무로 불을 내는 행위에 깨달음을 비유한 까닭은 『능엄경』의 이와 같은 뜻을 염두에 두고 하신 말씀으로, 허깨비 같은 무명과 수행 그리고 수행에 의해 얻어지는 온갖 자취는 사라져도 원각의 경지는 단멸(斷滅)이 아니기 때문에 사라지지 않는다.

몸과 마음과 세상을 모두 무상·무아·괴로움으로만 보고 있는 소승의 법과는 달리, 대승에서는 본래부터 생멸이 없는 원각의 마음이 중생들에게 갖추어 있다고 한다. 금강경에서 "수보리야 모든 법이 다 없어져 끊어진 것을 여래라 하지 않는다"고 하신 말씀도 같은 의미를 지닌다.

●

선남자야, 허깨비인 줄을 알면 곧 여의게 되나니 방편을 지을 필요가 없고 허깨비를 여의면 곧 깨달음이라 점차도 없느니라. 일체 보살과 말세의 중생들이 이렇게 수행하여야 되나니 모든 허깨비를 길이 여의게 되리라.
그때 세존께서 이 뜻을 거듭 펴시기 위해 게송으로 말씀하셨다.

보현이여, 그대는 마땅히 알라.
온갖 중생들의
끝없이 오랜 허깨비 같은 무명은
모두가 여래의 원각에서 생겼나니
마치 저 허공 속의 허공꽃들이
허공에 의지해서 생긴 것과 같다.
허공꽃은 사라져 없어진대도
허공은 조금도 변동치 않나니

허깨비는 원각을 따라서 나왔기에

허깨비는 반드시 사라지지만

뚜렷이 깨쳐 있는 마음 자체는

본래부터 움직이지 않느니라.

보살이나 말세의 여러 중생은

허깨비를 멀리 여의어야 하나니

허깨비들 모두 다 떠나게 됨은

나무에서 불이 나 나무를 태우고

불까지 꺼지듯 하여야 되느니라.

깨달음에는 점차가 없고

방편이란 것 또한 그러하도다.

善男子 知幻卽離 不作方便 離幻卽覺 亦無漸次 一切菩薩 及

末世衆生 依此修行 如是乃能 永離諸幻

爾時 世尊 欲重宣此義 而說偈言

普賢汝當知	一切諸衆生
無始幻無明	皆從諸如來
圓覺心建立	猶如虛空華
依空而有相	空華若復滅
虛空本不動	幻從諸覺生
幻滅覺圓滿	覺心不動故
若彼諸菩薩	及末世衆生
常應遠離幻	諸幻悉皆離
如木中生火	木盡火還滅

覺則無漸次　　　方便亦如是

　단박에 무명이 허깨비 같은 줄 알기만 하면 된다. '지환즉리(知幻卽離) 이환즉각(離幻卽覺)'이라 했다. 허깨비 같은 줄 알면 곧 떠나고 떠나기만 하면 즉시 깨닫는다는 뜻이다. 이는 수행하는 사람이 무명을 제거하기 위해 공부를 하는 데 있어 실제로는 무명 자체가 본래 없는 것임을 알아 새삼 수행할 게 없이 단박에 깨쳐 들어갈 수 있다는 말씀이다. 마치 꿈꾸는 사람이 홀연히 꿈을 깨듯 수행법을 빌리지도 않고 단계를 거치지도 않은 채 무명이 허깨비와 같아 실재하지 않음을 바로 깨친다.

　예로부터 이런 식의 법문을 단박에 깨닫게 하는 가르침이라는 뜻으로 돈교(頓敎) 또는 돈오법문(頓悟法門)이라고 한다. 돈오법문은 부처님의 말씀만 듣고도 크게 깨달아 더 수행할 게 없는 경지에 이르도록 한다. 반면 이와는 달리 원각을 깨치는 데 있어 단박에 깨치는 것이 아니고 점차적으로 방편을 빌려 깨치게 하는 가르침이 있는데, 이를 점교(漸敎) 또는 점오법문(漸悟法門)이라고 한다. 부처님 말씀만 듣고는 깨치지 못하고 부처님이 일러주신 수행법에 의지해 점차적으로 깨닫게 한다.

　『원각경』은 돈교와 점교를 다 같이 설한 경전으로 지금 설명하고 있는 「보현보살장」은 돈오법문에 속한다고 볼 수 있고, 뒤에 나오는 「보안보살장」을 비롯한 나머지 장은 모두 점오법문에 속한다고 볼 수 있다. 위에 허깨비인 줄 알면 곧 여의게 되고(知幻卽離) 허깨비를 여의면 곧 깨닫게 된다(離幻卽覺)는 구절은 이 장의 핵심으로 돈오법문의 위치에 있음을 말해 준다. 지금 이 『원각경』을 공부하는 사람 가

보현보살장

운데 상상근기(上上根機)가 있다면 이 법문을 듣는 순간 활연대오(活然大悟)하여 부처의 지위에 올랐을 것이 틀림없다.

4

보안보살장(普眼菩薩章)

보안보살장(普眼菩薩章)

이때 보안보살이 대중 가운데 있다가 얼른 자리에서 일어나 부처님의 발에 이마를 대 절하고, 오른쪽으로 세 번 돌고 무릎을 세워 꿇고 손을 모으고 부처님께 사뢰었다.

"대비하신 세존이시여, 바라옵건대 이 모임에 온 보살들과 말세의 모든 중생들을 위해서 보살의 수행할 점차를 말씀해 주옵소서. 어떻게 사유하며, 어떻게 머물러야 하오리까? 중생들이 깨치지 못했으면 어떤 방편을 써야 두루 깨닫도록 할 수 있습니까? 세존이시여, 중생들이 바른 방편과 바른 사유가 없다면 부처님께서 이런 삼매를 말씀하시는 것을 듣고 어리둥절하는 마음을 내어 원각에 깨달아 들지 못하리니, 바라옵건대 자비를 베푸시어 저희들과 말세 중생들을 위해 간단히 방편을 말씀해 주옵소서."

이렇게 말하고는 몸의 다섯 활개를 땅에 던져 세 번이나 청하여 마치고 다시 시작하려 하였다.

그때 세존께서 보안보살에게 말씀하셨다.

"좋은 말이다. 좋은 말이다. 선남자야, 그대는 보살들과 말세의 중생들을 위하여 여래에게 수행하는 점차와 사유하는 법과 마음 머무는 법을 묻고, 또 갖가지 방편을 말해 달라 하는구나. 자세히 들으라. 마땅히 그대들을 위해 말해 주리라."

이때 보안보살이 분부를 받들어 기뻐하면서 대중들과 함께 조용히 귀를 기울였다.

於是 普眼菩薩 在大衆中 卽從座起 頂禮佛足 右繞三匝 長跪 叉手 而白佛言 大悲世尊 願爲此會 諸菩薩衆 及爲末世 一切 衆生 演說菩薩 修行漸次 云何思惟 云何住持 衆生未悟 作何 方便 普令開悟 世尊 若彼衆生 無正方便 及正思惟 聞佛如來 說此三昧 心生迷悶 則於圓覺 不能悟入 願興慈悲 爲我等輩 及末世衆生 假說方便 作是語已 五體投地 如是三請 終而復 始 爾時 世尊 告普眼菩薩言 善哉善哉 善男子 汝等 乃能爲諸 菩薩 及末世衆生 問於如來 修行漸次 思惟住持 乃至 假說 種 種方便 汝今諦聽 當爲汝說 時 普眼菩薩 奉教歡喜 及諸大衆 默然而聽

앞의 「보현보살장」에서 부처님은 허깨비 같은 무명을 바로 알고 바로 떠나면 깨달음이라 방편도 없고 차례도 없다는 돈오법문으로써 보살들이 즉시에 원각을 이룰 것을 가르치셨다.

아약 교진여 비구는 녹야원에서 부처님으로부터 사제법문(四諸法門)을 듣고 그 자리에서 아라한과를 얻었으며, 육조혜능 선사는 객점에서 『금강경』 한 구절을 듣고 즉시에 마음이 열려 오조홍인 선사를 찾았다. '일언지하 돈망생사(一言之下 頓忘生死)', 즉 말 한 마디에 나고 죽음을 벗어난 것이다. 이런 수행자들이야말로 돈오법문을 들을 수 있는 상상근기의 소유자들이다.

그러나 세상에는 교진여 비구나 혜능 선사와 같은 상상근기의 중생만 있는 것이 아니다. 참으로 듣기 어려운 돈오법문을 접했음에도 불구하고 저들처럼 단박에 깨달음을 이룰 수 있는 근기의 소유자보다는 수행법을 받아 지니고 점차로 닦아 단계적으로 깨달음에 들어가야 할 근기의 소유자들이 훨씬 많다.

보안보살은 바로 이와 같은 근기의 소유자들을 위해 보살과 말세의 중생들이 허깨비 같은 무명을 여의는 법은 무엇이며, 점차는 어떠한 것인지, 그리고 그 방편으로는 어떤 것들이 있는지를 묻고 있다.

'사유(思惟)'와 '주지(住持)'라는 말이 나온다. 본래 사유라는 말은 원각을 깨닫는 방법으로서의 마음 관찰을 뜻하고, 주지는 사찰을 지키는 대표적인 스님이라고 연상하지만, 그 본래의 뜻은 현재의 법이 미래에까지 변함없이 잘 보전된다는 의미를 갖고 있다. 이어 '이런 삼매'라 했는데, 이런 삼매란 일체를 허깨비와 같다고 관찰하는 여환삼매(如幻三昧)이다. 여환삼매에 대한 부처님의 가르침을 듣고 중생이 어리둥절하는 이유는, 여환삼매 가운데에는 일체가 허깨비 같아서 한 법도 세울 수 없기 때문이다. 끊어야 할 무명도 환이고 몸과 마음도 환이고 수행도 환이고 깨달은 경지마저 환이라고 말씀하시니, 말세의 중생들이 의아해할 수밖에 없다.

●

선남자야, 새로 배우는 보살과 말세 중생이 여래의 청정하고 뚜렷이 밝아 있는 깨달음의 마음을 구하려면 마땅히 정념으로 모든 환을 멀리 여의어야 되느니라.

善男子 彼新學菩薩 及末世衆生 欲求如來淨圓覺心 應當正念
遠離諸幻

신학보살(新學菩薩), 즉 새로 배우는 보살이란 불문에 처음 귀의한 보살이 아니고 이미 소승의 과(果)를 얻은 성자가 거기에 머무르지 않고 다시 발심하여 대승, 즉 부처님과 똑같은 원각의 경지를 얻으려고 마음을 일으킨 보살을 가리킨다. 부처님께서는 신학보살과 더불어 말세에 발심한 중생들이 원각을 구하고자 한다면, 정념(正念)으로 모든 허깨비 같은 환상을 여의어야 된다고 우선 대답하신다.

여기서 중요한 것은 '정념'에 대한 바른 이해이다. 이를 그냥 글자 풀이 식으로 해석하면 생각을 바르게 하라는 말로 이해하기 쉽다. 그러나 여기서 말하는 정념은 그 뜻이 아니라 올바른 마음 관찰이라는 의미를 지니고 있다.

혜능 선사나 신회 선사 같은 분은 무념(無念)이 곧 정념이라 하여 마음 가운데 망령됨이 없는 것으로 풀이했다. 그러나 이 같은 풀이는 깨달음을 이미 이룬 경지에서 보면 맞는 말이지만, 여기서처럼 수행 과정에 놓여 있는 중생들의 차원에 맞추어 보면 적합하지 않다. 따라서 지금 부처님이 말씀하시는 정념은 팔정도(八正道)에 나오는 정념으로 몸과 마음을 바르게 살피는 관행(觀行)공부로 이해해야 한다.

●

먼저 여래의 사마타의 행에 의지하고, 계행을 굳게 지니며, 대중과 함께 편안히 머물러 조용한 방에 앉아서 늘 이렇게 살펴야 하느니라.

先依如來奢摩他行 堅持禁戒 安處徒衆 宴坐靜室 恒作是念

'사마타(Śamatha)'란 그친다〔止〕는 뜻을 지닌 말로 번뇌와 망상의 작용이 완전히 그쳐 고요해진 상태를 가리킨다. 사마타 앞에 여래라는 말을 넣은 까닭은 여래의 사마타가 일반적인 사마타와는 차별이 있기 때문이다. 일반적인 사마타는 생사의 근본이 되는 무명을 바르게 관찰하는 정념 수행을 하지 않고 마음을 하나에 집중시키는 방법으로만 수행을 하므로 번뇌와 망상의 기운이 그쳐 지극히 고요한 상태에 이르기는 하나 청정한 원각을 드러내지 못한다. 이에 반해 여래의 사마타는 무명에 의해서 일어나는 번뇌와 망상의 작용을 여실히 관찰해서 몸과 마음의 본질을 깨닫고 궁극적인 열반을 성취한다.

다음으로 이러한 여래의 사마타행에 의지하여 깨달음을 이루려면 부처님이 금하라고 하신 계를 굳게 지니라고 하였으니, 계(戒)란 본래 인도어 실라(śīla)에서 비롯된 말로 지악수선(止惡修善), 즉 악을 그치고 선을 행한다는 뜻을 지니고 있다. 계는 불교 수행에 있어 가장 근본이 되는 덕목으로, 이를 지키면 금생과 내생에 즐거운 과보를 받게 되고, 자신과 세상을 이익되게 하며, 마침내는 부처님의 지위에 들게 되지만, 이를 어기면 악도에 떨어져 괴로운 과보를 면치 못하게 된다. 불자가 지켜야 될 계는 여러 종류가 있는데 그 기본은 다섯 가지이다. 생명을 해치지 않고, 남이 주지 않은 물건을 취하지 않으며, 삿된 음행을 하지 않고, 거짓된 말을 하지 않으며, 술을 마시지 않는 행위이다.

『능엄경』에서는 계를 지키지 않는 사람은 수행을 아무리 해도 깨달음을 얻지 못한다고 하셨다. 부처님께서 아난에게 이르시기를 "아난아, 마음을 거두어 잡으려면 계를 지켜야 하고, 계로 인하여 선정이 생기며, 선정으로 인하여 지혜가 생기느니라. 살생을 끊지 않고 선정을 닦는 이는 마치 제 귀를 막고 크게 소리를 지르면서 남이 듣지 못하기를 바라는 사람과 같고, 훔치는 일을 끊지 않고 선정을 닦는 이는 마치 새는 그릇에 물을 부으면서 그릇을 채우고자 하는 사람과 같으며, 음행을 하면서 선정을 닦는 이는 모래를 쪄서 밥을 짓는 사람과 같고, 거짓말을 하면서 선정을 닦는 이는 똥을 전단향으로 만들어 향내가 나기를 바라는 사람과 같다."고 하셨다.

이는 수행하는 이가 얼마나 계를 중요하게 여기고 지키기 위해 노력해야 되는가를 당부하신 것으로 계행이 없이는 절대로 올바른 깨달음을 얻을 수가 없다는 사실을 말해 주고 있다. 실제로 과거에 계를 많이 깨뜨린 사람은 힘써 정진을 해도 그 업장으로 인해 마음이 잘 다스려지지 않는다. 처음 불문에 귀의하여 불자가 되면 부처님 앞에서 오계를 지킬 것을 맹세하는데 이때부터 그 사람의 몸은 계체(戒體)가 된다. 계가 그릇이라면 수행은 그 그릇에 담겨 있는 물과 같다. 그릇을 잘 보관하여 깨뜨리지 않고 한곳에 잘 놓아두면 물은 넘치거나 새지 않는다. 불자는 모름지기 자기 마음속의 원각을 깨달아 일체 중생을 제도하겠다고 원을 세운 사람이다. 어찌 계를 함부로 깨뜨려 자신과 중생을 괴롭히겠는가?

설혹 실수를 하여 계를 어겼다든가 불가피하게 계를 지키지 못했을 경우에는 참회를 하여 뉘우치고 다시는 계를 어기지 않겠다고 서원해야 한다.

그런 다음 대중과 함께 지내라 하셨으니, 수행은 혼자서 하는 것이지만 부처님의 바른 법을 향하여 나아가는 무리들과 더불어 수행하면 신심이 더욱 견고해지고 그 기운이 향상될 수 있다. 조용한 방에 단정히 앉으라 한 것은 몸을 가지고 이리저리 움직이게 되면 마음이 더욱 산란해져서 집중하기 어렵기 때문에 그렇게 말씀하신 것이다. 마음공부를 하는 데에는 앉고 서고 다니고 간에 관계가 없어야 되겠으나, 단정히 앉아서 하는 공부를 먼저 익히지 않으면 일상 가운데 수행이 연결될 수 없다. 앉아서 수행함으로 인해 우선 분주하게 끌고 돌아다니던 몸과 마음을 항복시킬 수 있게 되고, 보다 세밀하게 자신의 마음을 관찰해 볼 수 있게 된다.

그럼 어떻게 하는 것이 여래의 사마타를 바르게 행하는 것인가. '항작시념(恒作是念)'이라는 말이 나온다. 뜻을 그냥 풀이하면 항상 생각한다는 의미가 되겠지만 이와 같은 해석은 수행의 의미를 제대로 파악하는 말이 아니다. 항작시념의 염(念)을 해석할 때 '생각'이라고 풀이하면 안 된다. 이때의 염은 관찰, 즉 살핌을 뜻하는 말로 항상 마음으로 관찰한다는 의미를 갖고 있다.

이것을 '위빠사나'라고 하는데, 위빠사나는 몸과 마음과 세계를 총체적으로 관찰하여 깨달음을 이루는 공부로 여래의 사마타와 직결이 되는 것이다. 위빠사나라 하면 많은 사람들이 남방불교의 사념처(四念處) 수행법을 떠올리지만, 남방불교만이 아니라 모든 불교의 수행법을 다 위빠사나로 볼 수 있다. 위빠사나는 '전체를 꿰뚫어 본다.'는 뜻으로 몸과 마음을 세밀하게 관찰하여 번뇌와 망상을 그치게 하고 종국에 가서는 깨달음을 이루게 하는 불교의 핵심 수행법이다. 이렇게 마음을 관찰하는 수행법을 지금 『원각경』에서는 사유니 여래의 사마타니 염이니 하는 말로 표현하고 있는 것이다.

●

지금 나의 이 몸은 사대로 화합된 것이니 머리카락, 터럭, 손발톱, 이, 가죽, 살, 힘줄, 뼈, 골수, 더러운 때의 물질은 모두가 흙으로 돌아가고, 침, 콧물, 고름, 피, 진액, 거품, 가래, 눈물, 정기, 똥오줌은 모두가 물로 돌아가고, 따뜻한 기운은 불로 돌아가고, 움직여 구르는 것은 바람으로 돌아간다. 사대가 각각 헤어지면 지금의 허망한 몸은 어디에 있는가. 이 몸은 끝내 실체가 없거늘 화합해서 형상이 이루어진 것이 진실로 환이나 허깨비 같음을 곧 알게 되리라.

我今此身 四大和合 所謂 髮毛爪齒 皮肉筋骨 髓腦垢色 皆歸於地 唾涕膿血 津液涎沫 痰淚精氣 大小便利 皆歸於水 暖氣歸火 動轉歸風 四大各離 今者妄身 當在何處 卽知此身 畢竟無體 和合爲相 實同幻化

이는 우선 몸을 관찰하는 사유법으로 나라고 하는 몸은 하나의 그림자 같은 환상일 뿐 실재가 아님을 깨닫게 하는 공부이다.

앞서 말했듯 모든 중생은 의심할 여지도 없이 자신의 육신을 나 혹은 내 것이라고 여긴다. 이러한 굳은 견해는 이미 어머니 뱃속에 잉태되면서부터 아니, 그 이전 아득한 과거 생으로부터 지니고 내려왔다. 그런데 부처님께서는 중생들의 이러한 공통적이고 근원적인 몸에 대한 견해들은 한결같이 무명에 의한 하나의 착각이라고 하셨다.

중생은 갖가지 집착 속에 빠져 있는 존재들이다. 중생들이 지니고 있는 수많은 집착들 중 가장 큰 것이 있다면 그것은 자신의 몸이다. 중생들은 몸에 대하여 나, 혹은 내 것이라는 견해를 일으키고 굳게 집착하는 것을 시작으로 다른 것들에 대해서도 집착하는 마음이 생긴다. 중생들이 이렇게 몸에 대해 나라는 견해를 일으켜 집착하는 것을 유신견(有身見)이라고 하는데, 생사로부터 벗어나 해탈의 경지를 이루려면 가장 먼저 이 유신견부터 버려야 한다. 그리고 나서 자신의 몸은 과연 어떠한 존재인지를 직접적으로 관찰하는 관행을 닦아야 한다.

사대란 중생의 몸을 이루고 있는 네 가지 물질 요소로 지대(地大), 수대(水大), 화대(火大), 풍대(風大), 즉 흙과 물과 불과 바람이다. 여기서 각각 물질에 대(大)자를 붙인 것은 온갖 물질이 네 가지에 포섭되는 기본 단위가 되기 때문이다. 몸을 한번 생각해 보자. 식탁 위의 음식은 조금 전만 해도 분명 살아 있는 생명체가 아니었는데 먹는 순간 생명체로 바뀌어 내 몸이 된다. 또 방금까지도 살아 있던 내 몸은 땀이나 오줌이 되어 밖으로 흘러나가면 이내 무생물이 된다. 여기에 산 물질과 죽은 물질의 나와 나 아님의 구분은 모호해진다.

육신의 무엇을 가리켜 참다운 나라 할 수 있을 것인가. 사대가 모이면 있는 듯하고 사대가 흩어지면 찾아볼 수 없으니, 몸이라는 것은 사대의 물질 화합일 뿐 거기에 나라는 실체는 없다. '지대'로 이루어진 살과 뼈와 이빨과 터럭 속에도 나는 없고, '수대'로 이루어진 오줌과 피와 땀과 진액 속에도 내가 없으며, '화대'로 이루어진 따뜻한 체온 속에도 내가 없고, '풍대'로 이루어진 호흡과 기운에도 내가 없다.

그러면 이 지수화풍을 소유로 삼고 있는 내가 따로 어디 있느냐 하면 그렇지 않다. 인연을 따라 생긴 몸에는 그 몸을 지배하는 주인으로서의 내가 없으므로 내 것으로 삼을 수가 없다. 다만 중생들이 쓰는 생각과 말 속에 나와 내 것이 존재하고 있을 뿐이다.

●

네 가지 조건이 임시로 합해져서 육근이 있게 되었고, 육근과 사대가 합쳐서 안과 밖을 이룬 뒤에 허망하게 기운이 모이고 쌓여 그 중간에 인연의 모습이 있는 듯한 것을 이름하여 마음이라 하였느니라.

四緣假合 妄有六根 六根四大 中外合成 妄有緣氣 於中積聚 似有緣相 假名爲心

이는 몸과 더불어 나로 삼고 있는 마음에 대한 분석이다. 사대가 화합하여 이루어진 몸에는 여섯 가지 감각기관이 갖추어져 있다. 안(眼), 이(耳), 비(鼻), 설(舌), 신(身), 의(意)라고 하는 눈과 귀와 코와 혀와 몸과 뜻이 그것이다. 이를 육근(六根)이라고 하는데, 이 육근은 다시 밖에 존재하는 사대들, 즉 흙과 물과 불과 바람과 마주치게 되어 있다. 이때에 육근에 의해 마주친 밖의 사대들은 여섯 가지 대상이 되어 나타난다. 이른바 육진(六塵) 혹은 육근(六根)이라고 하는 색(色), 성(聲), 향(香), 미(味), 촉(觸), 법(法)인 물질과 소리와 냄새와 맛과 감촉과 대상들이다. 육근과 사대가 합쳤다는 것은 나로 삼고 있는 몸의 감각기관인 눈, 코, 귀, 혀, 몸, 뜻이 바깥 세계인 물질, 소리, 냄새, 맛, 감촉, 대상과 서로 부딪쳤다는 말이다.

우리가 이른바 마음이라고 하는 것은 다름 아닌 이와 같은 육근인 눈, 귀, 코, 혀, 몸, 뜻과 육진인 물질, 소리, 냄새, 맛, 감촉, 대상이 서로 마주쳐서 생긴 인연의 그림자라고 할 수 있다. 마치 왼손바닥과 오른손바닥을 마주치면 소리가 나는 것처럼 육근과 육진이 서로 접촉하여 생긴 것이 헤아릴 줄도 알고 분석할 줄도 알며 기억할 줄도 아는 마음이 되었다는 것이다.

마음을 '어중적취(於中積聚)', 즉 중간에 쌓이고 모인 것이라 했는데, 이때 중간이라는 뜻은 감각기관인 육근을 안(內)으로 보고 감각 대상인 육진(六塵)을 밖(外)으로 보고 이 둘이 합쳐서 생긴 마음을 가운데(中)로 보았기 때문이다. 이렇게 본다면 우리가 마음이라고 하는 것 역시 몸과 마찬가지로 그 성질에 있어서는 몸과 같은 인연성의 소산임을 알 수 있다. 인연성이란 스스로 존재하지 못하고 다른 조건으로 말미암아 존재할 수 있는 성질의 것을 뜻한다. 나라고 여기는 몸이 갖가지 물질이 서로 화합하여 생겨난 인연의 모습이듯 마음 또한 육근과 육경이 만나서 생긴 인연의 모습이고, 이런 인연의 모습은 모두 무상해서 변화하고 바뀌고 소멸하므로 실체가 있을 수 없다. 본문에 사유연상(似有緣相)이라 한 것은 인연의 모습은 있는 것 같지만 실제에 있어서는 거짓으로 존재하는 허깨비라는 뜻으로 중생들이 나라고 여기는 마음은 그 본질에 있어서는 있는 것이 아니라는 말이다.

●

선남자야, 이 허망한 마음이란 것은 육진이 없었더라면 있을 수 없고 사대를 나누어 흩어 버리면 티끌도 있을 수 없나니, 그 가운데 인연과 티끌이 제각기 흩어져 없어지면 반연하는 마음이란 것도 끝내 볼 수 없느니라.

善男子 此虛妄心 若無六塵 則不能有 四大分解 無塵可得 於
中緣塵 各歸散滅 畢竟無有緣心可見

　육진(六塵)이란 허망한 여섯 가지 티끌 같은 경계라는 뜻으로 육경
(六境)이라고도 한다. 어째서 우리 몸의 여섯 감각기관에 부딪치는
이 여섯 대상들에게 티끌 또는 먼지라는 뜻을 가진 진(塵)자를 붙였느
냐 하면, 이 여섯 대상들은 모두 중생의 청정한 원각을 덮는 작용을
하기 때문이다. 즉 순수무구한 원각의 마음자리를 이 여섯 대상들이
눈, 귀, 코, 혀, 몸, 뜻을 통해 들어와서 더럽히고 들뜨고 번거롭게
하기를 먼지나 티끌처럼 한다. 그러니까 마음이라는 것은 몸에 붙어
있는 육근이 바깥 대상으로서의 저 육진을 끌고 들어와 쌓아 놓은 허
망한 그림자에 불과하고, 육진 역시 땅과 물과 불과 바람의 사대로
이루어진 인연의 모습으로 실답지 못하다는 것이다.
　부처님의 가르침을 잘못 이해하는 사람들 가운데는 몸은 허깨비와
같아 얻을 것이 없지만 마음은 참된 것이므로 그 안에서 무언가 얻으
려 한다. 이들 중에는 마음을 절대화시켜 마음은 천지가 창조되기 이
전에도 있었고 천지가 소멸한 이후에도 있다는 상견론(常見論)을 내
세우기도 하고, 마음은 몸과 세상에 관계없이 홀로 스스로 존재해 왔
다는 무연론(無緣論)을 내세우기도 한다.
　좀 비약되지만 어떤 수행자들 중에는 심지어 『화엄경』에 나오는
일체유심조(一體唯心造)의 의미를 잘못 이해하여 마치 마음이 이 세
상을 창조한 창조주인 양 해석하고는 마음만 먹으면 무엇이든지 이룰
수 있다는 확신론자가 되어 제 마음에 스스로 도취되기도 하고, 『열
반경』에 나오는 불성(佛性)이나 선가에서 말하는 진심(眞心)이나 주

인공(主人公)을 자기 방식대로 이해하여 마음 안에 따로 존재하는 신령스러운 그 무엇으로 착각하고는 그 자리를 관하라느니 찾으라느니 하는 식으로 사람들을 가르친다.

강조하고 싶은 것은, 불교에서 말하는 마음은 현실을 초월한 절대적 존재도 아니고 만물을 창조한 조물주도 아니다. 분별하고 느끼고 아는 이 마음도 인연을 떠나서는 생겨날 수도 없고 존재할 수도 없다. 이 말을 두고 어떤 사람은 몸과 마음은 인연이지만 불성이나 원각은 인연이 아니지 않느냐고 따지고 들 수 있다. 이런 소견은 원각이나 불성을 몸과 마음 외에 특별하게 존재하는 그 무엇으로 여기기 때문에 하는 말이다.

거듭 말하지만 원각이나 불성은 마음 안에 들어 있는 또 다른 어떤 마음자리가 아니라 마음이 지니고 있는 본래의 법칙성과 그 법칙성을 깨달은 것이라고 할 수 있다. 이때의 법칙성이란 바로 인연을 뜻하는 것으로 수행자가 스스로의 마음을 깨닫되 그 마음이 인연으로 만들어진 허깨비였음을 알면 그 마음 그대로가 불성이 되고 원각이 된다.

그러므로 '마음도 끝내 볼 수가 없다.'고 한 뜻을 그냥 지나쳐서는 안 된다. 마음이라고 하는 것은 결과적으로 여섯 가지 바깥 대상들을 주관화시켜 안으로 끌어들이고 그 그림자들을 쌓아 놓은 하나의 환상 덩어리로밖에 볼 수 없으므로 나라고 여길 만한 그 어떤 속성도 찾을 수가 없고 볼 수가 없다.

따라서 우리 불가에서 흔히 쓰고 있는 성품을 본다는 뜻의 견성(見性)이라는 말의 의미도 현재 일어나고 있는 이 마음의 법칙성을 깨달아 마음이 내가 아님을 체득하는 것이다. 마음 안에 찾아야 될 만한 어떤 거룩하고 절대적인 본성이 따로 있다고 여기고 수행을 한다면 이런 수행자야말로 상견(常見)과 유견(有見)에 치우친 외도의 무리이다. 마음 이대로가 허깨비 같은 줄 알면 열반이며 견성이며 부처요, 허깨비인 줄 모르면 무명이며 미혹이며 중생이다. 마음의 본성이 허깨비와 같기 때문에 그 가운데에서는 한 법도 찾을 바가 없고, 한 법도 찾을 바가 없으므로 청정하다고 하는 것이다.

●

선남자야, 저 중생들의 허깨비 같은 몸이 사라지므로 허깨비 같은 마음도 사라지고, 허깨비 같은 마음이 사라지기 때문에 허깨비 같은 티끌도 사라지고, 허깨비 같은 티끌이 사라지기 때문에 허깨비 같은 사라짐도 사라지고, 허깨비 같다는 사라짐이 사라지기 때문에 허깨비 같지 않은 것은 사라지지 않느니라.

善男子 彼之衆生 幻身滅故 幻心亦滅 幻心滅故 幻塵亦滅 幻塵滅故 幻滅亦滅 幻滅滅故 非幻不滅

여러 차례 되풀이했듯, 『원각경』에서 말하는 수행은 몸과 마음과 세계를 허깨비로 여기고 관찰해 들어가는 환관공부이다. 부처님이 가르쳐 주신 대로 계행을 지키고 힘써 관행에 의한 사마타를 닦게 되면 원각의 마음이 뚜렷이 나타나면서 무명과 함께 그동안 있다고만 여겨 왔던 몸과 마음과 세상이 하나의 환상 뭉치라는 사실을 깨닫게 된다. 그리고 이들의 실상을 낱낱이 비추고 있는 원각 속에는 허깨비 같은 몸과 마음과 세계 등의 온갖 존재들이 한 법도 실제로 존재하는 것이 아님을 알게 된다. 그런데 여기서 원각을 깨달으면 온갖 허깨비 현상들이 사라진다고 하니까 깨달음을 이룬 사람의 눈에는 모든 게 없어져 아무것도 보이지 않는다는 의미로 받아들이면 곤란하다.

'허깨비 같은 몸이 사라진다.'고 할 때의 사라진다는 의미는 모든 게 없어지고 끊어져 텅 비어 있는 상태가 된다는 말이 아니다. 「보현보살장」에서도 밝힌 바와 같이 여기서 말하고자 하는 사라짐은 존재의 실체성이 없어졌다는 말로, 몸과 마음과 대상 세계로서의 여섯 티끌이 역력히 존재는 하되 그것들이 하나의 그림자처럼 존재한다는 뜻이다.

다음 '허깨비 같은 사라짐도 사라지고, 허깨비 같은 사라짐이 사라지기 때문에 허깨비 아닌 것은 사라지지 않는다.' 함은 무명과 몸과 여섯 티끌 등 일체 허깨비 같은 현상들이 수행을 통해 사라졌을 때 모든 허깨비와 같은 현상들이 사라졌다는 견해마저 역시 사라지게 되면 마침내 허깨비 아닌 원각은 사라지지 않는다는 말씀이다.

비유하건대 거울을 갈아서 때가 다하면 광명이 나타나는 것과 같으니라. 선남자야, 분명히 알아라. 몸과 마음이 모두가 허깨비의 때이니, 때의 모습이 영원히 사라지면 시방이 청정하리라.

譬如磨鏡 垢盡明現 善男子 當知身心 皆爲幻垢 垢相永滅 十方淸淨

옛날의 거울은 구리로 만든 동경(銅鏡)이었다. 그 거울에 녹이 슬고 때가 끼면 갈고 닦아서 빛을 낸다. 그렇게 해서 밝아진 거울에 얼굴을 비추면 뚜렷한 사람의 얼굴이 나타난다. 환관을 닦아 어리석은 무명의 마음을 제거하고 보면 원각의 청정한 마음이 활짝 드러나고 거기에 자신과 세계의 본래 모습이 있는 그대로 드러나게 된다.

몸과 마음이 모두 허깨비의 때라는 말씀은 우리가 나라고 여기고 있는 몸과 마음은 모두 맑고 깨끗한 원각이라는 거울에 낀 허깨비 같은 때라는 뜻이다. 즉 청정한 원각의 밝은 마음을 등지고 무명을 일으켜 허깨비 같은 몸과 마음을 만들어 놓고 생사의 속박을 받는 것이 중생들의 모습이다. 허깨비의 때는 본래 존재하는 것이 아니다. 허깨비는 그 모습이 진실이 아니기 때문에 때가 끼었다 할지라도 때가 될 수 없다. 거울에 낀 때는 때지만 원각에 낀 때는 허깨비 같으므로 때가 아니라고 하는 것이다.

때의 모습이 영원히 사라지면 시방이 청정하리라 함은 원각에 낀 몸과 마음이라는 때가 비록 허깨비와 같아 실재하는 것은 아니지만 중생들은 이 사실을 모르고 있으므로 열심히 제거해야 한다. 그렇게 해서 몸과 마음의 실체성이 완전히 사라지게 되면 원각의 청정한 빛에 의해 시방세계가 함께 청정해진다.

그렇다면 이와 같이 일체를 허깨비로 돌려 청정한 깨달음을 이루는 환관공부는 어떻게 하는가? 위에서 몸과 마음을 바르게 염(念)하라고 부처님께서 말씀하셨는데, 이제 그 방법을 『금강경(金剛經)』의 공관법(空觀法)에 연결하여 설명해 보고자 한다. 이 공관법이야말로 『원각경』의 환관법과 언어 표현만 다를 뿐 맥락은 조금도 다르지 않기 때문에 그대로 받아들여도 무방하다(금강경 공관법은 필자가 계발한 공부법이다).

부처님께서는 지금까지 사대로 된 몸과 육진에 의해서 그려진 마음은 다 허망하다고 말씀하셨고, 그 허망을 허망이라고 깨달았을 때 원각이 나타난다고 하셨다. 이 말씀은 『금강경』의 '범소유상 개시허망 약견제상비상 즉견여래(凡所有相 皆是虛妄 若見諸相非相 即見如

來)’, 즉 무릇 있는 바 모든 현상은 헛되고 망령되니 모든 것들을 보되 있는 것들을 있다고 보지 아니하면 거기에서 부처를 보게 된다는 말씀과 같은 것으로 환관과 비상관(非相觀)의 일치점을 설한 것이다.

『원각경』을 강의함에 있어 환관법을 언급하는 것은 최초의 일이고, 그것을 『금강경』의 공관법과 동일화시켜 설명하는 것은 전무하다 하겠다. 수행자는 앞서 부처님께서 일러주신 대로 일상 가운데 계행을 청정히 지키고 항상 틈나는 대로 바르게 앉은 다음 몸과 마음과 세계를 통틀어 허망하다고 관조해야 한다. 자세한 방법과 그 단계는 기회를 만들어 꼭 공부해야 되겠지만 대강을 말하면 이와 같다.

먼저 부처님 말씀대로 바르게 앉은 다음, 마음으로 ‘범소유상 개시허망’이라는 단어의 의미를 완전히 알고 집중적으로 암송한다. 마치 염불을 하듯 일어나는 모든 생각들을 ‘범소유상 개시허망’이라는 구절로 돌린다. 이때 주의할 것은, 모든 것을 허망으로 돌린다고 할 때 눈으로 보이고 들리는 대상을 따라 이것도 개시허망 저것도 개시허망 하는 것이 아니고, 보고 듣는 대상을 따라 일어나는 자신의 마음을 ‘범소유상 개시허망’으로 돌리는 것이다. 항상 틈나는 대로 ‘범소유상 개시허망’이라는 어구에 집중하는 것을 일상생활, 즉 밥 먹고 일하고 말하고 움직이는 가운데에서도 행해야 한다.

이렇게 하다 보면 자신의 마음 가운데 ‘범소유상 개시허망’이라고 돌아가는 하나의 의식이 자리잡게 되는데, 그렇게 개시허망이라고 돌아가는 의식은 나중에 관찰하는 마음으로 바뀌어 몸과 마음을 허깨비라고 여기게 되는 단계까지 이르게 된다. 이와 같은 수행법은 무명심을 잡기 위해서 허망이라고 보는 의식을 일부러 만든 것으로 「보현보살장」에서 환 같은 무명은 환 같은 수행법을 빌려 제거한다는 말씀과 일치된다.

　무명에는 본래 두 가지가 있다. 하나는 근본무명(根本無明)이요,
또 하나는 지엽무명(枝葉無明)이다. 근본무명은 뿌리와 같은 어리석
음이요, 지엽무명은 줄기나 잎과 같은 어리석음이다. 근본무명은 지
금까지 부처님이 말씀하신 몸과 마음이 나라고 하는 본능적 어리석음
을 가리키고, 지엽무명은 거기에서 일어나는 갖가지 감정, 번뇌, 망
상 등을 가리킨다. 중생은 항상 이와 같은 근본무명에 바탕을 두고
헤아릴 수 없이 많은 지엽무명을 일으키며 살아가고 있다. 공관법은
이와 같은 무명을 망(妄)으로 여기고 돌려 그 실체성을 타파하는 공부
법이다. 수행자는 '범소유상 개시허망'이라고 집중시킨 또 하나의 마
음은 지엽무명인 모든 생각들과 감정들을 하나하나씩 지켜보면서 다
스려 가게 된다.

　이때 '범소유상 개시허망'을 집중적으로 하게 되면 그 '범소유상
개시허망'이라는 언어에 집착이 되어 방편에 묶이게 되지 않느냐는
반론을 제기할 수도 있다. 그러나 우려하지 않아도 되는 것이 허망을
허망이라고 깨닫는 지혜가 나타나면 '범소유상 개시허망'이라는 글
귀와 방편도 사라지게 되어 있다. 이는 집안의 도둑을 잡기 위해 경
찰을 불렀을 때 도둑이 붙잡혔으면 경찰도 그 집을 떠나는 것과 같다.

　이렇게 '범소유상 개시허망'이라고 돌아가는 그 마음이 항상 자나
깨나 꿈속에서도 지속되도록 열심히 하다 보면 모든 것은 무명 놀음
이요, 하나의 허상이라는 사실이 점점 실감나게 된다. 물론 실제로
수행을 하다 보면 초보 단계에 있어 어느 정도의 부담은 따른다. 당
장 해결해야 될 현실의 생존 문제에 매달리지 않을 수 없는 일반 세속
인들 입장에서는 쉽지 않다. 그러나 신심을 발하고 꼭 이 일을 이루

겠다는 일념을 가지게 되면 그러한 문제는 자연히 해결된다.

누구든 처음부터 마음속의 무명을 관찰하기란 쉽지 않다. 하지만 어린아이가 걸음마를 배우듯 조금씩 열심히 하다 보면 수행에 속도가 붙어 마음공부에 대한 재미가 생긴다. 초기 단계에는 잡념과 '범소유상 개시허망'이라는 어구가 서로 섞이고 부딪쳐서 어려움이 따른다. 또 마치 파도가 배의 항해를 가로막듯 세상은 수행하려는 마음을 그냥 두지 않으므로 쉽게 자리가 잡히지 않는다.

그러나 여기에 굴하지 않고 큰 믿음과 결심으로 꾸준히 밀고 나가면 점점 무명 번뇌를 일으키는 시간보다 이 어구를 챙기는 시간이 많아지게 된다. 어떤 사람은 그렇게 되면 생활하는 데 지장을 초래하지 않느냐고 걱정할지 모르지만 절대 우려할 필요가 없다. 수행은 결코 중생들에게 필요한 건전한 활동에 대하여 방해하지 않는다. 오히려 큰 공덕이 되어 삶을 윤택하고 풍요롭게 한다.

이 공부는 한번 크게 죽어 크게 사는 공부이다. 무명도 마음이고 원각도 마음이며 '개시허망'이라고 여기는 그것 또한 마음이다. 마음이 마음을 보고 마음으로써 마음을 잡는 이 공부는 모든 법의 본래 모습을 바로 보게 하는 실상관법이기도 하다.

환관법을 닦는 수행에는 항상 '범소유상 개시허망'으로써 마음의 집중을 이루게 하고 그 집중된 마음으로 자기 내면에서 일어나는 지엽무명들인 갖가지 생각들, 예를 들어 기쁨, 슬픔, 노여움, 원한 등 부처님이 말씀하신 인연으로 이루어진 마음들을 관찰하여 조복(調伏)을 받아야 한다. 그렇게 하다 보면 모든 것은 환과 같다는 하나의 끊어지지 않는 주시하는 마음의 눈이 뚜렷이 나타나게 되고, 그 눈은 필경에 가서 몸과 마음의 본질은 물론 대원각의 부처를 보게 한다.

망(妄)은 망이라고 보아야 벗어날 수 있다. 망 속에서 사는 중생이 망인 줄을 모르기 때문에 망 속에서 헤매고 고통을 받는 것이다. 부처님이 허망관이며 공관이며 여환관을 설하신 까닭은 허망이 아니며 없음이 아니며 환이 아닌, 참되고 밝은 행복과 환희의 세계를 열어 주시기 위해서다.

●

선남자야, 비유하건대 청정한 마니구슬이 오색에 비치어서 방향마다 다른 빛깔이 나타나면 어리석은 무리들은 그 마니구슬을 보고 실제로 오색이 있다고 여기나니. 선남자야, 원각의 청정한 성품이 몸과 마음을 나타내어 종류에 따라 제각기 상응하면 어리석은 무리들은 청정한 원각에 실제로 그와 같은 몸과 마음의 제 모습이 있다고 여기느니라.

善男子 譬如 淸淨摩尼寶珠 映於五色 隨方各現 諸愚癡者 見彼摩尼 實有五色 善男子 圓覺淨性 現於身心 隨類各應 彼愚癡者 說淨圓覺 實有如是身心自相 亦復如是

마니구슬은 용왕의 뇌 속에 감춰져 있다는 아주 신기한 전설의 구슬로 이를 소지한 사람은 모든 소원을 성취한다고 한다. 아무런 색깔도 없고 너무나 밝고 깨끗하여 만져 보기 전까지는 그 구슬이 있는지 없는지 식별하기 어렵다. 이 같은 구슬에 청, 황, 적, 백 등의 빛을 비추면 그 불빛에 따라 갖가지 색깔을 띤 구슬로 나타나서 보는 사람에 따라 다르게 보인다. 그러면 어떤 사람은 마니구슬은 빨갛게 생겼다고 여기고, 어떤 사람은 파랗게 생겼다고 여긴다. 원각의 성품도 이와 같아서 원각에는 몸과 마음도 없고 더러움과 깨끗함도 없고 나와 세계도 없는데 중생들이 일으킨 무명에 의해 자기라는 몸과 마음과 세계가 존재하는 것처럼 보인다.

●

이 까닭에 허깨비의 변화를 멀리 여의지 못하나니, 그러므로 나는 말하기를 몸과 마음이 모두가 허깨비의 때라 하노라. 허깨비의 때를 여읜 이에 대하여 보살이라 이름하지만 때가 다하고 상대가 없어지면 때를 상대하여 떠난 이도 없고 이름 붙일 것도 없게 되느니라.

由此不能遠於幻化 是故 我說身心 幻垢 對離幻垢 說名菩薩 垢盡對除 卽無對垢及說名者

이렇게 몸과 마음과 온갖 존재들은 참으로 있는 것이 아니고 오직 마니구슬 같은 진여원각만이 홀로 밝아 시방을 비춘다. 그러나 이 참된 진여원각도 그 본질에 있어서는 실체가 있는 것이 아니다. 모든 만법을 짓는 주체이면서도 실상에 있어서는 인연의 법을 벗어나지 못하는 존재이므로 자성, 즉 제 성품이 없다. 마음 그것이 중생의 미혹한 마음이든 부처의 깨달은 마음이든 어떠한 마음이라 하더라도 그 가운데 고정화되고 실체화된 얻을 만한 법이 있다고 여기면 그것은 모두 꿈속에서 얻은 떡을 붙들고 즐거워하는 것과 같다.

일체의 허깨비 같은 모든 법이 하나의 근원인 원각으로부터 나오고 돌아가지만 이 하나 또한 공하여 실체가 있는 것이 아니니, 설혹 수행을 완성하여 깨달은 보살이 되었다 하더라도 실상에 있어서는 아무것

4

보안보살장

도 얻은 바가 없어야 한다. 몸과 마음이 원각에 낀 허깨비 같은 때인 줄을 사무치게 깨달아 걸릴 게 없어야 보살이라고 이름 붙일 수도 있지만, 막상 허깨비 같은 몸과 마음을 벗어난 보살이 되고 보면 벗어난 놈도 없고 벗어난 적도 없어 보살이라는 호칭도 무의미하게 된다.

●

선남자야, 이 보살과 말세의 중생들이 온갖 허깨비를 깨쳐서 그림자와 모습을 없애게 되면 그때에 당장 끝없는 청정함을 얻으리니, 끝없는 허공이 깨달음에서 나타난 바이니라.

善男子 此菩薩 及末世衆生 證得諸幻 滅影像故 爾時 便得無方淸淨 無邊虛空覺所顯發

온갖 허깨비는 무명에서 만들어진 현상세계이다. 빨간색 재료로는 빨간 그림이 그려지고 파란색 재료로는 파란색 그림이 그려지듯, 본래 있지 않은 허상으로서의 무명은 허상의 현상세계를 만들어 낸다. 미망 속에 가려져 있는 중생들로서는 부처님의 이러한 말씀이 이해되지 않을 것이다. 어째서 엄연히 이렇게 존재하는 나와 세계를 허깨비라 하는가? 그리고 어떻게 무명에 의해서 중생과 세계가 만들어질 수 있는가? 하고 의심하게 된다. 우리가 꿈을 꾸고 있는 동안에는 꿈을 꾸는 줄 모르듯, 꿈속에서 나타난 자기를 비롯한 모든 사람과 사물들을 진실이라 여기듯, 무명의 잠에서 깨어나지 못한 중생들로서는 모든 것이 존재한다고 여길 수밖에 없다.

그러나 우리가 이와 같은 부처님의 말씀을 의심치 않고 받아들여 일체를 환으로 돌리는 수행을 닦다 보면 이 세상은 그야말로 한바탕

꿈이라는 사실을 스스로 알게 되고, 당장에 부모로부터 물려받은 이 눈을 통하여 깨달음이 앞에 나타나게 된다. 제 몸을 비롯한 삼라만상의 두두물물이 미혹 속에 잠겨 있을 때는 어둠과 혼란으로 존재했는데 미혹을 없애 깨달음을 얻고 보면 저 한없이 펼쳐진 허공이 깨달음으로 가득 차게 된다.

●

깨달음이 뚜렷하고 밝은 까닭에 마음의 청정함이 드러나고, 마음이 청정한 까닭에 티끌을 보는 것이 청정하고, 티끌을 보는 것이 청정한 까닭에 눈이 청정하고, 눈이 청정한 까닭에 눈의 의식이 청정하고, 눈의 의식이 청정한 까닭에 티끌을 듣는 것이 청정하고, 티끌을 듣는 것이 청정한 까닭에 귀가 청정하고, 귀가 청정한 까닭에 귀의 의식이 청정하고, 귀의 의식이 청정하므로 느끼는 티끌이 청정하나니 코, 혀, 몸, 뜻도 그러하니라.
선남자야, 근이 청정하므로 물질과 티끌이 청정하고, 물질이 청정하므로 소리가 청정하고, 냄새, 맛, 감촉, 법까지도 또한 그러하니라. 선남자야, 육진이 청정하므로 땅이 청정하고, 땅이 청정하므로 물이 청정하나니, 불과 바람도 그러하니라.

覺圓明故 顯心淸淨 心淸淨故 見塵淸淨 見淸淨故 眼根淸淨 根淸淨故 眼識淸淨 識淸淨故 聞塵淸淨 聞淸淨故 耳根淸淨 根淸淨故 耳識淸淨 識淸淨故 覺塵淸淨 如是乃至 鼻舌身意 亦復如是 善男子 根淸淨故 色塵淸淨 色淸淨故 聲塵淸淨 香味觸法 亦復如是 善男子 六塵淸淨故 地大淸淨 地淸淨故 水大淸淨 火大風大 亦復如是

깨달음의 밝은 마음에는 안과 밖이 없다. 마치 밝고 깨끗한 유리병 안에 등불을 밝히면 그 빛이 안팎을 비추는 것처럼, 원각을 깨달으면 그 마음이 자기라는 개체를 초월하여 세계를 두루 비춘다. 만물과 만생은 이에 의해 본래부터 갖추고 있던 청정함을 드러내고 더할 것도 없고 뺄 것도 없이 그대로의 완성된 모습을 보여 준다.

카메라 렌즈에 때가 끼었거나 초점이 맞춰지지 않으면 찍으려는 물체가 제대로 보이지 않는다. 중생이 무명에 의해서 세상을 바라보는 것도 이와 같다. 중생들이 사는 이 세계는 온갖 괴로움과 더러움으로 꽉 차 있다. 부처님께서는 초기경전에서 모든 존재는 고통이며 더러움이므로 이 세상에 집착하지 말고 열반을 구하라고 말씀하셨다. 그러나 일체가 허깨비 같다는 이치를 깨달은 원각의 광명에 의해 세간의 모습을 비추어 보면 이 같은 괴로움과 더러움은 참으로 있는 것이 아니어서 그대로가 청정한 부처님의 땅으로 열반이 이 세간에서 드러난다.

깨달음 가운데에는 보는 주체로서의 나도 없고 보이는 대상으로서의 세계가 본래 없는 것이지만, 그렇다고 인연에 의해 만들어진 나와 세계의 모습조차 보이지 않는 것은 아니다. 깨달아 부처가 되었다 할지라도 눈, 귀, 코, 혀도 그대로 있게 마련이고, 분별하고 느끼는 마음도 그대로 있게 마련이다. 원각을 이루었다 해서 달라지는 것은 모름지기 아무것도 없는 것이다. 중생들에게 존재하는 모든 것들이 실재한다는 굳은 집착이 사라질 때 도리어 모든 존재는 그지없이 맑고 깨끗한 모습으로 본래의 모습을 찾는다.

●

선남자야, 사대가 청정하므로 십이처, 십팔계, 이십오유가 청정하고, 그들이 청정하므로 십력, 사무소외, 사무애지, 불십팔불공법(佛十八不共法), 삼십칠조도품(三十七助道品)이 청정하나니, 이와 같이 하여 팔만사천 다라니문(陀羅尼門)까지도 모두가 청정하니라.

善男子 四大淸淨故 十二處 十八界 二十五有淸淨 彼淸淨故
十力 四無所畏 四無碍智 佛十八不共法 三十七助道品淸淨
如是乃至 八萬四千陀羅尼門 一切淸淨

익히 알고 있듯 사대는 지, 수, 화, 풍이고 십이처는 안처, 이처, 비처, 설처, 신처, 의처, 색처, 성처, 향처, 미처, 촉처, 법처를 가리키며, 십팔계는 앞의 육근과 육진의 처에다 이들이 서로 부딪쳐 발생되는 의식들인 안식, 이식, 비식, 설식, 신식, 의식을 합친 것이다. 여기서 주의할 것은 보통 안이비설신의 색성향미촉법인 육근 육경과 12처와는 그 의미가 다르다는 점이다. 육근 육경과 십이처가 어떻게 다른지 알기 위해서는 공부를 좀더 할 필요가 있다.

이십오유(二十五有)는 중생들이 존재하는 공간 세계로 사주(四洲), 사악취(四惡趣), 육욕천(六欲天), 대범천(大梵天), 사선천(四禪天), 무상천(無想天), 정거천(淨居天), 사공천(四空天)을 합한 것이다. 이들을 간단히 설명하면, 사주는 인간들이 사는 동서남북의 세계로 동쪽의 승신주(勝身洲), 서쪽의 울단주(鬱單洲), 남쪽의 염부주(焰浮洲), 북쪽의 구로주(瞿盧洲)이다. 사악취는 죄보로 인해 심한 고통을 겪는 네 가지 세계로 지옥(地獄), 아귀(餓鬼), 축생(畜生), 아수라(阿修羅)이며, 육욕천은 욕망이 남아 있는 여섯 종류의 하늘 세계인 사왕천(四王天),

도리천(忉利天), 야마천(夜摩天), 도솔천(兜率天), 화락천(化樂天), 타
화자재천(他化自在天)이다. 대범천은 욕망을 여읜 깨끗한 신들이 사
는 하늘 세계이고, 사선천은 선정의 차원에 따라 태어나는 하늘 세계
로 초선천(初禪天), 이선천(二禪天), 삼선천(三禪天), 사선천(四禪天)
이다. 무상천은 선정의 힘에 의해 번잡한 생각을 여읜 성자들이 머무
는 하늘 세계이며, 정거천 또한 선정의 힘으로 앞의 무상천보다 더욱
번뇌와 미혹이 끊어진 차원의 성현들이 머무는 하늘 세계이다. 사공
천은 선정의 힘에 의해 머무는 가장 높은 차원의 하늘 세계로 공무변
처천(空無邊處天), 식무변처천(識無邊處天), 무소유처천(無所有處天),
비상비비상처천(非想非非想處天)이다.

십력, 사무소외, 사무애지, 불십팔불공법은 부처님이 지니신 공덕
과 위대성을 설명한 것이다. 먼저 사무소외는 깨달음을 구족하여 갖
춘 네 가지 두려움이 없는 법으로 일체법을 두루 알아 두려움이 없다
는 정등각무외(正等覺無畏), 번뇌가 다해 두려움이 없다는 누영진무
외(漏永盡無畏), 장애되는 법이 무엇인지를 중생들에게 다 알려 주는
데 있어 두려움이 없다는 설장법무외(設障法無畏), 괴로움으로부터
벗어나는 길을 중생들에게 알려 주는 데 있어 두려움이 없다는 설출
도무외(設出道無畏)이다. 다음 사무애지는 부처님의 네 가지 걸림 없
는 지혜를 말하는 것으로 모든 법에 걸림이 없다는 법무애(法無碍),
모든 뜻에 걸림이 없다는 의무애(義無碍), 언어를 구사함에 걸림이 없
다는 사무애(詞無碍), 중생을 즐겁고 이익되도록 말하는 데 걸림이 없
다는 요설무애(樂設無碍)이다. 불십팔불공법은 부처님이 지닌 열여덟
가지 정신적 특징으로, 다 설명하는 것은 생략하고 몸의 과실이 없다
는 신무실(身無失)을 비롯한, 지혜로써 현재 세상의 일을 아는 데 걸

림이 없다는 지혜지견무애무장(智慧知見無碍無障)이다.

삼십칠조도품은 깨달음을 이루는 데 있어 필요한 서른일곱 가지의 수행 덕목을 말하는 것으로 몸은 더럽다고 보고, 느낌은 괴롭다고 보며, 마음은 무상하다고 보고, 법은 무아라고 보는 사념처(四念處), 아직 생겨나지 않은 악은 나지 않게 하고, 이미 생겨난 악은 없애며, 아직 생겨나지 않은 선은 나게 하고, 이미 생겨난 선은 더욱 자라게 하는 사정근(四正勤), 괴로움을 종식시키겠다는 간절한 마음, 괴로움을 종식시키려는 노력, 괴로움을 종식시키려는 마음 집중, 괴로움을 종식시키려는 지혜의 계발인 사신족(四神足), 부처님의 가르침을 믿고 힘써 노력하며 마음을 관찰하고 집중하며 지혜를 닦는 오근(五根), 이와 같은 오근이 구체적인 능력으로 나타나게 되는 오력(五力), 부처님의 가르침을 명심하여 마음을 관찰하고, 바른 법은 선택하고, 그릇된 법은 버리며, 힘써 정진하고, 기쁨이 일어나게 하며, 몸과 마음을 경쾌해지게 하고, 마음이 집중되게 하며, 집중된 마음을 평등하게 하는 칠각지(七覺支), 바른 견해와 바른 생각과 바른 말과 바른 행위와 바른 생활과 바른 노력과 바른 관찰과 바른 집중을 실천하는 팔정도(八正道)이다.

팔만사천 다라니문은 중생을 제도하기 위해서 설하신 부처님이 가르치신 모든 법문을 말하는 것으로, 부처님이 중생의 근기에 따라 다양한 방편으로 법을 설하시는 데 있어 그 수효가 무량하므로 팔만사천이라 했고, 부처님의 가르침은 항상 열려 있으므로 문이라 했다.

불교에서는 세상의 존재들을 분류하는 데 있어 크게 두 가지의 법으로 나눈다. 하나는 유위법(有爲法)이고, 또 하나는 무위법(無爲法)이다. 유위법은 생멸 변화하는 중생의 차원을 뜻하고, 무위법은 생멸 변화를 떠난 부처의 차원을 뜻한다. 유위법을 유루법 혹은 세간법이라고 하기도 하고, 무위법을 무루법 혹은 출세간법이라고도 한다. 이를 본문의 말씀과 대비하면 사대를 비롯한 십이처, 십팔계, 이십오유는 중생계인 유위법에 해당하고, 십력, 사무소외, 사무애지, 불십팔불공법, 팔만사천 다라니문은 불계인 무위법에 해당한다.

그런데 중요한 것은 이와 같은 유위법과 무위법은 그 본질에 있어 아무런 차별이 없다는 데 있다. 무명이 타파된 원각의 경지에서 보면 유위법 그대로가 무위법이어서 사대, 십이처, 십팔계, 이십오유가 십력, 사무소외, 사무애지, 불십팔불공법, 삼십칠조도품, 팔만사천 다라니문과 더불어 청정하다. 일체를 허깨비와 같다고 관찰하는 환관수행을 통해 깨달음을 얻게 되면 존재한다고만 믿었던 나와 세계가 마음 가운데에서 한꺼번에 무너지면서 보고 듣는 모든 경계가 한낱 그림자, 물거품, 환상과 같음을 알게 된다.

그리고 이와 함께 그렇게 무너져 내려 허깨비처럼 인식되는 낱낱 존재들은 다시 깨달은 마음에서 비추어지는 빛에 의해 무엇 하나 붙일 수 없는 깨끗한 모습으로 눈앞에 펼쳐진다. 그야말로 허망과 진여가 둘이 아닌 진망불이(眞妄不二)의 모습으로 환원되는 것이다. 이렇게 모든 것들이 헛되고 망령된 가운데에서도 뚜렷이 존재하는 도리를 진공묘유(眞空妙有)라 하는데, 이 진공묘유의 도리에서는 일체가 맑고 깨끗하여 모두가 청정한 부처 마음 아님이 없고 부처의 몸 아님이 없으며 부처의 세계 아님이 없다.

●

선남자야, 온갖 실상의 성품이 청정하므로 한 몸이 청정하고, 한 몸이 청정하므로 여러 몸이 청정하고, 여러 몸이 청정하므로 시방 중생들의 원각이 청정하느니라.

善男子 一切實相 性淸淨故 一身淸淨 一身淸淨故 多身淸淨
多身淸淨故 如是乃至 十方衆生 圓覺淸淨

　이는 일체 중생들의 정보(定報)로서의 몸이 원각의 성품과 더불어
청정한 존재임을 밝히는 말씀이다. 여기서 청정이란 세상에서 말하
는 더러움에 반대되는 개념의 청정이 아닌, 더럽고 깨끗하고를 넘어
선 청정이다. 다른 경전에서 부처님은 중생의 몸을 무상하고 괴롭고
더러운 존재로 여길 것을 가르치셨다. 몸은 고기와 피로 덮여 있고,
뼈로 쌓아 올린 성곽에 불과하며, 그 속은 갖가지 오물과 함께 욕망
과 교만 그리고 늙음과 죽음이 함께 머무르고 있는 더러운 존재이므
로 아끼고 집착할 만한 게 못 된다는 것이다.
　그런데 이와 같이 부정하기만 한 중생의 몸이 『원각경』에서는 청
정한 존재로 뒤바뀐다. 왜 부처님은 똑같은 몸에 대해 서로 반대되는
말씀을 하시는 것일까? 그것은 부처님이 중생의 몸을 존재하는 것으
로 가정하고 설법할 때와 존재하는 것이 아니라고 가정하고 설법할
때에 따라 달라지기 때문이라고 할 수 있다. 즉 초기경전과 같이 몸
을 중생의 입장에 두고 실재한다는 측면에서 설하면 몸은 더럽기만
한 존재이다. 그러나 이 경에서처럼 몸을 깨달은 자의 입장에서 실재
가 아닌 허깨비 같다는 측면에서 보면 몸은 더럽지도 깨끗하지도 않
은 청정한 존재이다. 모든 중생의 몸이 무명을 따라 일어났으나 원각
의 빛에 의해 무명이 실제로 있는 것이 아니기에 그대로 청정한 모습
으로 나타나게 되는 것이다.

●

선남자야, 한 세계가 청정하므로 여러 세계가 청정하고, 여러
세계가 청정하므로 허공이 다하고, 삼세를 두루 감싸기까지 일
체가 평등하고, 청정하여 움직이지 않느니라.

善男子 一世界淸淨故 多世界淸淨 多世界淸淨故 如是乃至
盡於虛空 圓裏三世 一切平等 淸淨不動

이는 중생들이 몸담아 살고 있는 의보(依報)로서의 세계가 청정함
을 밝히는 부분이다.

우리의 눈앞에 한없이 펼쳐져 있는 이 세계는 어떤 존재인가? 납득
하기 어렵겠지만 바로 모든 인식의 주체인 이 마음이 무명과 망상을
일으켜 그려 놓은 환상이다. 곧 중생 각자가 일으킨 무명과 망상이
주관적 모습의 자아와 객관적 모습의 세계를 만들어 놓고 그 사실을
망각한 채 저 모든 것들이 실재한다고 여기는 것이다. 따라서 자아와
세계를 그려 낸 주체인 마음 가운데 무명과 망상이 소멸되면 자아와
세계도 함께 사라지게 된다. 물론 이때 사라진다는 의미는 그 실체성
이 사라진다는 뜻으로 현실적으로 보이고 느껴지는 모습과 활동이 사
라진다는 뜻이 아니다.

이렇게 되면 원각의 밝은 마음에 의해 실체성이 없는 허상으로서
의 자아와 세계는 영롱하고 뚜렷한 모습으로 나타난다. 산하대지는
물론 하잘것없는 티끌 하나까지도 깨달은 마음에서 비치는 지혜의 빛
으로 말미암아 차별을 벗어난 본연의 청정성을 발하게 된다. 뿐만 아
니라 일체 세계를 감싸고 있는 저 가없는 허공 역시 무명의 그림자가

아닌 깨달음에서 일어난 무형의 모습이 되어 나타나고, 과거와 현재와 미래를 하나로 꿰뚫어 평등하게 한다.

모든 시간 역시 무명과 망상을 좇아 일어난 줄을 원각의 자리에서 분명히 알고 있기 때문이다. 원각에는 어떤 법도 존재하지 않아 시간과 공간이 끊어졌지만 원각은 다시 무명에서 일어난 일체 존재를 또한 그대로 수용한다. 일체를 벗어났으되 동시에 일체를 감싸 안기 때문에 온갖 세계와 시간이 평등하고 흘러가는 바도 없고 흘러오는 바도 없이 언제나 움직이지 않는다.

●

선남자야, 허공이 이와 같이 평등하여 움직이지 않으므로 본각의 성품이 평등하여 움직이지 않는 줄 알아야 하며, 사대가 움직이지 않으므로 마땅히 본각의 성품도 평등하여 움직이지 않는 줄 알아야 하고, 이와 같이 하여 팔만사천 다라니문까지도 평등하여 움직이지 않으므로 본각의 성품도 평등하여 움직이지 않는 줄 알아야 하느니라.

善男子 虛空如是 平等不動 當知覺性 平等不動 四大不動故 當知覺性 平等不動 如是乃至 八萬四千陀羅尼門 平等不動 當知覺性 平等不動

이는 깨달은 원각의 성품과 더불어 유위와 무위의 일체법이 부동함을 밝히는 말씀이다. 우리가 볼 때 자신과 우주 만물은 과거, 현재, 미래라는 시간의 흐름과 함께 끊임없이 변화한다. 물질은 성주괴공(成住壞空)하고 살아 있는 몸은 생로병사하며 마음은 생주이멸(生住

異滅)하면서 잠시도 쉬지 않는다. 해와 달이 뜨고 바람이 불며 파도가 치고 비가 내리는가 하면 중생들은 동쪽에서 서쪽으로 서쪽에서 동쪽으로 분주하게 움직인다.

하지만 이러한 현상은 그것이 자연적인 현상이든 인위적인 현상이든 모두 겉으로 보기에만 그럴 뿐, 실상에 있어서는 꿈과 같고 환과 같고 그림자와 같아서 변화해도 변화한 바가 없으며 움직여도 움직인 바가 없다. 그러므로 원각을 성취한 이는 세상에서 일어나는 모든 일들을 종일토록 접해도 저들은 다만 마음이 업의 힘을 빌려 나타난 허상임을 알아 본래는 일어난 적도 없고 움직인 적도 없는 고요한 경계라는 곳에 머문다.

『화엄경』에서는 이와 같이 움직이는 만법이 본래는 움직임이 아님을 깨달아 안주하는 경지를 부동지(不動地)라 하는데, 이 경지에 든 보살은 이 세상 그대로를 적멸의 부처 도량으로 삼아 인연을 따라 갖가지 중생을 위한 행을 지으면서도 지은 바 없는 무공용지(無功用地)를 실천한다.

'허공과 사대, 나아가 팔만사천 다라니문이 평등하여 움직이지 않으므로 본각의 성품이 평등하여 움직이지 않는다.'는 의미는 일체 만법이라는 것은 본각, 즉 본래부터 깨달아 있는 원각에 비친 그림자이기 때문에 왔어도 온 바가 없고 갔어도 간 바가 없다. 마치 눈병으로 인하여 나타난 허공의 꽃이 눈병 난 이의 눈을 따라 움직인다고 할 때 실상은 꽃 자체가 본래 없는 것이기 때문에 움직였어도 움직인 바가 없는 것과 같다. 또한 눈병으로 인해 나타난 허공의 꽃은 허공과 더불어 다르지 않듯 나와 세상의 모든 움직임도 마찬가지여서 눈, 귀, 코, 혀, 몸, 뜻과 물질, 소리, 냄새, 맛, 촉감, 대상과 이들의 온갖 작용, 더 나아가 부처님이 설하신 팔만사천 가르침도 본각의 성품과 함께 평등해서 움직임이 없다. 움직임은 고요함에서 시작되고 고요함은 다시 움직임에서 시작된다. 고요함과 움직임은 상대적일 뿐 스스로의 성품이 없는 것이다.

그러므로 여기서 말하는 '움직임이 없다.'는 것은 움직임에 반대되는 개념으로서의 정지 상태가 아니고, 움직이는 상태와 정지된 상태를 모두 환이라고 깨달아서 본 '움직임 없음'이다. 곧 깨달음을 얻었다고 하여 만법을 정지된 상태로 보는 것이 아니라 인연 따라 굽이치고 변화하는 만법의 작용 그대로를 움직임 없는 모습으로 본다. 그렇다면 만약 수행하는 사람이 이와 같은 이치를 망각하고 변하고 요동치는 이 현상계를 떠나 움직임 없는 자리를 찾겠다고 하면 어떻게 될까?

● 선남자야, 본각의 성품이 두루 차고 평등하여 움직이지 않아, 뚜렷함이 끝이 없으므로 육근이 법계에 두루 차고, 육근이 두루 차므로 육진이 법계에 두루 차고, 육진이 두루 차므로 사대가 법계에 두루 차고, 이와 같이 하여 팔만사천 다라니문까지도 법계에 두루 차느니라.

善男子 覺性徧滿 淸淨不動 圓無際故 當知六根 徧滿法界 根徧滿故 當知六塵 徧滿法界 塵徧滿故 當知四大 徧滿法界 如是乃至 陀羅尼門 徧滿法界

이렇게 움직이는 모든 법이 실제로는 움직임 없다는 도리를 깨우치면 저 모든 법이 원각의 청정한 성품과 함께 법계에 가득한 이치를 보게 된다. 그런데 이때 가득하다는 말을 마치 그릇에 물이 가득한 것처럼 생각하여 법계에 온갖 존재들이 꽉 차 있는 줄 여기면 안 된다. 본연의 청정한 깨달음의 성품이 두루하여 만상을 비추면 허깨비 같은 만상의 낱낱 존재들은 하나의 개체적인 모습으로부터 벗어나 깨달음과 더불어 하나가 된다. 즉 광대한 바다에 파도가 쉬면 하나하나의 물방울이 사라져 본래의 바닷물이 되듯 자기의 눈, 귀, 코, 혀, 몸, 뜻인 육근과 밖의 물질, 소리, 냄새, 맛, 촉감, 대상과 사대인 흙, 물, 불, 바람도 무명이 쉬면 하나의 진성(眞性)으로 돌아가 두루해진다. 이것은 원각을 깨달았기 때문에 그렇게 되는 것이 아니라 본래부터 그러한 것이다.

●

선남자야, 저 묘한 본각의 성품이 두루 차므로 근의 성품과 진의 성품이 무너짐도 뒤섞임도 없으며, 근과 진이 무너짐이 없는 까닭에 내지는 다라니문까지도 무너짐도 뒤섞임도 없나니, 마치 백천 개의 등불을 한 방에 켜면 그 빛이 두루 차되 무너짐도 뒤섞임도 없는 것과 같으니라.

善男子 由彼妙覺 性徧滿故 根性塵性 無壞無雜 根塵無壞故 如是乃至陀羅尼門 無壞無雜 如百千燈 光照一室 其光徧滿 無壞無雜

또한 움직이지 않고 두루 차 있는 일체의 법은 무너지거나 서로 뒤섞이지 않는다. 왜 그러한가. 바로 하나의 일관된 이치, 환과 같고 꿈과 같기 때문이다.

묘하게 본래부터 깨달아 밝아 있는 본각의 성품은 근의 성품 그리고 진의 성품과 다르지 않다. 모양과 형태를 지닌 육근과 육진은 무명과 망상을 좇아 일어났으나 그 무명과 망상이 본래 허깨비 같아 실상에 있어서는 원각을 좇아 일어난 것이다. 따라서 근과 진은 본각인 원각과 더불어 차별이 없으므로 본각의 성품이 근과 진의 성품이고 근과 진의 성품이 본각의 성품이다. 여기서 주의할 것은 근과 진의 성품인 본각을 잘못 인식하여 이 마음을 떠난 어떤 특별히 정해진 존재로 여기지 말아야 한다. 모든 법의 성품이란 제 성품이 없는 공한 것이어서 한 법도 얻을 게 없고 머무를 게 없고 세울 게 없다. 즉 모든 법은 환 같은 인연으로 환같이 생겨나서 환같이 머물다가 환같이 사라지므로 제 성품이 없는 것으로써 성품을 삼는다는 말이다.

따라서 근과 진이 무너지지 않는다는 말도 자세히 음미해 보면 근과 진이라는 것 자체가 무명을 좇아 일어난 환과 같은 존재이기 때문에 일찍이 생겨난 적이 없으므로 새삼 무너지고 사라질 것이 없다는 것이다. 이렇게 일체법이 환과 같아 일찍이 생겨난 듯하나 생겨난 적이 없고, 무너지고 흩어지는 듯하나 무너지고 흩어진 적이 없다면 육근과 육진이 뒤섞일 리도 없다. 망상 분별에 길들여져 있는 중생은 육근과 육진이 허깨비와 같다는 사실을 알지 못하는 까닭에 육근과 육진을 대립 관계로 여겨 서로 뒤섞이기도 하고 방해하는 존재들로 여긴다.

그러나 모든 법이 다만 자신의 무명을 따라 연기된 허깨비 현상들이라는 이치를 알게 되면 육근과 육진과 사대, 더 나아가 팔만사천 다라니문은 원각의 성품으로 돌아가 마치 백천 등불이 한 방에서 서로를 비추어도 섞이거나 방해하지 않고 가득 차는 것처럼 제 모습을 잃지 않고 작용하되 서로 섞이거나 방해하지 않는 줄을 안다.

●

선남자야, 깨달음이 성취된 까닭에 보살은 법에 속박되지 않고, 해탈을 구하지 않으며, 생사를 싫어하지 않고, 열반을 좋아하지 않으며, 계행 지키는 이를 공경하지도 않고, 계행 범한 이를 미워하지도 않으며, 오래 수행한 이를 소중히 여기지도 않고, 처음 배우는 이를 업신여기지도 않느니라. 왜냐하면 일체가 깨달음이기 때문이니라.

善男子 覺成就故 當知菩薩 不與法縛 不求解脫 不厭生死 不愛涅槃 不敬持戒 不憎毁禁 不重久習 不輕初學 何以故 一切覺故

이처럼 모든 법의 실상을 완전히 파악하여 일체가 일진성해(一眞性海), 곧 하나의 참된 성품 바다에서 일어난 물거품이라는 사실을 알게 된 보살은 어디에도 얽매이지 않는다. 얽힘을 당할 주체로서의 나도 없고 얽어 맬 대상으로서의 남도 없기 때문이다. 생과 사가 본래 없는 줄을 알았으므로 생사를 싫어하거나 두려워하지 않고, 또 생사 속에 잠겨 머물려고도 하지 않는다. 속박과 생사가 모두 하나의 순일한 진리의 성품에서 생겨난 망령된 그림자임을 알았으므로 속박이 곧 해탈이요, 생사가 곧 열반이라 따로 해탈을 구하고 열반을 구하지 않는다. 보살에게는 지켜야 할 법도 없고 허물어야 할 법도 없어 계를 지키는 사람과 계를 깨뜨리는 사람을 똑같이 여긴다.

●

말하자면, 눈을 뜨고 앞의 경계를 볼 때에 그 광채가 두루 차서 미워할 것도 좋아할 것도 없이 모두 보이나니, 그 까닭은 광채의 바탕은 둘이 아니어서 미워할 것도 좋아할 것도 없기 때문이니라.

譬如眼光 曉了前境 其光圓滿 得無憎愛 何以故 光體無二 無憎愛故

마음에 망령된 무명의 그림자가 걷히고 본연의 참 성품인 원각이 드러나면 만법이 그대로 청정한 진리의 모양이라 산은 산대로 완연하고 물은 물대로 완연하여 어떠한 모순도 찾아볼 수 없게 된다. 하나로 트여서 막힘도 걸림도 없으니 어떤 대상에 대해서도 사랑과 미움을 두지 않는다. 사랑하고 미워할 나와 대상이 본래 없는 줄을 알았기 때문이다.

●

선남자야, 보살과 말세의 중생들이 이 마음을 닦아 익히고 성취하면 거기에는 닦은 바도 없고 이룬 것도 없느니라. 원각이 두루 비치어 적멸(寂滅)이 둘이 없으니, 거기에는 백천만억 아승지불가설항하사 수효의 불세계가 마치 허공꽃이 어지러이 피었다가 어지러이 사라지는 것 같아서 그대로도 아니요, 떠난 것도 아니며, 묶인 것도 아니요, 벗어난 것도 아니니, 중생이 본래부터 부처를 이룬 것이며, 생사와 열반이 지난밤의 꿈 같은 줄 비로소 알게 되느니라.

善男子 此菩薩及 末世衆生 修習此心 得成就者 於此無修 亦
無成就 圓覺普照 寂滅無二 於中百千萬億 阿僧祇 不可說 恒
河沙諸佛世界 猶如空華 亂起亂滅 不卽不離 無縛無脫 始知
衆生 本來成佛 生死涅槃 猶如昨夢

원각의 경지에서 과거를 되돌아보면 세간의 모든 일뿐만 아니라
생사를 끊고 열반을 이루겠다고 그렇게 애썼던 일들이 한바탕 꿈이었
음을 알게 된다. 수행을 했다고 하나 수행한 바가 없고 깨달음을 얻
었다고 하나 한 법도 얻은 게 없다. 무명의 허망한 그림자를 벗어나
원각의 참마음이 세상을 비추면 일체만유가 적멸, 즉 고요한 모습이
라 일고 꺼지는 모든 현상들이 차별 없는 하나의 성품으로 나타난다.

항하사 수효의 부처 세계는 한량없이 많은 중생의 세계를 가리킨
다. 무명을 따라 일어난 중생 세계의 본 성품이 곧바로 원각이므로
부처 세계가 되는 것이다. 이와 같은 부처의 세계가 마치 허공의 꽃
처럼 어지러이 피었다가 어지러이 사라진다는 것은 이 세계가 환 같
은 까닭이다.

하지만 이와 같이 일어나고 사라지는 어지러운 중생 세계로서의
불세계도 깨달음으로 비추어 보면 본래 있는 것이 아니다. 눈병에 의
해서 나타난 허공의 꽃은 본래 있는 것이 아니기 때문에 나타났어도
나타난 바가 없고, 사라졌어도 사라진 바가 없다.

그러므로 원각을 깨달은 보살의 경지는 속박의 상태에 그대로 머
물러 있는 것도 아니며 떠난 것도 아니며 묶인 것도 아니고 벗어난 것
도 아니다. 원각을 성취한 보살은 어지러이 일어났다 사라지는 이 세
상에 그대로 머물러 있느니 떠났느니 할 것도 없고, 속박 속에 있느

니 속박으로부터 벗어났느니 할 것도 없다. 왜냐하면 원각 속에는 머무름과 떠남이 없고 얽매임과 풀림이 본래부터 있는 것이 아니기 때문이다. 허공에 태양이 뜨고 짐이 있는 입장에서 보면 밝다느니 어둡다느니 하는 말이 나오지만 태양 자체의 입장에서는 뜨고 지고가 없는 것처럼, 원각은 본래부터 항상 밝아 있었기 때문에 중생이 되었다고 해서 어두워지는 것이 아니고 부처가 되었다고 해서 밝아지는 것이 아니다. 밝든 어둡든 중생 그대로가 항상 밝아 있는 부처 그대로지만 다만 중생이 미혹하여 중생과 부처가 따로 있다고 보고 생사와 열반이 다르다고 보는 것이다. 이것이 곧 중생이 본래부터 성불했다는 의미이며, 생사와 열반이 지난밤 꿈과 같다는 뜻이다.

●

선남자야, 모두가 어젯밤의 꿈과 같으므로 생사와 열반이 일어남도 사라짐도 없으며, 오는 것도 가는 것도 없으며, 증득한 바에는 얻은 이도 잃은 이도 없으며, 취할 이도 버릴 이도 없으며,

善男子 如昨夢故 當知生死 及與涅槃 無起無滅 無來無去 其所證者 無得無失 無取無捨

생사와 열반, 일어남과 사라짐, 오는 것과 가는 것, 얻음과 잃음, 취하고 버림은 서로 상반된 가치들이다. 중생이 깨달음을 얻기 전에는 생사가 있고 열반이 있고, 오는 것이 있고 가는 것이 있고, 얻는 것이 있고 잃는 것이 있고, 취할 것이 있고 버릴 것이 있다. 그러나 꿈같은 무명을 깨고 보면 이런 것들은 다 허망해서 있는 게 아니다.

무명의 꿈을 깬 보살에게는 무명이 일어난 바도 없고 사라진 바도

없으며, 생사의 세계에 온 적도 없고 열반을 향해 간 적도 없다. 원각 가운데에서는 중생들이 본심을 잃었어도 잃은 것이 아니며 수행을 해서 깨달음을 얻었어도 얻은 것이 아니다.

●

증득한 이에게는 지음도 없고 그침도 없으며, 맡김도 없고 없앰도 없나니, 이러한 증득 가운데는 능히 아는 이와 아는 바가 없고, 끝내 증득한다는 것도 없으며 증득할 이도 없어서 일체가 평등하여 무너지지 않는 줄을 알게 되느니라.

其能證者 無作無止 無任無滅 於此證中 無能無所 畢竟無證 亦無證者 一切法性 平等不壞

깨달음을 얻기 위해서는 열심히 수행을 짓고〔作〕, 그치고〔止〕, 맡기고〔任〕, 없애야〔滅〕 한다. 그런데 깨달음을 얻고 보면 짓고 그치고 맡기고 없애야 하는 수행은 필요하지 않다. 이 부분은 「보각보살장」에서 다시 자세하게 설명할 것이다.

증득 가운데는 아는 이〔能〕와 아는 바〔所〕가 없다는 것은, 원각 속에는 깨달음을 이룬 주체로서의 나와 깨달아 아는 바로서의 내용이 실제로 있는 것이 아니라는 뜻이다. 가령 누가 수행을 하여 깨달았다고 했을 때 그가 만약 깨달은 경지를 인식하고 있다면, 그것은 이미 능소가 갈라지는 경계가 되어 깨달음이 아닌 망상의 지견으로 전락된다. 이것이 깨달음을 설명하는 데 가장 큰 어려움이다. 원각을 인식한다는 것은 인식하는 자가 있기 때문이다. 그런데 원각에는 인식하는 자가 있을 수 없어서 나는 깨달음의 경지에 도달했다는 견해를 일으킬 수 없다. 그렇다고 하여 깨달은 자와 깨달음 사이에 아무 관계가 없다는 말은 더욱 아니다.

이미 「보현보살장」에서도 언급한 바 있듯 깨달음이란 견문각지, 즉 보고 듣고 깨달아 아는 속에 있다고 해도 틀리고, 견문각지 속에 없다고 해도 틀리다. 바로 자타가 끊어지고 내외가 사라져 틀 밖의 소식을 분명히 깨닫되 그 깨달은 경지조차도 몽땅 잊은 사람만이 영원히 무너지지 않는 도리를 사무치게 알게 되는 것이다.

●

선남자야, 보살들은 이와 같이 수행하고, 이와 같이 차츰 나아가며, 이와 같이 사유하며, 이와 같이 머물러 지니며, 이와 같이 방편을 지으며, 이와 같이 깨달아야 되나니, 이러한 법을 구하면 헤매고 답답하지 않으리라.
그때 세존께서 이 뜻을 거듭 펴시기 위해 게송으로 말씀하셨다.

보안이여, 그대는 마땅히 알라.
일체 중생의 몸과 마음 허깨비 같아
몸은 사대에 속하고
마음은 육진으로 돌아가나니,
사대가 각각 제각기 흩어지면
그 누가 화합한 자이겠는가.
이와 같이 차츰차츰 수행해 가면
일체가 모두 청정해져서
요동치 않고 법계에 두루하니,
짓고 그치고 맡기고 없앰도 없고

능히 깨쳐 얻을 이도 또한 없도다.

부처님의 온갖 세계 허공꽃 같아

과거 · 현재 · 미래가 모두 모두 평등하여

끝끝내 가고 옴이 없느니라.

처음 발심한 모든 보살과

말세의 한량없는 여러 중생이

불도에 들고자 하면

마땅히 이와 같이 닦아 익히라.

善男子 彼諸菩薩 如是修行 如是漸次 如是思惟 如是住持 如
是方便 如是開悟 求如是法 亦不迷悶

爾時 世尊 欲重宣此義 而說偈言

완전한 깨달음

普眼汝當知　　　一切諸衆生

身心皆如幻　　　身相屬四大

心性歸六塵　　　四大體各離

誰爲和合者　　　如是漸修行

一切悉淸淨　　　不動遍法界

無作止任滅　　　亦無能證者

一切佛世界　　　猶如虛空華

三世悉平等　　　畢竟無來去

初發心菩薩　　　及末世衆生

欲求入佛道　　　應如是修習

『원각경』의 수행법은 일체를 환과 같다고 관찰하는 공부이다. 수행하는 주체로서의 자신도, 극복해야 할 과제로서의 무명도, 무명에 의해 펼쳐진 세계도, 나아가 수행을 하고 깨달아서 누리는 경지까지도 모두 환과 같고 꿈과 같고 그림자와 같다고 보라는 것이 이 경의 핵심이다. 여기에 누가 감히 입을 벙긋하여 이렇다 할 지견을 세울수 있으며 수행을 했다고 머리를 치켜들 수 있겠는가? 안팎의 모든 경계를 당하여 다만 환 같은 줄 알면 모든 의혹이 저절로 풀리고 길이 편안하겠거니와, 만약 한 법이라도 거머쥘 게 있다면 끝내 바퀴 놀음 속에서 벗어나지 못하리라.

5

금강장보살장(金剛藏菩薩章)

금강장보살장(金剛藏菩薩章)

이때 금강장보살이 대중 가운데 있다가 얼른 자리에서 일어나 부처님의 발에 이마를 대 절하고, 오른쪽으로 세 번 돌고 무릎을 세워 꿇고 손을 모으고 부처님께 사뢰었다.

"대비하신 세존이시여, 모든 보살들을 위하여 여래의 청정한 원각의 대다라니와 인지법행과 점차와 방편을 잘 말씀해 주셔서 중생들의 어리석음을 깨우치시니, 모임에 있는 대중들은 부처님의 자비로운 가르침을 받고 허깨비의 가림이 환히 밝아져 지혜의 눈이 깨끗해졌나이다. 세존이시여, 저 모든 중생들이 본래부터 부처였다면 무슨 까닭에 다시 온갖 무명이 있게 되었습니까? 만일 무명이 본래부터 있는 것이라면 무슨 까닭에 여래께서는 본래부터 부처를 이루었다 하십니까? 만일 시방의 중생들이 본래 불도를 이루었다가 나중에 무명을 일으킨다면 모든 여래는 언제 다시 온갖 번뇌를 일으키겠습니까? 오직 바라옵나니 끝없는 대자비를 버리지 마시고 보살들을 위하여 비밀장을 열어 주시어, 말세의 일체 중생들로 하여금 이와 같은 수다라의 요의 법문을 듣고 영원히 의심과 뉘우침을 끊게 하옵소서."

이렇게 말하고는 몸의 다섯 활개를 땅에 던져 세 번이나 청하여 마치고 다시 시작하려 하였다.

그때 세존께서 금강장보살에게 말씀하셨다.

"좋은 말이다. 좋은 말이다. 선남자야, 그대들은 지금 보살들과 말세의 중생들을 위하여 여래의 심히 깊고 비밀하고 완벽한 마지막 방편을 물으니, 이는 보살들의 제일 높은 가르침인 요의의 대승으로 시방의 배우는 보살들과 말세의 모든 중생들로 하여금 결정된 믿음을 얻어 영원히 의심과 뉘우침을 끊게 하는 일이다. 자세히 들으라. 마땅히 그대들을 위해 말해 주리라."

그때 금강장보살이 분부를 받들어 기뻐하면서 대중들과 함께 조용히 귀를 기울였다.

於是 金剛藏菩薩 在大衆中 卽從座起 頂禮佛足 右繞三匝 長跪又手 而白佛言 大悲世尊 善爲一切諸菩薩衆 宣揚如來 圓覺淸淨大陀羅尼 因地法行 漸次 方便 與諸衆生 開發蒙昧 在會法衆 承佛慈誨 幻翳朗然 慧目淸淨 世尊 若諸衆生 本來成佛 何故復有一切無明 若諸無明 衆生本有 何因緣故 如來復說 本來成佛 十方異生 本成佛道 後起無明 一切如來 何時復生 一切煩惱唯願 不捨無遮大慈 爲諸菩薩 開秘密藏 及爲末世 一切衆生 得聞如是 修多羅教了義法門 永斷疑悔 作是語

已 五體投地 如是三請 終而復始 爾時 世尊 告金剛藏菩薩言
善哉善哉 善男子 汝等乃能爲諸菩薩 及末世衆生問於如來 甚
深秘密 究竟方便 是諸菩薩 最上敎誨了義大乘 能使十方 修
學菩薩 及諸末世 一切衆生 得決定信 永斷疑悔 汝今諦聽 當
爲汝說 時 金剛藏菩薩 奉敎歡喜 及諸大衆 默然而聽

금강장보살은 부처님의 깨달음 속에 내재하는 견고한 성품을 상징
하는 보살이다. 금강은 금강석처럼 굳세고 빛나는 성품을 뜻하고 장
(藏)은 창고나 곳간을 의미하는 것으로 부처와 중생의 마음에 똑같이
금강과 같은 원각의 성품이 감추어져 있음을 뜻한다.

앞의 「보안보살장」에서 부처님은 모든 중생이 본래부터 닦을 것도
깨달을 것도 없는 부처 그 자체라고 설하셨다. 금강장보살은 부처님
의 이와 같은 말씀에 의문을 일으키는데 그 의문은 세 가지이다.

첫째는 중생이 본래 부처라면 무슨 까닭으로 무명이 있게 되었는
가, 둘째는 무명이 있는 것이라면 어찌 본래부터 부처라는 말을 할
수 있는가, 셋째는 본래 부처였던 중생이 무명을 일으켰다면 부처도
다시 번뇌를 일으켜 무명중생이 될 것이 아닌가 하는 것이다.

●

선남자야, 온갖 세계의 시작하고 마침과, 나고 멸함과, 앞서고
뒤짐과, 있고 없음과, 모이고 흩어짐과, 일어나고 멈춤이 잠깐
잠깐 사이에도 서로서로 이어지고 계속되어 고리 돌듯 왕복하
는 데 취했다 버렸다 함이 모두가 윤회니라. 윤회를 벗어나지
못한 채 원각을 가려내려 하면 그 원각의 성품도 함께 흘러 돌거
늘 그것으로써 윤회를 면하려 한다면 옳지 않느니라. 비유하면

껌벅이는 눈이 밝은 물을 흔드는 것 같고, 안정된 눈이 불의 바퀴돌이를 따라 도는 것 같으며, 구름이 흘러가면 달이 움직이는 것과 같고, 배가 가면 언덕이 옮겨지는 것과 같으니라. 선남자야, 모든 바퀴돌이가 쉬지 않으면 저 물건들이 먼저 멈추는 일이 없거늘, 하물며 생사에 유전하는 때 묻은 마음을 깨끗이 하지 않고서 부처의 원각을 보려 한다면 어찌 뒤바뀌지 않을 수 있겠느냐. 그러므로 너희들이 세 가지 의혹을 일으키는 것이니라.

善男子 一切世界 始終生滅 前後 有無 聚散 起止 念念相續 循環往復 種種取捨 皆是輪廻 未出輪廻 而辨圓覺 彼圓覺性 卽同流轉 若免輪廻 無有是處 譬如動目 能搖湛水 又如定眼 由廻轉火 雲駛月運 舟行岸移 亦復如是 善男子 諸旋未息 彼物先住 尙不可得 何況輪轉生死 垢心 曾未淸淨 觀佛圓覺 而不旋復 是故 汝等 便生三惑

금강장보살의 세 가지 물음에 대하여 부처님께서는 우선 망령된 견해로 원각의 경지를 따지고 분별하려는 어리석음을 경책하신다. 이 세상은 잠시도 멈춤이 없이 흘러 돌기를 거듭하는 윤회의 세상이다. 윤회는 끊임없는 반복을 의미한다. 마치 수레바퀴가 돌아가듯 세상과 중생은 모였다 흩어짐을 되풀이하고 나고 죽기를 거듭한다. 많은 사람들은 불교에서 말하는 윤회를 죽고 나서 영혼이 다시 환생한다는 것쯤으로 알고 있지만 윤회의 실상은 그보다 훨씬 포괄적인 뜻을 담고 있다. 부처님께서 보실 때 이 세상은 윤회 아님이 없다. 물질의 법이든 마음의 법이든 일체는 윤회 속에서 존재한다.

원각은 바로 이와 같은 윤회를 끊었을 때 드러나는데, 금강장보살은 윤회하는 마음으로써 원각을 알려고 하는 것이다. 눈이 피로하게 되면 맑고 고요한 물도 흔들리는 것처럼 보이고, 움직이지 않는 눈도 불을 돌리면 불 바퀴를 따라 함께 구르게 되며, 구름이 흘러가면 달이 움직이는 것처럼 보이고, 배를 타고 가다 보면 주변의 언덕이 뒤로 물러나는 것처럼 보인다.

여기에서 흔들리고 움직이고 흘러가는 것은 피로한 눈과 불 바퀴와 구름과 배이지 고요한 물과 움직이지 않는 눈과 떠 있는 달이 아니다. 따라서 이들, 즉 움직임이 없는 물과 불과 달과 언덕을 보려면 움직이는 눈과 불 바퀴와 구름이 고요해져야 한다. 마찬가지로 뚜렷이 밝아 움직임이 없는 원각의 경지를 파악하려면 흐르고 도는 윤회의 마음을 정지해야만 하는데, 금강장보살은 윤회하는 마음을 버리지 않고 원각의 경지를 헤아려 알려고 했으므로 부처님의 지적을 받지 않을 수 없었던 것이다.

질문의 종류는 다를지 몰라도 부처님 당시의 마룽까 붓다도 이와 같은 성격의 질문을 드린 적이 있다. 십사무기(十四無記)로 유명한 이 일화는 마룽까 붓다가 부처님께 올린 열네 가지의 형이상학적 질문이다. 깨달은 자는 사후에 존재하는지 존재하지 않는지, 우주는 끝이 있는지 없는지, 세상은 영원한 것인지 영원하지 않은 것인지 등의 질문을 한 적이 있다. 이에 대해서 부처님께서는 그것은 생로병사를 비롯한 온갖 고통의 문제를 해결하는 데 있어 아무런 이익이 없는 질문이라고 일축하셨다.

부처님의 시각에서 볼 때에는 그러한 문제들에 대하여 어떠한 대답을 취하든 간에 중생의 고통은 해결될 수 없고 결국은 문제를 옮겨 놓는 결과밖에는 되지 않는다. 지혜로운 자는 먼저 고통의 원인이 되는 무명을 끊는 수행을 닦아야 되고, 그렇게 되면 저와 같은 의문은 스스로 해결된다. 부처님께서는 지금 금강장보살에게 윤회를 끊고 나서 알아야 될 문제들, 즉 본래 부처였는데 왜 무명이 일어났는지, 무명이 본래부터 있었다면 왜 본래부터 부처였다고 했는지, 수행을 해서 깨달음을 이룬 부처에게도 다시 무명이 일어날 수 있는 것인지에 대해서 그 질문의 어리석음을 지적하고 계신 것이다.

●

선남자야, 비유하건대 허깨비의 가림 때문에 까닭 없이 허공의 꽃을 보다가 허깨비의 가림이 없어지면 이 가림이 이미 없어졌으니, 언제 다시 허깨비의 가림이 일어나겠는가 하지 말아야 한다. 왜 그런가. 가림과 허공꽃 두 가지는 서로가 마주하지 않기 때문이니라.

善男子 譬如幻翳 妄見空華 幻翳若除 不可說言 此翳已滅 何時更起 一切諸翳 何以故 翳華二法 非相待故

허공꽃은 눈병, 즉 눈의 가림에서 나타난다. 이때 눈병이 나은 사람이 언제 다시 눈병이 생기게 되는가를 걱정하면 어리석은 것처럼 허깨비 같은 무명이 수행을 통해 제거되었을 때 언제 다시 무명이 일어날 것인가를 물어서는 안 된다.

무명의 가림 속에서 한량없이 윤회를 하던 중생이 일체를 환으로 보는 수행을 닦아 깨달음을 얻게 되면 나와 남과 세계 등의 갖가지 허망한 경계들이 사라지고 원각이 시방세계에 뚜렷이 펼쳐진다. 이때 한번 밝아진 원각은 다시는 무명이 되지 않는다. 가림과 허공꽃이 서로 마주하지 않는다 할 때 가림이란 무명을 가리키고, 허공꽃은 무명에 의해 인식되는 우리의 몸과 마음을 가리킨다. 이 둘이 서로 마주하지 않는다는 것은, 몸과 마음은 무명으로 인하여 생기고 무명은 몸과 마음으로 인하여 다시 지어지지만 무명과 더불어 몸과 마음이 실체가 없기 때문에 상대적으로 존재하지 않는다는 의미이다.

●

또 허공꽃이 허공에서 사라졌을 때 허공에서 언제 다시 허공꽃이 생기겠는가 하지 말아야 한다. 무슨 까닭인가. 허공에는 본래 꽃이 없어서 일어나거나 멸하지 않기 때문이니라. 생사와 열반도 그와 같이 일어났다 멸했다 하지만 묘(妙)한 깨달음이 두루 비치는 데는 꽃도 허깨비의 가림도 여의었느니라.

亦如空華 滅於空時 不可說言 虛空何時 更起空華 何以故 空本無華 非起滅故 生死涅槃 同於起滅 妙覺圓照 離於華翳

원각 속에서는 무명이 무명 아니다. 무명의 정체는 본래 공한 것이어서 있는 것 같지만 허깨비 성품이므로 생기되 생긴 바 없고, 멸하되 멸한 바 없다. 앞의 「보현보살장」에서 자기와 세상이 벌어지게 된 원인이 무명으로부터 비롯되었고, 그 무명은 다시 진여인 원각으로부터 일어났다고 했다. 그리고 이때의 원각으로부터 일어났다는 무명은 실재가 아니기 때문에 일어났다 할지라도 일어난 것이 아니라고 말했다. 깨치지 못한 중생의 차원에서는 원각에서 무명이 일어나 나와 세계가 있게 되었고, 여기에서 생사를 비롯한 갖가지 괴로움이 일어난 것으로 볼 수 있겠지만, 참되고 항상한 원각의 측면에서는 무명이 일어났다 하더라도 그 무명이 허깨비이기 때문에 일어난 바가 없다. 그렇다면 본래 부처인 원각에서 무명이 일어났다는 질문은 성립이 안 된다고 할 수 있다.

수행적 입장으로 본다면 이는 결국 무명이 있다고 보고 끊었는데 끊고 보니 끊을 무명이 본래 없었다는 말이기도 하다.

수행자가 직접 관행을 닦아 들어가다 보면 이와 같은 말씀이 조금도 거짓이 아님을 알게 된다. 일념으로 자꾸 자신의 일고 꺼지는 마음을 들여다보는 공부를 지속적으로 하다 보면, 어느 때인가 일어나는 마음이 일어난 것이 아니고 사라진 마음이 사라진 것이 아니라는 것을 알게 된다. 그리고 이 같은 상태가 자꾸 확대되어 종국에 이르게 되면 일어나고 사라지는 그 마음 그대로가 원각 그 자체라는 것을 깨닫게 되면서 비로소 끊어야 될 무명이 본래 있지 않았음을 알게 된다. 우리에게 부처님께서 무명을 끊으라는 것은 무명이 무명 아님을 바로 보라는 뜻이었지, 무명을 실체화시켜 놓고 끊으라고 한 것이 아니다. 중생이 본래부터 부처라고 말할 수 있는 것은 중생들이 일으키고 있는 무명 자체가 참으로 공하여 있는 것이 아니기 때문이다.

따라서 금강장보살이 왜 본래 밝아 있는 원각의 자리에서 무명이 일어나게 되었느냐 하는 물음은 성립되지 않을 수밖에 없는 것이다. 무명과 원각이 결코 다른 경계가 아닌데 원각이 먼저 있었고 그 후에 무명이 일어났다는 선후(先後) 개념과 무명과 원각을 실체화시키는 유견(有見)을 가지고 있었으므로 본래 부처가 왜 중생이 되었느냐는 질문을 하게 된 것이다.

이는 생사니 열반이니 하는 것에 있어서도 마찬가지이다. 생사와 열반은 무명이 실재한다는 가정 하에 나온 말이다. 생사와 열반은 서로 대립하고 있고 이 둘은 무명의 있고 없음에 따라 갈라진다. 그런데 이와 같은 생사와 열반의 근거가 되는 무명 자체가 참으로 있지 않다면 생사 또한 생사 아니고, 열반 또한 열반이 아니다. 무명이 허깨비 같다는 말은 생사와 열반이 허깨비 같다는 말이고, 그 말은 결국 중생이 본래부터 부처이듯 생사와 열반이 곧 부처라는 말이다. 수행하는 사람들은 이 말의 뜻을 잘 파악해야만 한다.

●

선남자야, 잘 알아라. 허공은 잠시 있는 것도 아니며 잠시 없는 것도 아닌데, 어찌 여래의 원각이 수순하여서 허공의 평등한 근본 성품이 되어 주는 터이겠느냐.

善男子 當知虛空 非是暫有 亦非暫無 況復如來 圓覺隨順 而爲虛空 平等本性

경전에서는 부처님의 깨달은 경지를 허공에 자주 비유해서 설명한다. 허공은 있다고도 할 수 없고 없다고도 할 수 없다. 허공은 텅 빈 가운데 세상에 가득 차 있고 한 물건도 지니지 않으면서도 만물을 다 포함하고 있다. 허공은 생기는 법도 없고 무너지는 법도 없이 항상 고요한 가운데 누구에게나 평등하다. 허공은 한 개인의 소유가 될 수 없지만 누구든지 마음껏 누릴 수가 있다. 허공은 잡을 수도 없고 버릴 수도 없으며 물들일 수도 없고 더럽힐 수도 없다. 또한 허공은 움직이지 않으면서도 움직이는 모든 만물들을 방해하지 않을 뿐만 아니라 바탕이 되어 준다.

원각의 성품도 이와 같아서 있는가 하면 없고, 없는가 하면 있으며, 고요한가 싶으면 움직이고, 움직이는가 싶으면 고요하다.

『금강경』에 '묘행무주(妙行無住)'라는 말이 있는데, 이는 깨달은 보살의 삶이라는 것은 참으로 묘해서 어디에도 머무름이 있거나 고정화되어 있지 않다는 뜻이다. 마치 고요한 허공에서 때로 번개가 치는가 하면 비가 내리고 태풍이 불듯 자취 없는 원각의 마음은 때에 따라 갖가지 행상(行相) 짓기를 쉬지 않는다.

'원각이 수순하여서 허공의 평등한 근본 성품이 되어 준다.'는 것은 앞 「보안보살장」의 '끝없는 허공이 깨달음에서 나타난 바[無邊虛空 覺所顯發]'라는 말씀과 같은 것으로, 텅 비어서 평등한 허공조차도 원각이 근본이 되어 중생 세계에 나타나게 되었다는 뜻이다. 이는 자아와 세계 그리고 이들을 싸안고 있는 허공이 모두 원각에 의해서 비추어진 그림자라는 말로, 원각 가운데서는 온갖 것들이 평등해서 아무런 차별이 없다는 것을 말하는 것이다.

●

선남자야, 비유하건대 금광을 녹이면 금광을 녹임으로써 금이 생기는 것이 아니며, 일단 금이 된 뒤에는 다시 광물[鑛]이 되지 않고, 끝없는 세월이 지나도 금의 본래 성품은 무너지지 않나니, 본래부터 성취된 것이 아니라고 말할 수 없느니라. 여래의 원각도 또한 이와 같으니라.

善男子 如銷金鑛 金非銷有 旣已成金 不重爲鑛 經無窮時 金性不壞 不應說言 本非成就 如來圓覺 亦復如是

이는 금강장보살이 질문한 내용 가운데 세 번째인 '부처는 언제쯤 다시 온갖 번뇌를 일으킬 것인가.'에 대한 답변이다.

금은 광물(鑛物)을 녹여서 만들지만 광물 속에 본래부터 있었다. 이러한 금은 일단 광물을 녹여서 나오게 되면 더 이상 변하지 않고 다시는 광물이 되지 않는다. 마찬가지로 원각도 중생 누구에게나 갖추어져 있는 본래 성품으로 수행에 의해서 깨달아지면 무명과 번뇌를 일으키지 않는다.

광석이 제련을 해서 금으로 변하는 것이 아니고 원래 있던 금이 제련을 통해 제 모습을 나타냈듯, 중생이 수행을 해서 부처로 바뀐 것이 아니라 원래 부처였던 것을 수행으로 깨달은 것이므로 '본래부터 성취된 것이 아니라고 말할 수 없느니라.' 하신 것이다.

●

선남자야, 모든 여래의 묘한 원각의 마음은 본래 보리와 열반도 없으며, 부처를 이루거나 이루지 못함도 없으며, 망령되게 윤회함과 윤회하지 않음도 없느니라.

善男子 一切如來 妙圓覺心 本無菩提 及與涅槃 亦無成佛 及 不成佛 無妄輪廻 及非輪廻

모든 부처님이 누리는 바이며, 동시에 모든 중생이 원래부터 갖추고 있는 원각의 마음은 이렇게 본래부터 부처이기 때문에 무명에 의해서 덮였지만 실제로 덮여 있는 것이 아니고, 수행을 해서 깨달았어도 새삼 없던 것이 생겨난 것이 아니다. 원각이 무엇인지 알지 못하는 상태에서는 바른길과 그른 길, 부처의 경지와 중생의 경지, 속박과 해탈, 윤회와 열반 등의 갖가지 차별과 말들이 뒤따르지만, 원각이 무엇인지 바로 알게 되면 이러한 구분들은 전부 무의미하게 된다. 원각의 경지에서는 모든 중생이 번뇌 속에 빠져 있어도 빠져 있는 것이 아니고, 업을 따라 돌아도 도는 것이 아니다. 거기에는 깨달은 자와 깨닫지 못한 자가 나뉘어 있지 않고 윤회하는 자와 윤회로부터 벗어난 자가 따로 있지 않다. 엄밀히 말한다면 이 경에서 부처님이 일체는 헛되고 망령된 허깨비와 같은 존재라고 말씀하셨어도 실상에 있어서는 헛될 것도 없고 망령될 것도 없다.

●

선남자야, 성문(聲聞)들의 뚜렷한 경계로서 몸과 마음과 말이 모두 다 끊어졌다 하더라도 그를 친히 증득해서 나타난 열반은 끝내 미칠 수 없거늘, 어찌 사유가 있는 마음으로 여래의 원각의 경계를 헤아리겠느냐. 마치 반딧불로써 수미산을 태우려면 끝내 될 수 없는 것같이, 윤회의 마음으로 윤회의 소견을 지어서 여래의 큰 적멸의 바다에 든다면 끝내 이를 수 없느니라. 그러므로 나는 말하기를 모든 보살과 말세의 중생들이 먼저 끝없이 오랜 윤회의 근본을 끊어야 된다 하느니라.

善男子 但諸聲聞 所圓境界 身心語言 皆悉斷滅 終不能至彼之
親證 所現涅槃 何況能以有思惟心 測度如來圓覺境界 如取螢
火燒須彌山 終不能著 以輪廻心 生輪廻見 入於如來大寂滅海
終不能至 是故 我說一切菩薩及末世衆生 先斷無始輪廻根本

성문이란 부처님의 음성을 듣고 법을 깨달은 성자로 소승 수행의 최고봉인 아라한(阿羅漢)을 지칭하는 말이다. 아라한은 삼계를 벗어나 능히 모든 중생들로부터 공양받을 수 있는 자격을 갖추었으므로 응공(應供)이라고 하는데, 마음 가운데에 일체 번뇌를 끊어 적멸을 이루고 탐냄과 성냄과 어리석음인 삼독을 완전히 정화하여 다시는 세상에 태어나지 않는 불생불멸의 경지를 이룬 성자이다.

아라한이 되기 전 수다원(須陀洹) 경지만 얻어도 밖을 향해 구하는 마음이 끊어지고 어떤 경계가 눈앞에 펼쳐진다 하더라도 유혹을 받거나 흔들리는 마음이 없으므로 천왕들조차도 공경한다고 했고, 그 평화로움과 기쁨이 어디에도 비교할 바가 없어 천상의 행복과도 바꾸지 않는다고 했으니, 그 경지가 어떠한 것인지는 가히 짐작할 수 있다. 아라한의 지혜가 얼마나 예리한지 자신의 몸과 마음에서 일어나는 모든 현상을 완전히 파악하되 온종일 가운데 털끝만한 망상 하나도 일으키지 않는다. 이렇게 번뇌를 다 파괴하여 온갖 생각과 분별을 여읜 아라한의 지혜에 의해서도 원각의 열반 자리는 가늠하기가 어려운데, 어찌 흘러 돌기를 쉬지 않는 마음으로 원각의 경지를 알 수 있겠는가. 반딧불로 세상에서 제일 높은 수미산을 태우려는 어리석음이다.

●

선남자야, 조작하는 사유는 유위의 마음에서 일어났으니, 모두가 여섯 티끌의 망상 기운일지언정 참된 마음의 바탕은 아니니라. 이미 허공꽃 같은 것인데 이러한 사유로써 부처의 경계를 헤아리면 마치 허공꽃이 다시 허공의 열매를 맺는 것 같아서 더욱 망상이 될 뿐이요, 옳지 못하느니라. 선남자야, 허망하고 들뜬 마음이 여러 가지로 교묘하여 잔꾀가 많으나 원각의 방편은 되지 못하나니, 이러한 분별은 올바른 물음이 될 수 없느니라.

그때 세존께서 이 뜻을 거듭 펴시기 위해 게송으로 말씀하셨다.

금강장이여, 그때는 마땅히 알라.
여래의 적멸(寂滅)한 참된 성품은
시작도 마침도 일찍이 없나니
만일 저 윤회하는 마음으로써
따지고 사유하면 그대로 뒤바뀌어서
윤회의 테두리에 들 뿐이라
부처의 바다에는 들지 못하리.
비유하면 금광을 녹임과 같이
금은 녹임으로써 있지 않도다.
금은 본래부터 금이었지만
녹임으로써 이루어져서
일단 순금이 되고 나면
다시는 광석이 되지 않는다.
생사, 열반, 범부와 모든 부처가
동일하게 허공꽃의 모습과 같다.
생각하는 것 자체가 허깨비 같거늘
하물며 허망하게 따지겠는가.
만일에 이런 마음 바로 안다면
비로소 원각을 구하게 되리라.

善男子 有作思惟 從有心起 皆是六塵 妄想緣氣 非實心體 已
如空華 用此思惟 辨於佛境 猶如空華 復結空果 展轉妄想 無

有是處 善男子 虛妄浮心 多諸巧見 不能成就 圓覺方便 如是
分別 非爲正問
爾時 世尊 欲重宣此義 而說偈言

金剛藏當知	如來寂滅性
未曾有終始	若以輪廻心
思惟卽旋復	但至輪廻際
不能入佛海	譬如銷金鑛
金非銷故有	雖復本來金
終以銷成就	一成眞金體
不復重爲鑛	生死與涅槃
凡夫及諸佛	同爲空華相
思惟猶幻化	何況詰虛妄
若能了此心	然後求圓覺

앞서 말한 것처럼 중생의 마음은 밖의 육진과 안의 육근이 서로 부
딪쳐 발생한 허망한 존재이다. 색·성·향·미·촉·법의 여섯 티
끌에 의해 일어나는 망령된 중생의 마음은 항상 짓고 허물기를 거듭
한다. 조작하는 사유란 이와 같은 망령된 마음으로 일으키는 갖가지
수행에 대한 생각들이다. 원각은 깨달아 아는 경계이지 따지고 분별
해서 아는 자리가 아니다. 번뇌는 번뇌를 낳고 망상은 망상을 낳는
다. 윤회를 끊지 않고 일으키는 모든 들뜬 마음은 부처님 법문을 들어
도 버릇대로 따져서 알려고 한다.

윤회의 근본이 되는 허망한 마음을 끊으려고 하지 않고, 그 허망한
마음으로 허망을 떠난 진여의 본성 자리를 알려고 하면 그 본성마저

윤회의 바퀴 속에 돌게 하는 업을 짓게 된다.

수행자들 중에 지해종사(知解宗師)라는 것이 있는데, 이는 수행을 통한 깨달음으로 중생들을 가르치는 것이 아니라 따지고 분별하는 지식으로 중생들을 가르치는 스승을 말하는 것으로, 입으로는 깨달음을 말하지만 그 마음은 윤회를 떠나지 못한 채 갖가지 교묘하게 머리를 굴려 법을 설하기 때문에 그렇게 부른다.

아무리 금구옥언(金句玉言)과 같은 부처님의 말씀도 귀를 통해 들었으므로 티끌의 영역을 벗어나지 못한다. 듣고 아는 것, 따져서 아는 것은 모두 분별 망상이요, 허깨비니 이런 소견이나 방법으로 수행을 삼으면 큰 병이 되는 것이다.

6

미륵보살장(彌勒菩薩章)

미륵보살장(彌勒菩薩章)

이때 미륵보살이 대중 가운데 있다가 얼른 자리에서 일어나 부처님의 발에 이마를 대 절하고, 오른쪽으로 세 번 돌고 무릎을 세워 꿇고 손을 모으고 부처님께 사뢰었다.

"대비하신 세존이시여, 보살들에게 널리 비밀장을 보여 주시어 저 대중들이 윤회의 이치를 깊이 깨달아 사(邪)와 정(正)을 분별하게 하시고, 능히 말세의 일체 중생들에게 두려움이 없는 도안(道眼)을 보여 주시어 큰 열반에 대해 결정된 믿음으로 다시는 윤회의 경계를 따라 헤매는 소견을 일으키지 않게 하셨나이다. 세존이시여, 보살들이나 말세의 중생들이 여래의 큰 적멸의 바다에 노닐고자 하면 어떻게 해야 윤회의 뿌리를 끊을 수 있겠습니까? 그리고 윤회에는 몇 가지 성품이 있으며, 부처님의 깨달음을 닦는 데는 몇 가지 차별이 있고, 다시 번뇌의 세계에 들어

가자면 어떠한 교화 방편을 베풀어서 중생들을 제도해야 되나
이까? 바라옵건대 세상을 건지시는 큰 자비를 버리지 마시옵고,
수행하는 일체 보살들과 말세의 중생들로 하여금 지혜의 눈이
맑아지고 마음의 거울이 밝아져서 여래의 위없는 지견을 뚜렷
이 깨닫게 하여 주옵소서."
이렇게 말하고는 몸의 다섯 활개를 땅에 던져 세 번이나 청하여
마치고 다시 시작하려 하였다.

於是 彌勒菩薩 在大衆中 卽從座起 頂禮佛足 右繞三匝 長跪
叉手 而白佛言 大悲世尊 廣爲菩薩 開秘密藏 令諸大衆 深悟
輪廻 分別邪正 能示末世一切衆生 無畏道眼 於大涅槃 生決
定信 無復重隨輪廻境界 起循環見 世尊 若諸菩薩 及末世衆
生 欲遊如來 大寂滅海 云何當斷輪廻根本 於諸輪廻 有幾種
性 修佛菩提 幾等差別 廻入塵勞 當設幾種教化方便 度諸衆
生 惟願不捨 救世大悲 令諸修行 一切菩薩 及末世衆生 慧目
肅淸 照曜心鏡 圓悟如來 無上知見 作是語已 五體投地 如是
三請 終而復始

미륵보살은 미래 세상에 부처가 되어 중생을 제도한다는 미래불이
다. 미륵이란 자비와 평등을 뜻하는 말로 자씨(慈氏)라는 뜻으로 해
석하여 자씨보살이라고도 한다. 석가모니 부처님의 뒤를 이어 깨달
음을 이루고 석가모니 부처님이 제도하지 못한 미래의 중생들을 모두
제도한다는 희망의 보살이다.
　하지만 이 『원각경』에서는 미륵을 객관적 대상으로 보지 않는다.

『원각경』에서는 미륵보살이 때를 기다렸다가 나타나는 미래의 보살이 아닌, 누구든지 원각을 밝히기만 하면 즉시에 나타나는 지금 여기의 보살이다. 그러므로 이 보살은 중생 마음 가운데 들어 있는 원각의 구원성(久遠性)을 상징화시킨 보살이라 할 수 있다.

●

그때 세존께서 미륵보살에게 말씀하셨다.

"좋은 말이다. 좋은 말이다. 선남자야, 그대들은 지금 여러 보살들과 말세의 중생을 위해서 여래의 깊고 비밀하며 미묘한 이치를 물어서 보살들로 하여금 지혜의 눈이 밝아지게 하고, 말세의 일체 중생들이 영원히 윤회를 끊고 마음으로 실상을 깨달아 무생법인을 얻도록 하니, 그대들은 들으라. 마땅히 그대들을 위해 말해 주리라."

이때 미륵보살이 분부를 받들어 기뻐하면서 대중들과 함께 조용히 귀를 기울였다.

爾時 世尊 告彌勒菩薩言 善哉善哉 善男子 汝等 乃能爲諸菩薩 及末世衆生 請問如來 深奧秘密微妙之義 令諸菩薩 潔淸慧目 及令一切末世衆生 永斷輪廻 心悟實相 具無生忍 汝今諦聽 當爲汝說 時 彌勒菩薩 奉敎歡喜 及諸大衆 默然而聽

앞서 부처님께서는 금강장보살에게 원각을 알리면 윤회를 끊는 일이 급선무라고 하셨다. 윤회는 무명이 작용한 것이다. 따라서 윤회를 끊는다는 것은 무명을 끊는다는 것과 같다. 이제 미륵보살은 부처님께 중생을 대신하여 이에 대한 질문을 했는데, 그 내용은 네 가지다.

첫째, 윤회의 근본은 무엇인가, 둘째, 윤회에는 몇 가지의 성질이 있는가, 셋째, 수행에 들어가는 데에는 몇 가지 차별이 있는가, 넷째, 불보살은 어떠한 방편으로 중생을 제도하는가이다.

이에 대해 부처님은 미륵보살이 윤회의 근본을 자세히 물어 중생들로 하여금 지혜의 눈을 뜨게 하고 실상을 깨닫게 하여 생사가 없는 무생법인(無生法忍)을 이루게 하려는 것을 찬탄하신다.

●

선남자야, 일체 중생이 예로부터 갖가지 은애(恩愛)와 탐욕이 있는 까닭에 윤회가 있게 되었느니라. 모든 세계의 온갖 종류인 알에서 낳는 것, 태에서 낳는 것, 습기에서 낳는 것, 변화해서 낳는 것들이 모두가 음욕에 의하여 목숨을 유지하나니, 윤회는 탐욕이 근본이니라.

善男子 一切衆生 從無始際 由有種種恩愛貪欲 故有輪廻 若諸世界 一切種性 卵生 胎生 濕生 化生 皆因淫欲 而正性命 當知輪廻 愛爲根本

먼저 부처님은 윤회의 원인은 탐욕에 있음을 밝히시고, 그 탐욕 가운데에서도 가장 중심이 되는 것은 음욕이 된다고 하셨다. 즉 모든 생명 현상들, 알에서 태어나는 난생이나, 태에서 태어나는 태생이나, 물에서 태어나는 습생이나, 변화되어 태어나는 화생 등은 전부 음욕에 의존하여 이 세상에 태어나고 그 생명을 존속시키게 되는데 그 원인이 음욕에 있다는 것이다. 음욕이란 수컷은 암컷을 그리워하고 암컷은 수컷을 그리워하는 마음이다. 인간이든 짐승이든 귀신이든 존

재하는 모든 중생은 한결같이 이성(異性)을 탐착하면서 음행을 하고
그 음행으로 말미암아 생명이 잉태되어 생사를 받게 되는 것이다.

●

갖가지 탐욕이 있기 때문에 갈애(渴愛)의 성품이 나도록 돕나니,
그러므로 생사가 상속하여 끊이지 않느니라. 탐욕은 갈애로 인
하여 생기고, 목숨은 탐욕으로 인하여 있는데 중생이 목숨을 사
랑하는 것이 다시 탐욕에 의지하나니, 애욕은 원인이요, 목숨을
사랑함은 결과니라.

由有諸欲 助發愛性 是故 能令生死相續 欲因愛生 命因欲有
衆生愛命 還依欲本 愛欲爲因 愛命爲果

음욕을 비롯한 갖가지 탐내는 욕심들은 마치 목마른 사람이 물을
구하듯 대상을 향해 좇아가는 성질을 지니고 있다. 즉 탐욕은 밖을
향해 끝없이 추구하는 마음이다. 이렇게 중생이 탐욕을 일으키는 것
은 근본적으로 자신의 목숨을 사랑하기 때문이다.

탐욕으로 인해 생긴 중생의 목숨은 다시 탐욕을 좇게 되고 그 탐욕
은 다시 원인이 되어 중생의 목숨을 계속되게 한다. 마치 나무가 뿌
리에 의해서 잎과 가지가 생기면 그 잎과 가지는 다시 뿌리를 더욱 깊
고 강하게 만드는 것과도 같다.

이렇게 불가분리(不可分離)의 관계에 있는 탐욕과 목숨은 모두 내가
실재한다는 근원적 어리석음, 즉 무명 때문인데, 몸과 마음인 목숨은
본래 내가 아니건만 중생은 목숨이 곧 나라는 굳은 착각으로 인해 목
숨을 사랑하게 되고, 그 목숨을 지속시키기 위해 음욕을 비롯한 갖가

지 탐욕을 일으켜 끝없는 윤회를 있게 한다. 그러므로 수행을 해서 원각을 깨달았다는 것은 무명과 애욕과 탐욕을 모두 깨뜨린 것이고, 결과적으로 나고 죽는 목숨에 매달리는 마음이 모두 사라진 것이다.

●

탐욕의 경계로 말미암아 갖가지 거스름과 따르는 마음을 일으키게 되니, 경계가 애착을 등지면 미워하고 싫어함을 일으켜 갖가지 업을 지어 지옥이나 아귀에 태어나며, 탐욕은 싫어해야 될 것임을 알고 업을 싫어하고 도를 다시 좋아하여 악을 버리고 선을 좇으면 하늘이나 인간에 나타나느니라.

由於欲境 起諸違順 境背愛心 而生憎嫉 造種種業 是故 復生地獄餓鬼 知欲可厭 愛厭業道 捨惡樂善 復現天人

탐욕은 무명을 토대로 하여 발생하고, 바깥 대상들에 대하여 순역경계를 만든다. 순역경계란 따름과 거스름으로 탐욕대로 이루어져 즐거운 것은 순경계가 되고, 탐욕이 이루어지지 않아 괴로운 것은 역경계가 된다. 중생은 항상 순경계를 좇고 역경계를 싫어하면서 갖가지 업을 짓는다. 중생은 역경계와 순경계 속에서 춤을 추는 무명의 꼭두각시다.

중생에게 탐욕이 없다면 좋고 나쁠 것이 있을 수 없고 갖가지 업을 지을 리 없다. 중생의 삶이란 한시도 탐욕과 순역경계 아닌 것 없이 돌아간다. 탐욕과 순역경계는 어디에나 따라붙는데, 이 가운데 가장 강하게 따라붙는 것이 자신의 몸이다. 중생은 자신의 몸이 세상에 오래 머물기를 원하면서 건강하고 아름다운 모습은 사랑하고 병들고 추해지는 모습은 미워한다.

탐욕과 순역경계는 부모 자식, 남편 아내 등의 인연사에는 물론 매 한 끼 먹는 음식에도 들어 있고, 한 번 걸치는 옷가지 속에도 들어 있다. 순경계를 좇고 역경계를 싫어하는 마음속에서 중생은 기쁨, 슬픔, 원망, 성냄, 질투, 거만 등의 온갖 감정을 일으키고, 때로는 살생하고 도적질하고 음행하고 거짓을 행하는 등의 악업을 짓는다. 이러한 중생은 미래의 생을 받을 때 지옥이나 아귀의 세계에 태어나 괴로움을 받게 되고, 다행히 탐욕과 순역경계가 그릇된 것임을 알아 보시를 행하고 계를 지키는 등의 착한 행을 지은 중생은 하늘이나 인간 세계에 태어나 복을 받게 된다.

●

또 모든 애착이란 싫어해야 될 것임을 알아서 애착을 버린다 할지라도 그 버리는 것을 좋아하게 되면 도리어 탐욕의 근본을 도와 착한 과보는 늘어나지만 역시 유위의 경계라, 모두가 윤회인 까닭에 거룩한 도를 이루지 못하느니라. 그러므로 중생들이 생사를 벗어나서 윤회를 면하고자 하면 먼저 탐욕을 끊고 갈애를 제거해야 되느니라.

又知諸愛　可厭惡故　棄愛樂捨　還滋愛本　復現有爲增上善果
皆輪廻故　不成聖道　是故　衆生　欲脫生死　免諸輪廻　先斷貪欲
及除渴愛

이는 지옥은 물론 인간이나 하늘 세계에 태어나는 것조차도 싫어하여 애착을 버리는 행을 닦는 수행자를 두고 하는 말이다. 순역경계에 대한 애착을 버리게 되면 사랑과 미움이 일어나지 않는다. 사랑과 미움이 일어나지 않으면 지옥이든 천상이든 더 이상 태어나지 않고 윤회로부터 벗어나게 된다. 그런데 수행자가 사랑과 미움에 대한 애착을 버리고 순경계와 역경계를 극복한 것까지는 훌륭했으나 애착을 버리는 행위와 버린 경지를 좋아하게 되면, 그것이 또 다른 탐욕이 되어 거룩한 부처의 경지는 얻지 못한다. 다만 유위의 세계 가운데 가장 높고 즐거운 곳에 태어나게 된다.

이때의 높고 즐거운 곳이라 함은 깨달음을 이루지 못한 중생으로서 도달할 수 있는 최고의 경지인 무소유처정(無所有處定)이나 비상비비상처정(非想非非想處定)만이 아닌 성문이나 연각과 같은 소승의 깨달은 경지를 말한다.

이 같은 설명은 금강장보살이 부처님께 질문한 내용 중 윤회의 원인과 윤회의 종류에 대해 밝힌 것이다. 윤회의 원인은 애욕과 탐욕이고 윤회의 종류로 몇 가지만을 열거했지만 실제로 그 수효는 한량없이 많다.

우리가 부처님께 귀의하여 수행을 하는 것은 마음 가운데 음욕과 탐욕과 애착을 끊어 생사윤회로부터 벗어나기 위해서이다. 윤회라는 것은 죽은 후 또는 멀리 있는 것이 아니다. 지금 중생이 살아가고 있는 이 순간순간이 곧 윤회인 것이다. 숨 한 번 들이고 내쉬는 가운데에도 한 생각 일으키고 지우는 가운데에도 윤회는 존재한다. 한 생각이 고통스럽거나 만족스럽지 못할 때 지옥과 아귀와 축생의 길이 열리고 한 생각이 즐겁거나 기쁠 때 인간과 천상의 길이 열린다. 그러므로 미래 생의 윤회를 떠나려면 바로 현재의 윤회를 떠나야 되고, 그렇게 하기 위해서는 마음 가운데 탐욕과 애착을 끊어야 하는 것이다.

●

선남자야, 보살이 변화해서 세간에 나타나는 것은 애욕으로 근본을 삼은 것이 아니라, 오직 자비한 마음으로 저들의 애착을 버리게 하기 위하여 거짓으로 탐욕을 부리는 것처럼 생사 속에 들어가는 것이니라. 만일 말세의 중생들이 온갖 탐욕과 함께 미움과 사랑을 모두 버리고 윤회를 영원히 끊어 여래의 원각의 경계를 힘써 구한다면 청정한 마음이 곧 열리니라.

善男子 菩薩變化 示現世間 非爲愛本 但以慈悲 令彼捨愛 假諸貪欲 而入生死 若諸末世 一切衆生 能捨諸欲 及除憎愛 永斷輪廻 勤求如來圓覺境界 於淸淨心 便得開悟

중생들과는 달리 부처님과 보살은 이 세상에 어떠한 원리를 지니고 나타나는가 하는 물음에 대한 대답이다. 생명이 이 세상에 태어나는 것은 두 가지 힘에 의해서이다. 하나는 업의 힘에 의한 방법이고, 또 하나는 원의 힘에 의한 방법이다. 업의 힘에 의한 방법은 무명과 탐욕에 의해 일으킨 업이 힘이 되어 세상에 끌려와 태어나는 것이고, 원력에 의한 방법은 지혜와 자비에 의해 일으킨 원이 힘이 되어 이 세상에 마음대로 태어나는 것이다.

업력 중생은 무명과 애욕을 재료로 하여 이 세상에 오기 때문에 어둡고 괴롭고 부자유하다. 살고 죽고 하는 것이 자기 뜻대로 되지 않고 모두 전생의 업과 현생의 업에 이끌려 다닌다.

그러나 불보살은 중생을 크게 불쌍히 여기는 대자대비로 말미암아 청정한 원각의 경지에서 일부러 몸을 받아 나고 죽음을 보이고, 그 가운데서 일으키지 않아도 될 탐욕을 짐짓 일으키는 것처럼 하여 여러 가지 방편으로 중생들을 제도한다. 원력은 부처님의 깨달음인 원각 속에 들어 있는, 중생을 가엾이 여기고 구제하려는 크나큰 힘이다. 이것을 본원(本願)이라고 하는데, 이는 중생을 깨닫게 하고 제도하겠다고 일으켜 생긴 원이 아닌, 본래부터 원각 속에 저절로 갖추어져 있는 원이다.

부처님의 가르침 속에 들어오면 불자로서 갖추어야 될 여러 가지 조건 가운데 빼놓을 수 없는 것 하나가 부처님 앞에서 원력을 세우는 일이다. 나도 부처님처럼 무명과 번뇌를 끊고 윤회의 고리로부터 벗어나 원각을 성취하고 고통 받는 일체 중생을 다 구제하겠다는 다짐이다. 이러한 원을 발원(發願)이라고 하는데, 중생은 이 같은 발원을 통하여 원각 속에 들어 있는 불보살의 본원을 성취하게 된다. 발원이 일부러 마음을 일으켜 중생을 구제하겠다는 원이라면, 본원은 그런 마음을 일부러 일으키지 않아도 본래부터 마음 가운데 감추어져 있는 원이다. 불보살이 이 세상에 나타나는 것은 이와 같은 본원과 발원의 힘이라고 볼 수 있으며, 본원은 발원으로 성취되고 발원은 본원으로 완성되니 본원과 발원은 차별이 없다.

중생처럼 업에 의하여 어쩔 수 없이 받아야만 되는 생사를 분단생사(分段生死)라 하고, 받지 않아도 될 생사를 일부러 중생을 위해 받는 보살의 생사를 변역생사(變易生死)라 한다. 본래 원각의 경지 속에는 중생이 받아야 될 분단생사와 보살이 받아야 될 변역생사가 끊어져 고요하지만 보살은 생사를 생사로 보지 않기 때문에 변역생사의 몸을 받아 중생을 교화하는 것이다.

●

선남자야, 모든 중생이 본래의 탐욕 때문에 무명을 일으켜서 다
섯 가지 부류가 차별되어 같지 않은 현상이 나타나고, 두 가지
장애로 인하여 깊고 얕음이 나타났으니, 어떤 것이 두 가지 장
애인가.

첫째는 이장(理障)으로 바른 지견을 가리고, 둘째는 사장(事障)
으로 모든 나고 죽음을 이어가게 하느니라.

善男子 一切衆生 由本貪欲 發揮無明 顯出五性差別不等 依
二種障 而現深淺 云何二障 一者理障 碍正知見 二者事障 續
諸生死

이 부분은 수행하는 중생들의 부류와 그 원인이 무엇인지에 대한
부처님의 답변이다.

뚜렷이 밝아 있는 원각의 성품에는 모든 차별이 사라져 높고 낮음
도 없고, 지혜롭고 어리석음도 없으며, 외도도 정도도 없다. 하지만
이 이치를 깨치지 못한 중생은 무명에서 일으킨 갖가지 음욕과 탐욕
으로 인해 여러 가지 기질을 갖추게 되는데 그것이 오성(五性), 즉 다
섯 부류의 기질이다.

오성은 범부성(凡夫性), 이승성(二乘性), 보살성(菩薩性), 부정성(不
定性), 외도성(外道性)으로, 범부성은 무명 번뇌에 휩싸여 윤회 속에
헤매는 부류를 말하고, 이승성은 수행을 하면 성문과 연각을 이루게
될 부류를 말하고, 보살성은 보살이 될 부류를 말한다. 부정성은 성
문이 될지 연각이 될지 보살이 될지 아직 정할 수 없는 부류를 말하

고, 외도성은 애써 수행을 해도 올바른 수행이 빗나가 외도가 되는 부류를 말한다. 그리고 이 같은 오성은 두 가지 장애인 이장(理障)과 사장(事障)의 차이에 따라 깊고 얕음, 즉 높은 차원의 깨달음이나 낮은 차원의 깨달음을 이룬다.

이장과 사장은 마치 밝은 태양을 구름이 가리듯 중생 스스로에게 갖추어진 밝은 원각의 마음을 덮고 있는 장애물로 근본무명을 두 부분으로 나눈 것이다. 이장과 사장을 번뇌장(煩惱障)과 소지장(所知障), 혹은 내장(內障)과 외장(外障)으로 표현하기도 하는데, 이 둘 가운데 이장은 근본무명으로 자신과 세계의 참모습을 꿰뚫어 알지 못하는 근원적인 어리석음이고, 사장은 지엽무명으로 갖가지로 삶을 방해하고 뒤틀리게 하는 수많은 번뇌들이다.

●

어떤 것이 다섯 가지 부류인가. 선남자야, 만약 이 두 가지 장애를 끊어 없애지 않으면 아직 부처를 이루지 못했다 이름하느니라. 중생들이 영원히 탐욕을 버려 먼저 사장은 없앴으나 이장을 끊지 못하면 다만 성문(聲聞)이나 연각(緣覺)의 경지는 깨달을지언정 보살의 경계에 머물지는 못하느니라.

선남자야, 말세의 일체 중생들이 크나큰 원각의 바다에 노닐고자 하면 먼저 두 가지 장애 끊기를 발원해야 되나니, 두 가지 장애를 항복시키면 곧 보살의 경계에 깨달아 들어갈 것이요, 사장과 이장을 영원히 끊어 버리면 즉시에 여래의 미묘한 원각에 들어가서 보리와 큰 열반을 만족하게 되리라.

云何五性 善男子 若此二障 未得斷滅 名未成佛 若諸衆生 永

捨貪欲 先除事障 未斷理障 但能悟入 聲聞緣覺 未能顯住菩
薩境界 善男子 若諸末世 一切衆生 欲泛如來大圓覺海 先當
發願 勤斷二障 二障己伏 卽能悟入 菩薩境界 若事理障 己永
斷滅 卽入如來微妙圓覺 滿足菩提 及大涅槃

　그러면 오성과 이장의 관계는 어떠한 것인가. 그것은 무명이 일으키는 두 가지 장애를 얼마만큼 끊었느냐의 정도에 따라 각각 다섯 가지 차별이 생겼다고 말할 수 있다.

　수행은 무명을 영원히 끊는 일이다. 무명은 이장과 사장의 두 측면을 안고 있다. 우리가 깨달았다, 성불을 했다 하는 것은 이 이장과 사장인 두 가지 장애를 완전히 극복한 것을 가리킨다.

　마음 가운데 이장과 사장의 찌꺼기를 끝까지 제거하기 전까지는 아무리 수행을 하여 깨달았다 할지라도 성불이라고 할 수 없다. 먼저 오성 가운데 범부성은 본래 부처지만 아직 깨치지 못하고 생사윤회 속에 들어 있으므로 미성불(未成佛)이라고 하고, 깨닫긴 하였으나 지엽무명인 사장만 타파하고 근본무명인 이장을 완전히 끊지 못한 것을 이승성이라 한다.

　이에 비해 보살은 사장과 이장을 완전히 조복시키고 범부와 이승을 초월하여 반드시 부처님의 지위에 들게 된다. 그러나 보살도 사장과 이장을 조복시켰을지언정 완전히 끊지는 못했으므로 아직 미묘한 원각에는 들지 못한다. 중생에게 있어 무명이라는 것은 너무도 깊고 미세하기 때문에 모두 끊어 없애기란 참으로 쉬운 일이 아니다. 마치 눈에 보이지 않는 아주 작은 암세포라도 제거하지 않으면 그 암세포가 다시 불어나서 사람의 목숨을 끊어 놓듯, 무명 가운데 들어 있는 미세한 번뇌를 하나라도 남겼다가는 생사의 수레바퀴를 면하지 못하게 된다. 그러므로 수행자는 자신이 수행을 통해 얻은 경지가 아무리 위대하다 하더라도 절대로 인정하거나 흡족해하지 말고 무명을 남김없이 소멸했는지를 철저하게 검증해야 한다.

●

선남자야, 일체 중생이 모두가 원각을 깨달을 수 있으니, 선지식을 만나 그가 했던 인지법행에 의하면 그때에 닦아 익히는 데 빠름과 더딤이 있을 것이요, 여래의 위없는 보리의 바르게 닦아 가는 길을 만나면 근기의 크고 작음을 막론하고 모두가 불과를 이루리라.

善男子　一切衆生　皆證圓覺　逢善知識　依彼所作　因地法行
爾時修習　便有頓漸　若遇如來無上菩提正修行路　根無大小
皆成佛果

이는 부정성을 설명하는 부분이다. 부정성은 스승과 선지식을 만나는 인연에 따라 그 깨달음의 경지가 결정될 수 있는 부류이다. 즉 부처님 같은 스승을 만나면 부처님처럼 되고, 성문 연각을 만나면 성문 연각처럼 되며, 보살을 만나면 보살처럼 되는 근기를 말한다. 중생은 본래부터 부처이기 때문에 원각을 깨달을 수 있는 가능성을 가지고 태어난다. 다만 올바른 법을 만나고 스승을 만나지 못함으로 인해 스스로가 부처임을 알지 못하고 무명의 어둠 속에 갇혀 괴로움을 받고 있는 것이다.

이렇게 볼 때 세상을 살아가는 데 있어서 중생이 올바른 스승을 만난다는 것이 얼마나 다행스럽고 복된 일인가를 알 수 있다. 중생들이 스승을 만나기만 하면 크나큰 공부를 이루어 생사윤회를 벗어날 수 있음에도 불구하고 세상의 삶에 빠져 스승을 찾지 않는 것이다.

사람들의 병이 헤아릴 수 없이 많지만 훌륭한 의사를 만나면 모두 다 치료가 되듯, 중생의 근기가 다양하여 오성을 나타내지만 부처님과 같은 스승을 만나고 그가 행했던 수행 방법을 따라가면 모두가 원각의 지위, 즉 불과를 이루게 된다.

올바른 스승은 중생을 제도할 때 중생의 차원을 보고 그 그릇에 따라 공부법을 일러줄 뿐만 아니라, 한편으로 그 중생의 근기가 모자랄 때에는 그 근기를 넓혀 주고 다듬어 주면서 깨달음을 이루도록 인도한다.

●

만일 중생들이 비록 착한 벗을 구하여도 삿된 견해를 지닌 자를 만나면 바른 깨달음을 얻지 못하리니, 이것은 외도의 종성이라 삿된 스승의 허물일지언정 중생의 허물은 아니니라. 이것을 중생의 다섯 가지 부류의 차별이라 하느니라.

若諸衆生 雖求善友 遇邪見者 未得正悟 是則名爲外道種性
邪師過謬 非衆生咎 是名衆生 五性差別

이는 오성 가운데 외도성을 말한다. 모든 중생이 부처님과 똑같은 원각의 성품을 지니고 있어 올바른 스승을 만나면 바른 깨달음을 얻을 수 있다. 그러나 바른 지견을 지닌 스승을 만나지 못하고 삿된 스승을 만나게 되면 그 소견이 함께 삿되어져서 외도나 사도의 무리로 전락하게 된다.

아무리 부처님의 마음자리를 지니고 있다 할지라도 인도자를 잘못 만남으로 인해 그릇된 길에 빠져 영원히 벗어나지 못하게 되는 것은 마치 참기름이 밀가루에 스며들면 그 참기름이 다시는 헤어 나올 수 없는 것과 같다.

대승불교의 아버지라 칭하는 용수보살은 『중론』에서 차라리 계율을 깨뜨릴지언정 올바른 소견을 무너뜨리지 말라면서 계율을 깨뜨리면 그 과보만큼의 고통만 받고 벗어날 수 있지만 올바른 소견을 무너뜨리면 영원히 부처를 등지고 생사 속에서 벗어나지 못하게 된다고 하였다.

외도란 본래 대승법에서는 심외구도(心外求道)를 행하는 자들을 가리키는 말로 마음 밖에서 도를 찾는 무리들이다. 그리고 혹 스스로의 마음에서 도를 찾으라고 가르치기는 하되 원각의 자리를 끝까지 드러내 주지 못하고 중간 단계에 머물러서 스스로가 가르치는 경지를 절대화시키고 고정화시키는 무리이다.

본래 중생이 외도가 되는 것은 중생의 탓이 아니다. 눈이 어두워 스승을 찾는 것이 중생이다 보니 그 스승이 참된 스승인지 그릇된 스승인지 알 수 없다. 올바른 스승인 줄 믿고 따랐지만 스승이 외도이다 보니 따라서 외도의 무리가 되는 것이다. '착한 벗'이란 선지식, 즉 스승을 가리킨다. 한때에 아난 존자가 부처님께 "사람이 올바른 벗을 만나면 이미 도의 절반을 이루었다고 해도 됩니까?" 하고 여쭙자 부처님은 "그렇지 않다. 올바른 벗을 만난 사람은 도의 절반을 이룬 것이 아니라 도의 전체를 이룬 것이나 같다."고 대답하셨다. 올바른 스승을 만나는 것이 얼마나 중요한 것인가를 알 수 있다.

●

선남자야, 보살은 오직 크나큰 자비의 방편으로 여러 세간에 들어가 깨닫지 못한 이들을 깨우쳐 주며, 나아가서 갖가지 모습을 나타내어 거스르고 따르는 경계에서 그들과 동사(同事)하여 부처를 이루도록 교화하나니, 모두가 끝없이 청정한 원력으로 말미암아 이루어지느니라.

善男子 菩薩唯以大悲方便 入諸世間 開發未悟 乃至示現 種種形相 逆順境界 與其同事 化令成佛 皆依無始 清淨願力

이는 미륵보살의 질문 가운데 맨 마지막, 보살이 번뇌의 세계에 들어가 중생들을 제도하기 위해서는 어떠한 방편을 쓰는가에 대한 답변이다. 이미 말했듯 보살은 중생을 제도하기 위하여 원력으로 몸을 나타내는 존재들이다. 보살은 크나큰 원각의 경지에 있으면서도 그 자리에 머물지 않고 생사의 바다인 중생계로 몸을 나타낸다. 받아야 될 몸이 본래 없는 줄 알면서 일부러 중생을 위하여 몸을 받고 생사가 실제로 없는 자리에서 짐짓 생사를 보인다. 중생이 부처와 보살을 볼 때에는 자신과 마찬가지로 부처와 보살에게도 몸이 있고 생사가 있다고 여긴다. 부처와 보살이 자신을 제도하기 위해서 수고로이 나타난 줄 중생들은 미처 알지 못하는 것이다.

그런데 우리는 부처와 보살의 형상을 말하면 삼십이길상(三十二吉相)과 팔십종호(八十種好)와 같은 거룩한 덕상을 지닌 모습을 떠올리게 된다. 하지만 부처와 보살이 세간에 몸을 나타낼 때에는 거룩하고 청정한 성인의 모습만 가지고 나타나는 것이 아니다. 부처와 보살이 세간에 나타나 중생을 제도할 때에는 그 나타나는 모습과 역할이 정해져 있지 않다. 부처와 보살에게는 본래 몸이 없다. 이 말은 몸이 없기 때문에 얼마든지 몸을 나타내 보일 수도 있다는 말이기도 하다. 제도할 중생의 근기에 따라 때로는 청정하게, 때로는 추악하게 나타난다. 이것을 동사(同事)라고 하는데, 제도받을 중생과 함께하면서 순경과 역경을 나타내는 일이다. 즉 유마 거사가 중생을 제도하기 위해서 사업가를 만나면 사업을 말하고, 정치인을 만나면 정치를 말하며, 스님을 만나면 법을 말해서 그들과 하나가 되는 이치이다.

『법화경』의 「관세음보살보문품」에서 관세음보살이 삼십이응신을 한다는 것도 부처와 보살이 중생을 위해 얼마만큼 다양한 모습으로 나타내 보이는가를 잘 설명해 주는 부분이다. 부처와 보살이 중생을 교화하는 데는 섭수(攝受)와 절복(折伏)의 방편을 쓴다. 섭수는 중생의 허물과 업장을 다 사랑으로 받아들여서 따뜻하게 녹여 주는 법이고, 절복은 중생의 허물과 업장을 깨뜨려 주기 위하여 무섭고 단호하게 쳐내서 항복을 받게 하는 법이다. 거룩한 얼굴을 한 불보살의 모습을 섭수라 한다면 사천왕이나 신중들의 모습은 절복이라 할 수 있다. 어진 부모가 자식을 가르칠 때 자애로운 모습으로 사랑할 때가 있는가 하면 버릇을 고치기 위해 매를 들 때도 있는 것과 같다.

그러므로 수행하는 사람은 스승으로부터 가르침을 받을 때 온화하고 자애로운 방편만을 원해서는 안 된다. 도리어 자신을 꾸짖고 때로는 모멸하는 방편을 통해서 수행의 과정으로 삼아야 한다.

●

만약 말세의 모든 중생들이 크나큰 원각에 대해 희구하는 마음을 일으켰으면 먼저 보살의 청정한 서원을 발해야 되나니, '제

가 지금 부처님의 원각에 머물러서 선지식을 구하옵는데 외도
나 이승을 만나지 않게 되어지이다.' 하고 서원에 의해 수행하
여 점차 모든 장애를 끊으면 장애는 사라지고 서원은 만족해져
서 곧 해탈의 청정한 진리의 전당에 올라가 크나큰 원각의 묘하
게 장엄된 성(城)을 증득하리라.

그때 세존께서 이 뜻을 거듭 펴시기 위해 게송으로 말씀하셨다.

미륵이여, 그대는 마땅히 알라.

온갖 중생이 큰 해탈을 얻지 못함은

모두가 다 탐욕이 원인이 되어

나고 죽음 가운데 떨어졌기 때문이다.

만약 능히 미움과 사랑을 끊고

탐냄, 성냄, 어리석음 모두 끊으며

차별된 성품에 구애치 않으면

모두가 부처의 도 이룰 것이다.

두 가지 장애를 영원히 끊고

스승을 구하여 바른 깨침 얻어서

보살의 서원을 수순해 가면

거룩한 열반에 머물게 되리.

시방의 모든 보살은

모두가 대비의 서원에 따라

나고 죽음에 드는 모습 보이셨으니

현재 수행하는 모든 이들과

괴로움 받는 말세의 중생들이

부지런히 모든 애견(愛見) 끊어 없애면

대원각에 돌아가게 되리라.

若諸末世一切衆生 於大圓覺 起增上心 當發菩薩淸淨大願 應

作是言 願我今者 住佛圓覺 求善知識 莫値外道 及與二乘 依

願修行 漸斷諸障 障盡願滿 便登解脫淸淨法殿 證大圓覺妙莊

嚴城

爾時 世尊 欲重宣此義 而說偈言

彌勒汝當知	一切諸衆生
不得大解脫	皆由貪欲故
墮落於生死	若能斷憎愛
及與貪瞋癡	不因差別性
皆得成佛道	二障永銷滅
求師得正悟	隨順菩薩願
依止大涅槃	十方諸菩薩
皆以大悲願	示現入生死
現在修行者	及末世衆生
勤斷諸愛見	便歸大圓覺

　수행자의 삶은 업력을 원력으로 바꾸고 그 원력에 의해 큰 깨달음
을 이루고자 하는 삶이다. 되풀이되는 허무하고 부자유한 중생의 삶
으로부터 벗어나 부처님의 대원각을 성취하고자 하는 것이 수행자의
삶의 목표이다. 이와 같은 목표를 세운 수행자를 보살의 서원을 세운
이라고 한다. 보살의 서원을 세운 수행자는 올바른 스승 만나기를 간

구해야만 되는데, 어떠한 스승이 올바른 스승인가 하면 바로 외도와 이승이 아닌 대승의 법을 깨닫고 대승의 법을 설하는 스승이다.

사람이 세상을 살다가 어떤 종교를 택하고 삶의 인도자를 만나는 것도 부처님 가르침에 입각해 보면 과거 업의 영향을 받지 않는다고 할 수 없다. 사교에 빠지거나 삿된 스승을 만나는 것도 중생 각자의 마음이 불러들인 인과이다. 대개 외도들은 스스로를 성인이라 지칭하거나 구세주라고 주장하면서 신통과 기적과 예언 같은 것들을 보인다. 그로 인해 이 세상에 구할 것이 있고 견실한 법이 있다고 여기는 중생들로서는 이들의 가르침이 자신들에게 영원을 보장하고 행복을 갖게 해줄 것이라는 기대를 걸게 된다.

부처님의 바른 법에서 본다면 신통과 기적과 예언을 앞세워 그대로 그 일을 실천한다 할지라도 무지몽매한 짓이거니와 이러한 현상을 보고 매달리고 의지하는 사람 자체도 가엾고 불행한 사람이다. 본래 외도에는 불법외외도(佛法外外道)가 있고 불법내외도(佛法內外道)가 있으며 정법외도(正法外道)가 있다.

불법외외도는 말 그대로 부처님 가르침 외의 모든 종교와 철학을 가리키고, 불법내외도는 부처님 가르침 안에 있으면서도 그 가르침을 바르게 실천하지 않는 외도를 가리키며, 정법외도는 부처님 가르침대로 실천하고 수행을 하다가 중도에 머물러 스스로 깨달았다고 착각하는 외도를 가리킨다.

불자들 중에는 부처님을 믿는다고 하면서도 외도들의 속성을 지닌 사람들이 많다. 수행자라 지칭하면서 길흉화복에 치우쳐 사주팔자를 따지고 부적과 주문 따위에 의지하거나 천도재 등을 빌미로 부처님 법을 팔아먹는 사람들도 있다. 또 수행을 통해 무언가를 체험하면 그

것이 마치 큰 경지인 줄 착각하고 부처가 다 된 양 행세하면서 만인을 끌어 모으는데, 이야말로 모두 불법내외도이며 정법외도인 것이다. 수행하는 사람이 이런 부류를 만나지 않는 것도 큰 복이다.

다음으로 만나지 말아야 할 스승은 이승(二乘)이다. 이승은 소승의 법을 실천하고 가르치는 두 종류의 수행자, 즉 성문승과 연각승을 말한다. 성문승과 연각승은 우리와 같은 범부 중생과는 다른 도를 깨달아 성인의 경지에 든 위대한 분들이다. 성문과 연각은 그 목적을 보살과 부처의 위치에 두지 않고 아라한에 둔다. 아라한은 소승 경지의 최고로 번뇌를 완전히 끊어 생사가 없는 열반을 체득한 경지이다. 그런데 대승경전에서 부처님은 이와 같은 성문과 연각에 의지하지 말라고 하셨다. 그 이유는 아라한을 목적으로 하는 성문과 연각은 그 깨달음의 경지가 원각에 이르러 있지 못하기 때문이다.

원각의 경지에서 가늠할 때 소승의 성자는 엄밀한 의미로 정법외도에 속한다고 볼 수 있다. 대승의 계위에서 성문과 연각의 깨달음을 측정해 보면, 이들은 번뇌 가운데에 굵은 번뇌만 타파하고 미세 번뇌를 근본적으로 끊지 못했기 때문에 깨달았다 할지라도 완벽하지 않을 뿐만 아니라, 생사를 벗어났다고 하지만 중생을 제도하기 위하여 생사를 자재할 수 있는 능력을 구비하지 못했다. 그리고 이들의 경지가 원각의 경지와 특징적으로 다른 것은, 중생계 이대로가 대원각의 세계인 줄 모르고 중생계와 깨달음의 세계를 분리시켜 차별되게 보고 있다는 점이다.

대승의 수행 논서에서는 중생의 마음을 여덟 가지 종류로 나누어 설명한다. 눈의 의식, 귀의 의식, 코의 의식, 혀의 의식, 몸의 의식인 오식(五識)과 이들을 포섭하고 있는 의식인 육식(六識), 그리고 앞의 육식들에 대하여 이것은 '나'라고 여기는 의식인 칠식(七識), 이들을 다 저장하여 차곡차곡 쌓아 놓은 창고와 같은 의식인 팔식(八識)이다. 이 중에 육식은 바깥 대상을 받아들여 분별하고 판단하는 마음이고, 칠식은 말나식(末那識)이라고 하는데, 육식에서 판단된 안과 밖, 즉 몸과 세계가 실재한다고 여기고 갖가지 번뇌를 일으키는 마음이며, 팔식은 아뢰야식(阿賴耶識)이라고 하는데, 앞의 칠식을 그대로 저장하여 전생의 결과를 만들고 내생의 원인을 만들어 자신과 세계를 그려 내는 마음이다.

그런데 이와 같은 여덟 가지 의식은 한결같이 원각의 경지에서 볼 때 모두 허망한 것으로 실체가 없다는 것이 특징이다. 즉 우리가 말하는 마음은 모습이 없는 무상(無相)이며 실재하지 않는 공(空)이므로 구할 것이 없고 얻을 것이 없다. 육식과 칠식과 팔식이 모두 허깨비 같아서 진실한 존재가 아니건만, 어리석은 중생들은 몸과 같이 자신의 마음을 실재한다고 여기고 나로 삼는다.

『원각경』의 환관 수행은 오식, 육식, 칠식, 팔식들을 모두 허깨비로 관하고 돌려서 지혜로 환원시키는 공부이다. 이것을 전식득지(轉識得智)라고 한다. 식(識)들을 실재한다고 여기는 어리석음을 번뇌라 한다면 이 식들을 헛되고 망령되다고 여기면서 자꾸 되풀이해서 돌려 놓는 수행을 해야 한다. 그렇게 되면 그 식들은 지혜로 전환되어 청정해진다. 눈, 귀, 코, 혀, 몸의 마음인 오식은 성소작지(成所作智)로 전환되어 감각기관이 밝고 고요해지고, 여섯 번째 마음인 의식은 묘관찰지(妙觀察智)로 전환되어 자신과 세계의 참모습이 무엇인지를 뚜렷이 알게 하며, 일곱 번째 마음인 말나식은 평등성지(平等性智)로 전환되어 일체가 차별 없는 하나의 진법신이라는 사실을 알게 하고, 여덟 번째 마음인 팔식은 대원경지(大圓境智)로 전환되어 부처와 중생과 세계가 온통 원각으로 가득 차 있음을 보게 한다.

그런데 성문과 연각, 이승은 이 가운데에 제칠식인 말나식만을 무아로 보고 모든 세계와 마음의 근본이 되는 팔식을 돌려서 지혜로 환원시키지 못했으므로 완전한 깨달음이 아닌 까닭에 중생을 위하여 이 세상에 자유로이 오고 갈 수 있는 힘이 부족하다. 그러므로 원각을 희구하는 수행자는 스승을 만나는 데 있어 대승의 법을 알고 그 길을 가르치는 스승을 만날 것을 항상 서원해야 하는 것이다.

7

청정혜보살장(清淨慧菩薩章)

청정혜보살장(淸淨慧菩薩章)

이때 청정혜보살이 대중 가운데 있다가 얼른 자리에서 일어나 부처님의 발에 이마를 대 절하고, 오른쪽으로 세 번 돌고 무릎을 세워 꿇고 손을 모으고 부처님께 사뢰었다.

"대비하신 세존이시여, 저희들에게 이와 같이 부사의한 일을 널리 말씀해 주시니, 애초에 보지 못하던 바이며, 듣지 못하던 바이옵니다. 저희들은 지금 부처님의 훌륭하신 가르침을 입고 몸과 마음이 태연해져서 큰 이익을 얻었습니다. 바라옵건대 모든 법의 무리들을 위하여 법왕(法王)의 원만한 깨달음의 성품을 거듭 말씀해 주옵소서. 모든 중생과 보살들과 부처님들이 깨친 바와 얻는 바가 어떻게 차별이 있나이까? 말세의 중생들로 하여금 이 거룩한 가르침을 듣고 수순하고 깨달아서 차츰차츰 들어가게 하옵소서."

이렇게 말하고는 몸의 다섯 활개를 땅에 던져 세 번이나 청하여 마치고 다시 시작하려 하였다.

그때 세존께서 청정혜보살에게 말씀하셨다.

"좋은 말이다. 좋은 말이다. 선남자야, 그대들은 지금 말세의 중생들을 위하여 여래에게 점차와 차별을 묻는구나. 그대들은 들으라. 마땅히 그대들을 위해 말해 주리라."

그때 청정혜보살이 분부를 받들어 기뻐하면서 대중들과 함께 조용히 귀를 기울였다.

於是 淸淨慧菩薩 在大衆中 卽從座起 頂禮佛足 右繞三匝 長跪叉手 而白佛言 大悲世尊 爲我等輩 廣說如是不思議事 本所不見 本所不聞 我等 今者 蒙佛善誘 身心泰然 得大饒益 願爲諸來一切法衆 重宣法王 圓滿覺性 一切衆生 及諸菩薩 如來世尊 所證所得 云何差別 令末世衆 生聞此聖敎 隨順開悟 漸次能入 作是語已 五體投地 如是三請 終而復始 爾時 世尊 告淸淨慧菩薩言 善哉善哉 善男子 汝等乃能爲末世衆生 請問 如來 漸次差別 汝今諦聽 當爲汝說 時 淸淨慧菩薩 奉敎歡喜 及諸大衆 默然而聽

청정혜보살은 청정한 지혜를 지닌 보살이다. 청정은 밝고 깨끗함이다. 청정혜보살이 누리고 있는 지혜의 맑고 깨끗함은 중생들이 상대적으로 분별하는 맑고 깨끗함을 넘어선다. 세상에서 말하는 깨끗함은 상황이나 조건에 따라 물들고 더럽혀지는 깨끗함이지만, 여기서 말하는 깨끗함은 어느 것에 의해서도 물들지 않고 더럽혀지지 않

완전한 깨달음

는 깨끗함이다. 아무리 순수한 어린아이의 마음도 세월이 조금만 지나면 때가 묻게 마련이고, 감로수처럼 맑은 물도 흙덩어리를 넣으면 흐려질 수밖에 없다. 하지만 허공과 같은 부처님의 마음자리는 언제 어디서든 한결같아서 지옥에 처하든 극락에 처하든 변함이 없다. 청정혜보살은 바로 이와 같은 부처님의 맑고 깨끗한 마음자리를 중생들에게 깨닫게 하기 위하여 화현한 보살이다.

여기서 청정혜보살이 부처님께 물은 것은 중생과 보살과 부처가 증득한 경지의 차이는 무엇인가 하는 내용이다. 중생이 수행을 하다 보면 점차로 미혹의 차원에서 벗어나 부처의 원각에 다가가게 된다. 크든 작든 깨달음을 체험하게 되는데, 이때 중생과 보살과 부처의 경지가 각각 다를 수밖에 없다. 그렇다면 중생과 보살과 부처가 각각 다른 것은 무엇이며 서로 같은 것은 무엇인가.

●

선남자야, 원각의 스스로의 성품은 다섯 가지 부류가 아니지만, 다섯 가지 부류가 있어서 여러 가지 성품이 일어남을 따른다. 하지만 취할 이도 없고 깨칠 것도 없으니 실상 가운데는 실로 보살도 없고 중생도 없느니라. 무슨 까닭인가. 중생과 보살 모두 허깨비인데 허깨비가 사라지므로 취할 이도 깨칠 것도 없느니라.

善男子 圓覺自性 非性性有 循諸性起 無取無證 於實相中 實無菩薩 及諸衆生 何以故 菩薩衆生 皆是幻化 幻化滅故 無取證者

이미 설명했듯 오성은 중생들의 근기를 다섯 가지 차원에서 바라보는 것이다. 중생은 수행을 해도 번뇌의 얕고 깊음에 따라 수행을 해서 얻어지는 경지도 다르게 나타난다. 모두가 다 원각을 성취할 수는 있지만 길을 인도해 주는 스승과 수행 방편에 따라 성문과 연각이 될 수도 있고, 보살이 될 수도 있고, 외도가 될 수도 있는 것이다. 본래 원각은 일체의 차별도 없고 단계도 끊어진 자리이다. 여기에는 부처의 경지가 따로 없고 보살과 중생의 경지가 따로 없다. 그러나 원각을 깨치지 못한 중생에게는 이와 같은 평등은 숨어 버리고, 그 자리에는 온갖 오성과 같은 차별상만이 나타난다.

그렇다면 어째서 차별 없는 청정한 원각에 다섯 가지의 차별이 생기게 되었는가? 이를 이해하기 위해서는 먼저 원각의 성품과 그 작용에 대해서 알아두어야 한다. 수차례 설명했지만 원각은 허공과 같아 일어남과 사라짐이 없고 움직임이 없는, 법계에 두루하여 항상 밝아 있는 마음자리이다. 어디에도 물들지 않고 치우침이 없으며 모든 중생과 만물의 근본이 된다.

그런데 문제는 원각이 이와 같은 성품을 지녔음에도 불구하고 고유한 자리를 지키고 가만히 정지해 있는 상태가 아니라, 만물과 인연을 따라 일어나기도 하고 사라지기도 하는 성품도 함께 지닌다는 점이다. 즉 온갖 인연을 벗어나 있으면서도 다시 한편으로는 갖가지 인연을 내고 그 나타낸 인연을 따라 구르는 작용을 한다는 데 그 오묘함이 있다. 다람쥐 쳇바퀴 돌리는 말 같지만 우리 목전에 전개된 모든 법은 청정한 원각의 마음이 무명을 따라 구른 바 없이 굴러서 나타난 그림자이며 환상이다.

중요한 것은 이러한 원각이 비록 온갖 인연을 내고 따르는 작용을 한다 해도 실상에 있어서는 낸 바 없고, 따른 바 없는 항상 고요한 성품으로써 근본을 삼고 있다는 데 있다. 왜냐하면 원각이 일으키는 모든 차별된 현상은 허깨비와 같아서 실재하는 것이 아니기 때문이다.

'원각의 스스로의 성품은 다섯 가지 부류가 아니지만 다섯 가지 부류가 생겨서 성품의 순응함을 따라 준다.'는 말씀은, 본래부터 청정한 진여원각은 일어나고 사라지는 자리가 아니면서도 무명과 망상을 따라 차별된 다섯 가지 부류들인 오성이 일어났다는 의미이다.

이를 직접적인 수행에 비추어 보자. 우리가 환관이나 공관 수행을 거듭하여 일어나는 모든 감정과 생각들을 허깨비라고 돌려놓다 보면 무명과 망상이 깨져 나가면서 허공 같은 참마음 자리가 활짝 열리게 된다. 그 자리에서는 나니 너니 중생이니 부처니 하는 차별이 끊어져 걸릴 것도 없고 막힐 것도 없다. 그러나 이러한 참마음 자리라고 해도 절대 고정되어 있는 것이 아니라 인연에 따라 분별할 것은 분별하고, 감정을 일으킬 것은 감정을 일으키며, 생각할 것은 모두 생각한다. 즉 깨달아도 설탕은 달고 소금은 짠 줄 알며, 더러운 자리는 피해 가고 깨끗한 자리는 골라 앉게 된다.

사람들은 깨달은 자, 도인, 부처님이라고 하면 분별심이 없어서 좋은 것을 보아도 좋은 줄 모르고 싫은 것을 보아도 싫은 마음을 내지 않는다고 생각하지만, 실은 그 반대로 수행을 하면 할수록 사물에 대한 분석이 더욱 뚜렷해지고 즐거움과 괴로움을 훨씬 잘 느끼게 된다. 눈앞에 펼쳐지는 갖가지 대상들을 따라 마음이 굽이치는 것은 범부나 부처나 다를 바 없다. 다만 그렇게 일어나는 마음들이 허깨비와 같음을 분명히 알기 때문에 구애받지 않을 뿐이다.

이때야말로 망상을 일으켜도 망상이 아니고 번뇌를 일으켜도 번뇌가 아니어서 망상과 번뇌 그대로가 원각의 참된 마음이 되므로 따로 성스럽다거나 고요하다거나 진실되다는 경지를 세워 누릴 필요가 없다. 이것이야말로 허깨비 같은 마음 그대로가 참마음이며 망상 그대로가 깨달음이라, 오성이 오성 아니요, 중생이 중생 아니어서 그대로가 한 바탕이요, 한 성품이 된다. 본문에서 원각이 오성을 따라 순응한다는 뜻은 이를 두고 한 말이다.

따라서 깨달은 마음에는 깨달은 나도 없고 깨닫지 못한 너도 없다. 『금강경』에 '여래의 아뇩다라삼먁삼보리 가운데에는 참도 없고 헛됨도 없다.'는 말씀이 있다. 이는 깨달음 속에는 헛된 것뿐만 아니라 참되다는 것마저도 세울 수 없다는 뜻이다. 세웠다 하면 이는 아상, 인상, 중생상, 수자상이 된다. '실상 가운데는 취할 이도 깨칠 것도 보살도 중생도 없다.'고 한 것도 이와 같아서 원각의 자리는 모든 차별성이 끊어져 깨닫고 못 깨닫고, 나는 보살이고 너는 중생이다 하는 자취를 둘 수 없다는 뜻이다.

●

비유하면 눈이 스스로 눈을 보지 못하는 것과 같아서 본래의 성품 그대로가 평등한데 평등하게 만드는 이가 있는 것도 아니니라. 중생이 미혹하고 뒤바뀌어서 온갖 허깨비를 멸해 버리지 못하므로 멸한 것과 아직 멸하지 못한 것에 대해 허망하게도 애써 공부를 하는 까닭에 문득 차별을 드러냈지만, 만일 여래의 적멸에 수순하게 된다면 실로 적멸이라 할 것도 없고 적멸하게 하는 이도 없느니라.

譬如眼根 不自見眼 性自平等 無平等者 衆生迷倒 未能除滅
一切幻化 於滅未滅 妄功用中 便顯差別 若得如來 寂滅隨順
實無寂滅 及寂滅者

미혹한 중생들은 세상을 바라봄에 있어 모든 존재들을 개체적으로 파악하고 각기 차별된 모습으로만 여기는 습성을 지니고 있다. 그러다 보니 자연히 깨달음을 이룬 부처님과 스승들을 바라보는 데 있어서도 이와 같이 개체적이고 차별된 존재로 여기고 대하려 한다. 곧 누가 깨달음을 이루었다고 하면 깨달음을 이룬 자로서의 경지를 느끼고 누리는 주체가 있는 줄로 생각하고 깨달은 이를 자신과 분리시켜 신격화하거나 절대화시킨다.

미혹한 중생들은 깨달은 자의 모습, 언어와 행위를 보게 되면 거룩하게 깨달으신 저분은 나와는 차원이 아주 다른 성인의 위치에 있고 높은 경지에서 우리를 지켜보고 이끌어 주신다고 믿는다. 하지만 이와 같은 태도는 무명의 꿈을 깨지 못한 중생들이 일으키는 환상일 뿐 깨달음을 이룬 자에게는 이런 경지가 존재하지 않는다. 『금강경』의 「일상무상분(一相無相分)」에 아라한이 스스로를 아라한이라고 생각하면 그것은 이미 아라한이 아니라고 했듯, 깨달음을 이룬 이의 마음 가운데에는 이렇다 할 만한 특별한 법을 얻은 바가 없어서 깨달음을 이룬 자나 깨달음을 이루지 못한 자를 평등하게 여긴다.

간혹 대승의 가르침을 제대로 이해하지 못하는 남방 상좌부 불교권의 수행자들 가운데는 이와 같은 대승의 깊은 뜻을 알지 못하고 원각이나 불성, 법신이라는 말에 대해 오해를 해서 그것은 인도 종교의 아트만이니, 영혼주의니, 또 하나의 상이니 하여 비방하는 예가 있다. 알고 보면 진실로 번뇌가 끊어지고 생사가 사라진 적멸의 자리인 원각은 부처님 초기경전에서 설하신 제법무아설의 극치로서 고정되고 실체화된 어떤 고유한 자리를 말하는 것이 아니다.

본문에서 '눈 스스로가 눈 스스로를 보지 못하는 것과 같아서 본성 그대로가 평등한데 평등하게 만드는 이가 있는 것도 아니니라.'고 한 것은, 깨달음 속에는 수행을 하는 주체와 깨달은 주체, 그리고 수행해서 깨달은 그 어떤 경지가 실재하지 않기 때문에 한 법도 따로 상대적으로 세울 것이 없다는 뜻이다. 깨달음 속에는 일체의 대립과 분별과 상대가 한낱 그림자에 지나지 않으므로 적멸하게 만들어야 할 내용도 없고, 적멸하게 할 나도 없으며, 적멸을 얻은 주체도 없다. 다만 갖가지 허망한 경계 속에서 꿈을 깨지 못하고 헤매는 중생을 위해 세울 것이 없는 법을 세우고 미혹이라느니 깨달음이라느니 수행이라느니 등의 말을 하면서 오성을 비롯한 갖가지 차별상을 드러냈을 뿐이다.

●

선남자야, 일체 중생이 시작이 없는 예로부터 허망하게도 나라고 생각하는 마음과 나를 사랑하는 마음을 내었기 때문에 생각 생각이 일어나고 사라지는 줄 전혀 몰랐으므로 미워함과 사랑함을 일으켜 오욕을 탐하게 되었느니라. 만일 어진 스승이 있어 맑고 뚜렷한 원각의 성품을 깨닫도록 해 일어나고 멸함을 밝히면 비로소 이 삶이 공연히 번거로웠음을 알게 되리라.

善男子 一切衆生 從無始來 由妄想我 及愛我者 曾不自知 念念生滅 故起憎愛 耽著五欲 若遇善友 敎令開悟 淨圓覺性 發明起滅 卽知此生 性自勞慮

불교 수행의 과제는 '나' 없는 이치를 꿰뚫는 것이다. 부처님께서는 중생들이 이 세상에 태어나서 겪는 고통들, 건강에 대한, 물질에 대한, 애정에 대한 문제들로부터 괴로워하는 것은 모두 그 근본이 마음속의 '나'를 깨뜨리지 못하고 얽매여 있기 때문이라고 가르치셨다. '나'가 없다면 불행과 행복도 존재할 수 없고, 따라서 고뇌와 기쁨에 사로잡힐 이유도 없다. 가령, 강도를 만나 재산과 목숨을 강탈당할 때 중생들이 두려움과 원한과 절망감에 사로잡혀 괴로워하는 것은 몸과 마음이 '나'이고, 이것들은 나의 소유이며 내가 사랑할 바라고 집착하는 마음에 의해 비롯된 것이다. 부처님께서는 수행을 해서 나 없는 이치를 깨닫게 되면, 만약 이와 같은 불행을 당했다 할지라도 흔들리거나 괴로워하는 따위의 마음은 생기지 않는다고 설하셨다.

이렇게 봤을 때 세상에서 가장 안전하고 안락한 곳이 있다면 구할 것도 잃을 것도 없는 '나'가 사라진 마음이다. 수행자는 '나' 없는 마음을 행복과 안락으로 삼고, 범부는 '나'를 세우고 애착하는 마음으로 행복과 안락을 추구한다. 중생들은 내가 있다는 근원적인 착각으로 대상을 향하여 자기를 확장시키려는 욕망을 불러일으키고 사랑과 미움을 거듭 쌓으며 헤매는 삶으로 일생을 마감한다. 한 번도 '나는 어떠한 존재인가?', '무엇을 목적으로 살아가야 하는가?'에 대한 의문을 가져 본 적도 없이 재물을 모으고, 먹고, 배설하는 욕구만을 추구하다가 마침내는 기름이 말라 버린 등불처럼 꺼지고 만다.

'생각 생각이 일어나고 사라지는 줄 전혀 몰랐나니 그러므로 미워함과 사랑함을 일으켜서 오욕을 탐하게 되었느니라.'고 한 것은, 중생이 대상을 미워하고 사랑하면서 갖가지 욕망을 좇아가는 이유가 일고 꺼지는 자신의 마음을 바로 보지 못한 데서 기인한다는 것이다.

만약 지혜로운 스승을 만나 몸과 마음에 대한 애착과 내가 있다는 어리석음을 무명인 줄 여기고 일어나고 사라지는 모든 생각들이 허깨비임을 알아 더 이상 사랑과 미움을 짓지 않게 되면 오욕을 좇아가는 행위도 끝이 난다. 허망한 나에 속아 그동안 얼마만큼 생사 속에서 헤맸는가를 사무치게 생각하고 일고 꺼지는 스스로의 마음을 밝혀 깨닫게 되면, 그동안 자신이 추구하던 삶의 목적이라는 것이 얼마나 허망하고 부질없는가를 알게 된다. 모든 중생들이 걸어왔고 걸어가는 똑같은 삶의 방식들, 태어나고 성장해서 가정을 이루고 부모와 형제와 자식들 사이에 애착하다 숨을 거두는, 이런 되풀이되는 삶을 근본적으로 되돌아볼 줄 아는 사람만이 이 허무한 중생계로부터 벗어나 원각의 문 안에 성큼 들어갈 수 있는 것이다.

●

어떤 사람이 어지러운 번뇌가 영원히 끊어져 법계가 청정해졌으나 그 청정하다는 견해가 장애가 되어 원각에 자재하지 못하니, 이는 범부가 원각의 성품에 수순하는 것이라 하느니라.

若復有人 勞慮永斷 得法界淨 卽彼淨解 爲自障碍 故於圓覺
而不自在 此名凡夫 隨順覺性

환관을 닦아 번뇌가 파괴되면 마음이 청정해지고 그 청정한 마음이 세계에 두루하여, 마음과 세계가 따로 존재하는 것이 아닌 일심진여법계(一心眞如法界)임을 보게 된다. 그런데 이때 수행자가 그 청정한 경지를 인정하고 거기에 실체를 부여하면, 실체를 부여한 그 마음이 다시 장애가 되어 범부 중생의 수준을 벗어나지 못한다. 비록 원각의 경지에는 들어왔지만 스스로가 얻은 경지를 인정하는 마음을 버리지 못했으므로 미혹에 빠지게 되는 것이다.

원각에 자재하지 못하다는 것은 원각 자체가 되어 있지 못하다는 뜻이다. 범부 중에는 법에 대하여 아주 미혹한 범부가 있고 법을 알고 깨달음을 얻은 범부가 있다. 깨달음을 얻어 원각이 마음 가운데에서 드러나면 자신과 세계가 한 바탕인 일심진여법계임을 알게 되고, 자신이 일으키는 모든 행위, 즉 생각과 말과 행동이 깨달은 마음자리를 거스르지 아니하는 상태에 이르게 된다.

이것을 원각의 성품에 수순한다고 하는데, 이때 수행자가 이와 같은 경지를 인정하고 거기에 안주하게 되면 그것이 장애가 되어 궁극적 깨달음을 등지게 된다. 수행자가 '이거다!' 하는 순간 그것은 그대로 또 다른 무명의 굴레가 되어 범부 중생의 틀을 벗어나지 못하게 되는 것이다.

원각은 어떠한 견해도 용납하지 않는다. 어둡고 뒤엉킨 중생의 마음을 초월하여 밝고 뚜렷한 부처 세계에 들어서면 수행자는 그만 밝은 것에 도취되어 구경(究竟)의 깨달음을 얻은 것으로 착각하기 쉽다. 이러한 경지를 원각의 성품에 수순하면서도 자재하지 못하다고 하는 것이다. 어두우면 어두운 것에 빠지고, 밝으면 밝은 것에 빠지는 것이 범부들이 지닌 버릇이다. 어두운 마음만이 무명이 아니다. 밝은 마음을 밝다고 인식하는 그 마음 또한 무명이다. 깨쳤다, 밝다 하는 마음마저도 허깨비 같은 줄을 알고 다 놓아 버려야 상대 경계를 벗어나 원각에 자재하게 된다.

●

선남자야, 모든 보살이 알았다는 견해가 장애가 되는 줄 알아 아는 장애는 끊었으나 아직도 깨달음을 보려고 하는 경지에 머물러 깨달으려는 장애에 걸려 자재하지 못하니, 이는 보살로서 십지에 들지 못한 이가 원각의 성품에 수순하는 것이라 하느니라.

善男子 一切菩薩 見解爲碍 雖斷解碍 猶住見覺 覺碍爲碍 而
不自在 此名菩薩 未入地者 隨順覺性

다음은 보살의 지위이다. 여기서 말하는 보살은 아무것도 모르는
무명 중생으로서의 보살이 아닌, 깨달음을 체험하고 완전한 원각을
향해 더욱 수행해 들어가는 단계의 보살이다. 앞에 설명했던 원각에
들어선 범부보다 훨씬 높은 단계의 깨달음을 이룬 지위가 보살인데,
이 보살의 지위에는 열 단계가 있다. 이를 십지라 하며, 환희지(歡喜
地), 이구지(離垢地), 발광지(發光地), 염혜지(焰慧地), 난승지(難勝
地), 현전지(現前地), 원행지(遠行地), 부동지(不動地), 선혜지(善慧
地), 법운지(法雲地)가 있다.

먼저 환희지는 모든 것이 망상의 그림자임을 알고 원각을 보아 그
기쁨이 가득 찬 경지이며, 이구지는 몸과 입과 마음이 죄업으로부터
벗어나 청정한 행위로 전환된 경지이며, 발광지는 마음의 지혜 광명
이 신령하게 나타나 자신과 세계를 비추는 경지이며, 염혜지는 지혜
광명이 더욱 성하여 능히 모든 업장과 죄장을 태우고 밝아진 경지이
며, 난승지는 깨달은 지혜가 세상 속에서 걸림이 없되 세속의 이치에
도 막힘이 없는 경지이며, 현전지는 깨달은 마음이 보고 듣는 일체
세계에 두루하여 언제 어디서나 진리가 목전에 전개되어 있음을 아는
경지이며, 원행지는 깨달은 자와 깨치지 못한 자의 구별을 멀리 벗어
나 대비심을 일으켜 중생을 구호하는 경지이며, 부동지는 깨달은 마
음자리인 원각과 더불어 세계가 본래부터 움직임이 없고 생멸이 없는
부동의 모습임을 아는 경지이며, 선혜지는 부처님만이 지닌 열 가지
불가사의한 힘을 얻어 중생들의 근기를 꿰뚫고 그들을 제도하는 경지

이며, 법운지는 지혜와 복덕이 구족하여 더 이상 닦을 것도 없고 깨달을 것도 없는 완성된 부처의 경지이다.

여기서 맨 마지막 단계인 십지의 법운지를 얻기 전 초지인 환희지로부터 구지인 선혜지까지는 아직 수행할 것이 남아 있으므로 원각의 경지 속에 있으면서도 더욱 깨달아야 되겠다는 장애를 일으킨다.

앞의 범부가 원각의 성품에 수순하는 것은 자신이 깨달은 마음이 청정하여 더 닦을 것이 없다는 데에 머무는 것이고, 지금의 보살이 원각의 성품에 수순하는 것은 아직은 수행이 모자라므로 더욱 닦아야 된다는 데에 머무는 것이다. 그러니까 마음공부라는 것은 더 닦을 것이 없다고 해도 허물이 되고, 더 닦을 것이 있다고 해도 허물이 된다. 이와 같은 허물이 생기는 까닭은 닦아야 할 과제로서의 무명이 실제로 존재하지 않는 것임을 단박에 깨치지 못했기 때문이다.

●

선남자야, 비춤이 있고 깨달음이 있으면 다 장애이니, 보살은 항상 머무를 수 없음을 깨달아 비출 것과 비추는 이가 동시에 적멸하여야 하느니라. 비유하면 어떤 사람이 스스로 자기 머리를 끊었다면 머리가 이미 끊어졌으므로 끊을 이마저 없는 것과 같이, 장애가 되는 마음으로 스스로 모든 장애를 없애면 다시는 장애를 끊어 없앤 이도 없느니라.

善男子 有照有覺 俱名障碍 是故菩薩 常覺不住 照與照者 同時寂滅 譬如有人 自斷其首 首已斷故 無能斷者 則以碍心 自滅諸碍 碍已斷滅 無滅碍者

우리는 수행을 함에 있어서도 '나'라는 마음의 바탕 위에서 깨달아야겠다는 목적과 함께 번뇌와 망상을 깨뜨리기 위한 갖가지 행위를 짓는다. 그러나 수행을 하여 원각의 본바탕에 들면 들수록 나라는 것은 본래 있는 것이 아니어서 내가 수행한다느니, 내가 깨닫는다느니 하는 의식이 점차 사라진다.

수행 초기, 더 나아가 구경각인 깨달음을 완전히 이루기 전까지는 무명과 번뇌로서의 '나'가 있고, 그 나를 비추어 보고 관찰하며 수행하는 마음으로서의 '나'가 있다. 그런데 이러한 '나'가 수행을 하면 할수록 허깨비 같다는 사실을 알게 되고 바른 깨달음을 얻게 되면 수행하는 '나', 깨달았다는 '나'를 세울 수가 없게 된다. 참된 깨달음은 생각과 인식 밖의 소식인 까닭으로 '이게 이렇다'고 결정지어 말할 수 없다. 깨달음을 이룬 자는 깨달음을 인식하고 있다 해도 맞지 않고, 인식하고 있지 않다 해도 맞지 않다. 인식하는가 싶으면 인식하는 자로서의 주체가 없고, 인식하는 자가 없는가 싶으면 온통 그 깨달음뿐이라, 이런 차원에서 본다면 수행하는 사람이 도중에 참선이 잘 된다느니, 관이 잘 된다느니, 영롱하다느니, 뚜렷하다느니, '나'가 없다느니 하며 느끼고 알아채는 것은 모두 원각의 본바탕을 등지고 그림자를 두고 하는 말임을 알 수 있다.

어떤 스승에게 수행자가 "깨달아 텅 비어 '나'가 없는 줄 알겠습니다." 하고 말하자 스승은 "그렇게 아는 놈은 어떤 놈이냐?"고 꾸짖었다.

또 어떤 사람들은 깨달음을 가르치기 위하여 '거짓 나'인 가아(假我)와 참 나인 진아(眞我)를 나누어 설명하고 '거짓 나'가 사라지면 '참 나'가 나타나니 '거짓 나'를 버리라고 한다. 그러나 원각의 입장에서 보면 '거짓 나'가 따로 있고 '참 나'가 따로 있는 것이 아니다.

『기신론』에서 중생의 한 마음을 생멸문과 진여문으로 나누어 설명하고 있지만, 이는 하나의 마음을 바르게 깨닫게 하려는 방편으로 그렇게 나누고 있을 뿐, 실상에 있어서는 생멸문으로서의 '거짓 나'도 없고, 진여문으로서의 '참 나'도 없다. 다만 '참 나'라는 말을 구태여 사용한다면 몸과 마음을 '나'라고 여기는 무명을 허깨비 같다고 바로 깨달은 그 지혜를 '참 나'라고 표현하는 것이다. 한 마음이 어리석으면 생멸하는 '거짓 나'요, 한 마음이 깨달으면 생멸이 없는 '참 나'인데, 그곳에는 '나'가 있을 수가 없으므로 '참 나'니 '거짓 나'니 하는 용어를 사용할 수 없다.

그러므로 수행자는 깨달아 누리고 있는 그 마음, 그것이 어떠한 경지가 되었든 간에 머물지 말고 허깨비처럼 여기고 진실이라고 붙들고 있지 말아야 한다. 진리라는 것은 허깨비를 허깨비라고 바로 본 지혜에 있지, 따로 허깨비 속에 진리가 들어 있는 것이 아니다. 내가 사라진 마음에는 사라진 '나'가 또다시 있을 수 없다. 비추는 마음이 있고 깨달은 마음이 있으면 이는 모두 '나'라는 무명이 만들어 낸 그림자로 원각의 부처 마음은 아니다. 끝없는 부정으로써 긍정을 삼는 것이 부처의 말씀이다. 수행자는 모든 것을 끝까지 놓아 버려야 한다. 어느 한 법이라도 인정할 것이 있고 안주할 것이 있다면 이는 모두 외도 무리이거나 사도의 권속이다.

●

수다라(修多羅)의 가르침은 달을 가리키는 손가락과 같으니, 달을 본 뒤에는 가리킨 손가락이 달이 아님을 분명히 아는 것과 같이 모든 여래의 온갖 말씀으로 보살들을 깨우치는 것도 이와 같으니라. 이는 보살로서 이미 십지에 오른 이가 원각의 성품을

7

청정혜보살장

181

수순하는 것이라 하느니라.

修多羅敎 如標月指 若復見月 了知所標 畢竟非月 一切如來
種種言敎 開示菩薩 亦復如是 此名菩薩 已入地者 隨順覺性

수다라의 교법이란 부처님이 설하신 팔만사천법문을 말한다. 부처
님은 수다라의 교법을 가지고 중생들이 겪는 생사를 비롯한 온갖 크
고 작은 괴로움을 벗어나게 하셨고, 대원각의 깨달음에 들게 하셨다.
부처님의 법문은 모두 대원각의 깨달음에서 흘러나온 대비방편이다.
생각과 분별과 언설이 끊어진 절대의 깨달음 자리에서 중생을 제도하
고자 하는 방편으로 갖가지 말을 펼치고 수행 방법을 세우고 그 과정
과 단계를 설하셨다. 중생은 이를 통해 스스로가 지닌 원각의 자리에
들어가니, 수다라의 교법은 달을 가리키는 손가락과 같은 것이다. 부
처님 가르침의 특징은 중생을 가르치되 그 가르치는 방편을 절대화시
키지 않으신 데 있다. 병에 따라 약을 주듯 중생의 근기에 맞추어 갖
가지 방편을 지어 주신 것이다.

부처님의 입장에서 보면 수행자들에게 계를 지키게 하고 선정을
닦게 하고 깨달음에 이르는 과정을 설하는 것도 허깨비와 같은 일이
다. 중생들이 무명에 빠지고 번뇌에 사로잡혀 있지 않다면 부처님도
나타날 리 없고 교법도 설하실 리 없다. 아프지 않은 사람에게 무슨
약이 필요할 것인가.

『원각경』도 예외가 될 수 없는 것이 부처님의 모든 설법은 환자를
다스리는 약과 같고 달을 가리키는 손가락과 같다. 그러므로 지혜로
운 사람은 약을 통해 병을 치료하고 손가락을 통해 달을 보듯 부처님

의 가르침을 통해 원각을 증득해야 한다. 병 나으라고 먹은 약에 오히려 중독이 되고, 달을 가리키는 손가락에 집착하여 정작 달을 보지 못한다면 참으로 어리석은 사람이요, 불행한 사람이다. 방편은 아무리 옳아도 방편일 뿐 목적이 될 수 없다.

부처님의 법문이 아무리 위대하고 수행 방편이 아무리 뛰어나도 그것 또한 하나의 허깨비이지 깨달음의 자리 그 자체는 아니다. 아직까지도 많은 수행자들은 부처님의 이 같은 말씀을 바로 파악하지 않고 수행법을 절대화시켜 화두 수행이 최고라거나 위빠사나만이 유일한 길이라는 고집에 빠져 있다. 길에는 분명 옳은 길, 그른 길이 있고 빠른 길, 더딘 길이 있지만 길은 어디까지나 길이지 목적지는 아니다.

'십지에 오른 이'란 부처의 지위를 증득한 사람을 말한다. 부처는 중생을 향하여 갖가지로 법을 설하되 그 설하는 법 또한 세울 것이 없는 것임을 분명히 알고 법을 설한다. 중생도 허깨비요, 부처도 허깨비이며 수행도 허깨비요, 설법도 허깨비이다. 온갖 이름과 온갖 행이 본래부터 허깨비와 같아 세울 것이 없고 내놓을 것이 없는데, 다만 중생이 이 이치를 알지 못하므로 부처라는 이름, 중생이라는 이름, 수행이라는 것, 설법이라는 것을 세우고 내놓게 되었다. 십지, 즉 진리의 구름에 완전히 올라 탄 법운지에 오르고 보면 원각이 곧 부처이고 부처가 곧 원각이니 수순이라는 말도 불필요하게 된다. 이 경지에 올라서서 보면 마음과 부처와 중생이 차별이 없지만, 차별 없는 가운데에서 교화니 제도니 하는 허깨비 짓을 지어 부처이면서 부처인 줄을 모르는 중생들을 깨닫게 한다.

●

선남자야, 일체 장애가 곧 구경의 깨달음이니 바른 생각을 얻거나 잃거나 해탈 아닌 것이 없으며, 법을 이루는 것과 법을 파괴하는 것이 모두가 열반이며, 지혜와 어리석음이 통틀어 반야이며, 보살과 외도가 성취한 모든 법이 보리이며, 무명과 진여가 다른 경계가 아니며, 계(戒)·정(定)·혜(慧)와 음(淫)·노(怒)·치(痴)가 모두 청정한 범행(梵行)이며, 중생과 국토가 동일한 법성(法性)이며, 지옥과 천궁이 모두가 정토이며, 성품 있는 이와 없는 이가 함께 불도를 이루며, 모든 번뇌가 마침내 해탈이라.

善男子 一切障碍 卽究竟覺 得念失念 無非解脫 成法破法 皆名涅槃 智慧愚癡 通爲般若 菩薩外道 所成就法 同是菩提 無明眞如 無異境界 諸戒定慧 及淫怒癡 俱是梵行 衆生國土 同一法性 地獄天宮 皆爲淨土 有性無性 齊成佛道 一切煩惱 畢竟解脫

이는 수행의 극과를 완전히 성취한 부처님이 깨달음의 지혜로써 삼라만상의 일체 중생과 시방 국토를 관찰했을 때 드러나는 모든 존재의 참모습을 설하신 내용이다. 그런데 이 법문에서 우리는 적지 않은 의혹에 휩싸인다. 깨달음이란 무엇인가. 모든 장애가 사라진 경지요, 바른 생각을 갖춘 자리요, 일어나고 파괴되는 법이 없는 자리요, 어리석음을 떠난 자리요, 보살도를 성취한 자리요, 무명이 타파된 자리요, 계정혜 삼학을 이룬 자리요, 중생과 국토를 떠난 자리요, 지옥과 천국의 윤회로부터 벗어난 자리요, 성품 있는 자가 증득할 수 있는 자리이다. 그런데 부처님께서는 선악 세계 이대로가 깨달음 그 자체라고 설하고 계신 것이다.

본문의 구절을 살펴보면 부처님이 사용하는 언어가 모두 상대 용어로 되어 있음을 알 수 있다. 장애와 구경각, 얻거나 잃음, 이루어지는 법과 파괴되는 법, 지혜와 어리석음, 보살과 외도, 무명과 진여, 계정혜와 음노치, 중생과 국토, 지옥과 천궁, 성품 있는 이와 없는 이 등은 모두 서로 대립하여 반대되는 입장에 서 있는 말들이다. 이 중에는 수행하는 이들이 추구하고 이룩해야 될 것들이 있고, 떠나고 깨뜨려야 될 것들이 있다. 일체 장애를 버려야 구경각을 얻을 수 있고, 바른 생각을 갖추고 삿된 생각을 버려야 해탈을 이루며, 일고 꺼지는 법을 떠나야 열반을 얻으며, 지혜를 증득해야 반야를 이룬다. 외도를 멀리하고 보살도를 성취해야 보리를 완성하고, 무명을 타파해야 진여를 얻으며, 사음과 분노와 어리석음을 제거하여 계정혜를 닦아야 범행을 이룬다. 중생과 국토에 얽매이지 않아야 법의 성품을 알며, 지옥과 천국을 벗어나야 정토에 나며, 믿음을 일으킬 수 있는 성품을 지닌 자라야 불도를 이루며, 모든 번뇌를 없애야 해탈을 이룬다.

그런데 부처님께서는 우리가 갖는 이러한 차별된 가치와 기준을 모조리 깨뜨리시고 장애와 무명과 음노치 등과 같은 모든 어리석은 법과 악한 법과 허망한 법까지도 다 깨달음 아님이 없고 해탈 아님이 없다는 것이다. 왜 그런가. 일체의 차별되고 더러운 법들의 본성이 실재하는 것이 아닌 모두가 망상분별로 인해 나왔기 때문이다. 따라서 망상분별의 허망성을 깨달아 이를 제하고 보면 세상의 모든 법이 본래부터 열반이요 해탈이며 부처의 모습임을 알게 된다. 어느 수행자가 자신의 몸과 마음에서 일어나는 음욕과 그 음욕을 끊어야 한다는 강박관념 사이에서 갈등할 때, 자신의 아랫도리를 손으로 가리키며 '이것이 없으면 부처의 열반도 없다.'고 가르쳐 준 스승의 말은 이와 같은 의미를 정확하게 가르쳐 주는 대 법문이라고 할 수 있다.

●

법계에 가득한 바다와 같은 지혜로써 모든 존재들을 굽어보는 것이 마치 허공의 꽃과 같으니, 이것은 여래가 원각의 성품에 수순하는 것이라 하느니라.

法界海慧 照了諸相 猶如虛空 此名如來 隨順覺性

부처님의 지혜에 의할 것 같으면 보리니 열반이니 구경각이니 정토니 하는 출세간의 법이나 무명이니 번뇌니 윤회니 생사니 하는 세간의 법이나 모두 공하여 다만 이름과 말일 뿐 실체가 없다. 생사가 없으면 열반도 없고, 번뇌가 없으면 해탈도 없으며, 무명이 없으면 지혜도 없다. 이 모든 것들은 서로 의지해서 존재하는데, 의지해서 존재하는 것에는 스스로의 성품이 없어서 존재하는 듯하지만 꿈과 같고 환과 같고 그림자와 같아서 참되지 못하다.

무명과 해탈이 평등하고 음노치와 계정혜가 모두 청정하며 지옥과 천궁이 다 정토라는 말은, 이 차별된 현상들이 하나의 평등한 원각의 성품에서 일어나기를 파도가 곧 물이요, 물이 곧 파도인 것처럼 서로 떨어져 존재하는 것들이 아닌 까닭이다.

여래가 원각을 수순한다는 것은, 궁극적으로 일체의 대립과 차별 경계를 완전히 벗어나 법계에는 하나의 진실한 원각의 성품만이 존재할 뿐 다른 법이 있지 않음을 분명히 깨친 경지이다.

●

선남자야, 보살들과 말세의 중생들이 망령된 생각을 일으키지

말고 망령된 생각을 쉬어 없애려 하지도 말고,

善男子 但諸菩薩 及末世衆生 居一切時 不起妄念 於諸妄念
亦不息滅

　부처님께서는 범부의 지위로부터 여래의 지위에 이르기까지 원각
과 더불어 수순하는 법문을 차례차례 단계적으로 말씀하셨다. 하지
만 그 법문을 다시 고정화시켜 들으면, 깨닫는 데에는 계단을 오르듯
점차적인 과정을 겪지 않으면 안 된다는 틀을 만들어 단번에 깨닫는
길을 망각하기 쉽다. 그래서 마음을 닦는 데 있어 수행자가 지녀야
할 올바른 소견을 다시 설하시는 것이다.
　항상 망령된 생각을 일으키지 말라는 것은 일상생활 가운데 늘 탐
욕과 성냄과 교만과 거짓과 쾌락 그리고 시비하는 생각들이 일어나는
것을 주의하고 조심하라는 말이며, 망령된 생각을 쉬어 없애려 들지
말라는 것은 일어나는 망상과 번뇌를 싫어하고 미워해서 없애겠다고
싸우려 들지 말라는 것이다. 망상과 번뇌는 일으켜도 병이 되고, 일
으키지 않으려고 해도 병이 되며, 일어난 번뇌를 끊겠다고 애써도 병
이 된다.
　영가 선사의 『증도가』에 '부제망 불구진(不除妄不求眞)이라. 무명
실성 즉불성(無明實性卽佛性)이요, 환화공신 즉법신(幻化空身卽法
身)'이라는 구절이 나온다. '수행자는 망령됨을 끊으려 하지도 말고
진실됨을 구하려 하지도 마라. 무명의 참 성품이 곧 부처의 성품이
요, 허깨비 같은 빈 몸이 곧 진리의 몸이니라.'라는 이 말은 수행하는
사람이 일어나는 마음을 대함에 있어 어떻게 대처해야 하는지를 단적

으로 가르쳐 주는 상승의 법문이라 하겠다.

●

망령된 생각의 경계 속에 있으면서 알려고 하지도 말고, 알지 못하는 것을 진실이라고 여기지도 말아야 하느니, 저 중생들이 이 법문을 듣고 믿고 이해하고 받아 지니되 놀라지 않으면 이것이 원각의 성품에 수순하는 것이니라.

선남자야, 잘 알아라. 이런 중생들은 이미 백천만억 항하의 모래 수와 같은 부처님과 보살들에게 공양하여 온갖 공덕의 뿌리를 심은 것이니, 여래는 이런 사람에게 일체 종지를 얻는다 말하느니라.

그때 세존께서 이 뜻을 거듭 펴시기 위해 게송으로 말씀하셨다.

청정혜여, 그대는 마땅히 알라.
원만하게 깨달아 있는 보리의 성품은
취할 것도 없고, 깨달을 것도 없으며
보살도 없고, 중생도 없느니라.
깨닫고 깨닫지 못한 때로 인해
점차와 차별이 있게 되나니
중생은 안다는 것에 장애를 받고
보살은 깨달음의 소견을 여의지 못하나
십지에 들어간 이가 길이 적멸하여
온갖 모습들에 머무르지 않고
크나큰 깨달음이 원만해지면
두루 수순한다 이름하노라.

말세의 한량없는 여러 중생이
마음에 허망함을 일으키지 않으면
여래는 이와 같은 사람들에게
현세에 곧바로 보살이 되고
항하사 수 부처님께 공양을 하여
모든 공덕 이미 원만했다 하노라.
여러 가지 방편이 많긴 하나
모두가 수순하는 지혜라 한다.

住妄想境 不可了知 於無了知 不辯眞實 彼諸衆生 聞是法門
信解受持 不生驚畏 是則名爲 隨順覺性 善男子 汝等當知 如
是衆生 已曾供養 百千萬億 恒河沙諸佛及大菩薩 植衆德本
佛說是人 名爲成就一切種智
爾時 世尊 欲重宣此義 而說偈言

清淨慧當知	圓滿菩提性
無取亦無證	無菩薩衆生
覺與未覺時	漸次有差別
衆生爲解碍	菩薩未離覺
入地永寂滅	不住一切相
大覺悉圓滿	名爲徧隨順
末世諸衆生	心不生虛妄
佛說如是人	現世卽菩薩
供養恒沙佛	功德已圓滿
雖有多方便	皆名隨順智

망상의 경계 속에 있으면서 알려고 하지 말라는 것은 헤아리고 따져서 아는 마음으로 수행을 삼지 말라는 뜻이다. 원각의 참마음 자리는 중생의 망령된 앎과 생각으로는 짐작조차 할 수 없는 경계로, 부처님의 팔만사천경을 다 외우고 세간의 모든 지식을 다 동원한다 해도 풀 수 없다. 어둡고 미혹한 망상 경계 속에서 참된 원각의 자리를 헤아려 알려고 하면 할수록 그 헤아림이 두터운 장벽이 되어 더욱 멀어진다. 진실한 수행자는 깨달음을 보겠다는 욕심도 버려야 하고 무언가를 알려고 하는 마음도 버려야 한다. 깨달아 알아야 되겠다는 욕심이 앞서면 그 욕심이 다시 장애가 되어 깨달음과 멀어지게 된다. 이렇게 말하면 또 생각하기를, 알려고도 하지 않고 깨달으려고 하지도 않고 일어나는 망상과 번뇌를 그대로 두면 그것이 그냥 진실한 원각에 이르는 방법인가 하여 수행할 게 없다는 지견을 일으키려 한다.

앞으로 나아가서도 안 되고 뒤로 물러서도 안 되고 그 자리에 가만히 있을 수도 없는 『원각경』의 이와 같은 가르침 안에 미묘한 수행의 길이 있음을 결코 지나쳐서는 안 된다. 물론 미혹의 구름 아래 머물러 있는 중생들로서는 이러한 법문에 의심을 갖지 않을 수는 없다. 그럼에도 불구하고 의심하는 생각을 돌려 이 뜻을 깨달아 보겠다고 마음공부를 하는 사람은 반드시 원각의 보배 자리에 올라 일체종지(一切種智), 즉 만법 하나하나의 성품을 아는 지혜를 얻게 될 것이다. 이런 사람은 지금에만 발심을 하여 부처님의 바른길을 찾고 수행을 하면서 공덕을 심었던 것이 아니라 이미 아득한 과거 생부터 모든 부처님과 보살들에게 지극한 신심을 바쳤고 법문을 들은 결실이 있었던 게 분명하다.

8

위덕자재보살장(威德自在菩薩章)

위덕자재보살장(威德自在菩薩章)

●

이때 위덕자재보살이 대중 가운데 있다가 얼른 자리에서 일어나 부처님의 발에 이마를 대 절하고, 오른쪽으로 세 번 돌고 무릎을 세워 꿇고 손을 모으고 부처님께 사뢰었다.

"대비하신 세존이시여, 저희들을 위하여 이와 같이 원각의 성품에 수순하는 법을 널리 분별하셔서 보살들로 하여금 마음의 광명을 깨닫게 하고, 부처님의 원음을 듣고 닦아 익히지 않고도 좋은 이익을 얻게 하셨나이다.

세존이시여, 비유하면 큰 성에 밖으로 난 네 개의 문이 있어 찾아오는 이에게 한 길만 있는 것이 아닌 것과 같이 모든 보살이 부처의 땅을 장엄하거나 깨달음을 이루는 것도 한 가지 방편만이 있을 수는 없나이다.

세존이시여, 바라옵건대 저희들을 위하여 모든 방편과 점차와 그리고 수행하는 사람에게는 몇 종류가 있는가를 널리 말씀해 주시어 이 모임의 보살과 중생들로서 대승을 구하는 이로 하여금 깨달음을 빨리 얻게 하여 여래의 큰 적멸 바다에 거닐게 하옵소서."

이렇게 말하고는 몸의 다섯 활개를 땅에 던져 세 번이나 청하여 마치고 다시 시작하려 하였다.

그때 세존께서 위덕자재보살에게 말씀하셨다.

"좋은 말이다. 좋은 말이다. 선남자야, 그대들은 보살들과 말세의 중생들을 위하여 여래에게 이와 같은 방편을 물었구나. 그대들은 들으라. 마땅히 그대들을 위해 말해 주리라."

이에 위덕자재보살이 분부를 받들어 기뻐하면서 대중들과 함께 조용히 귀를 기울였다.

於是 威德自在菩薩 在大衆中 卽從座起 頂禮佛足 右繞三匝 長跪叉手 而白佛言 大悲世尊 廣爲我等 分別如是隨順覺性 令諸菩薩 覺心光明 承佛圓音 不因修習 而得善利 世尊 譬如 大城 外有四門 隨方來者 非止一路 一切菩薩 莊嚴佛國 及成 菩提 非一方便 唯願世尊 廣爲我等 宣說一切方便漸次并修行 人 總有幾種 令此會菩薩 及末世衆生 求大乘者 速得開悟 遊 戲如來大寂滅海 作是語已 五體投地 如是三請 終而復始 爾 時 世尊 告威德自在菩薩言 善哉善哉 善男子 汝等乃能爲諸 菩薩 及末世衆生 問於如來 如是方便 汝今諦聽 當爲汝說 時 威德自在菩薩 奉敎歡喜 及諸大衆 默然而聽

위덕자재보살은 깨달음의 공덕이 법계에 두루하여 다함없는 가운데 중생을 교화함에 있어 걸림이 없는 보살이다. 부처님의 지혜에는 한량없는 덕이 갖추어져 있다. 그 덕은 중생의 그릇을 따라 언제나 자유자재하게 발휘된다. 수행을 해서 깨달음을 성취하게 되면 이와 같은 부처의 지혜와 덕을 갖추게 되어 위덕자재보살과 조금도 차별이 없는 행을 나타내게 된다.

여기서 위덕자재보살은 부처님께 수행의 필요성을 사뢰고, 마치 성에 들어가는 길이 여러 갈래가 있듯 수행법에는 몇 가지 종류가 있는지를 묻는다. '부처님의 원음을 듣고'에서 '원음'이란 부처님께서 설법하실 때의 음성을 말하는 것으로, 부처님의 음성은 이 세계에 두루 퍼져 들리지 않는 곳이 없기 때문에 이렇게 표현한다.

'닦아 익히지도 않고 좋은 이익을 얻게 하셨다.'는 것은, 이와 같은 부처님의 설법으로 인해 혼자 힘으로는 세세생생을 거쳐 갖가지 고행을 해도 알기 어려운 이치를 단번에 깨닫게 하여 큰 이익을 얻게 하였다는 의미이다.

●

선남자야, 위없는 묘한 깨달음이 시방에 두루하여 여래와 일체법을 내나니, 일체법과 더불어 동체이어서 평등하므로 모든 수행에는 실제로 둘이 없지만, 방편으로 수순하는 데에는 그 수효가 무량하고, 돌아갈 바를 두루 거두려면 성품의 차별에 따라 세 종류가 있느니라.

善男子 無上妙覺 徧諸十方 出生如來 與一切法 同體平等 於諸修行 實無有二 方便隨順 其數無量 圓攝所歸 循性差別 當

有三種

　위없는 묘한 깨달음은 중생과 세계와 부처의 근본이다. 이는 부동의 자리로 과거와 현재와 미래도 없고, 흘러가거나 흘러옴도 없으며, 넘치거나 모자람도 없다. 즉 묘한 깨달음의 자리인 원각은 본래 움직임이 없기 때문에 깨달았다고 해서 부처를 따라가고 어리석다고 해서 중생을 따라가지 않는다. 온갖 인연이 펼쳐졌다 할지라도 그 인연을 따라 변하거나 흐르지 않는다. 하지만 이 묘한 깨달음은 움직이지 않는다 해서 그 자리만을 지키고 있지는 않다. 움직임이 없는 가운데에서도 만법의 주체가 되어 부처와 중생을 창조하고 범부와 성인을 낳으며 더럽고 깨끗함을 나타낸다.

　이것을 원각이 지닌 불변성(不變性)과 수연성(隨緣性)이라고 하는데, 불변성은 움직이지 않고 변화하지 않는 원각의 바탕이고, 수연성은 움직이고 변화하는 원각의 작용이다. 움직이되 움직이지 않고 움직이지 않되 움직이고 있는 원각의 자리에서 보면 차별된 만 가지 현상은 그대로 평등하게 나타난다.

　'모든 수행에는 실제로 둘이 없지만, 방편으로 수순하는 데에는 그 수효가 무량하고, 돌아갈 바를 거두려면 성품에 따라 세 종류가 있다.'고 한 것은 묘한 깨달음 자리인 원각은 갖가지 수행의 방법을 따라 새삼 나타나는 것이 아니고, 항상 그 성품이 한결같아 평등하므로 어떤 수행법을 닦아도 빠르고 더딜 것이 없고, 높고 낮을 것이 없다. 그러나 중생의 근기가 다르고 수행하는 차원이 다르다 보니 이들을 따라 다양한 길이 나오게 된 것인데 그것은 크게 세 가지로 나눌 수 있다는 것이다. 이것을 삼관(三觀)이라고 한다.

●

선남자야, 보살들이 청정한 원각을 깨닫고 그 청정한 마음으로써 고요함을 취하는 것으로 수행을 삼으면, 망념이 맑아진 까닭에 그동안의 갖가지 요동하는 생각들이 번뇌였음을 깨달아 그윽한 지혜가 일어나나니, 몸과 마음의 티끌이 이를 따라 영원히 소멸하여 안으로 평온하기가 그지없어 시방에 계신 모든 부처님의 마음이 마치 거울 속의 그림자처럼 나타나느니라. 이런 방편을 '사마타'라 하느니라.

善男子 若諸菩薩 悟淨圓覺 以淨覺心 取靜爲行 由澄諸念 覺識煩動 靜慧發生 身心客塵 從此永滅 便能內發 寂靜輕安 由寂靜故 十方世界 諸如來心 於中顯現 如鏡中像 此方便者 名奢摩他

삼관(三觀) 중에서 첫 번째는 '사마타'이다. 사마타란 앞서 「보안보살장」에서도 언급했듯, 중생의 번뇌와 망상이 그쳐서 고요해졌다는 뜻을 가지고 있다. 한자로는 그칠 지(止)자로 표현하는데, 이는 일어나고 꺼지는 중생 마음속의 번뇌가 그쳐 아주 평온해진 상태로 흙탕물 속의 흙이 가라앉듯 정화된 경지이다.

본래 초기불교의 교리적 측면에서 볼 때, 『원각경』에서 말하는 삼관의 사마타와 곧이어 나오는 '삼마발제'와 '선나'를 관(觀)이라는 말로 설명하는 데는 무리가 있다. 엄밀히 말해 사마타, 삼마발제, 선나 이 셋은 불교 수행의 요체라 할 수 있는 계(戒), 정(定), 혜(慧)의 삼학(三學) 가운데 정학(定學)에 속하는 수행법에 나오는 용어들이다.

수행자가 정학을 닦는다고 할 때 그 정학은 바로 선나를 가리키고, 그 선나에 의해서 사마타와 삼마발제라는 결과를 얻는다. 『원각경』을 해설하는 데 있어 이 세 가지를 두고 삼관이라는 용어를 사용하고 있지만, 초기불교의 입장에서는 관이라는 말이 해당되어야 할 곳은 정학이 아니라 혜학(慧學)이므로 사마타와 삼마발제와 선나에 관이라는 말을 쓰는 것은 무리가 있다고 본다.

그럼에도 불구하고, 이 경에서 위의 세 용어를 관으로 설명하고 있는 까닭은 무엇인가? 앞서 부처님께서는 「보안보살장」에서 이미 몸과 마음을 관찰하는 관법으로 수행할 것을 가르쳤다. 그러므로 이 경에서 말하는 사마타와 삼마발제와 선나는 초기불교에서의 의미와는 달리 이미 관을 통해 깨달음을 얻은 상태에서 더욱 닦아 들어가는 방편의 차원에서 이 용어들을 사용하고 있다고 보아야 한다.

앞서 「보안보살장」에서 몸과 마음과 세계가 한바탕 허깨비와 같다는 이치를 깨닫게 하는 공부법으로 『금강경』의 공관법과 연결시켜 『원각경』의 공부 방법을 해설하였다. 『원각경』의 이 부분을 좀 더 바르게 확실히 이해하기 위해서는 앞의 「보안보살장」에서 언급한 공관법을 상기해야 한다.

일단 수행자가 몸과 마음을 허깨비와 같다고 관찰하는 공관법 수행을 거듭 쌓다 보면 원각의 마음이 열리게 된다. 그러면 이 자리에서 움직임이 없는 고요한 상태를 누리게 되는데, 과거에 일으켰던 모든 크고 작은 망령된 생각들이 밝은 깨달음의 빛으로 변화되어 몸과 마음이 움직이는 중에도 움직임 없는 지혜가 현전한다. 이때 수행자는 자리에 머물지 말고 움직임이 없고 고요한 마음을 세밀하게 들여다보는 관법을 한층 더 닦아 들어가 원각의 마음을 뚜렷하게 하고,

미세한 번뇌와 남아 있는 무명의 잔뿌리를 제거해 나가야 한다.

'신심객진(身心客塵)'이라는 말이 있다. 신심객진은 몸과 마음이 나그네 같고 티끌과 같다는 뜻이다. 나그네는 머물지 못하고 왔다 가는 존재요, 티끌은 깨끗한 것을 더럽힌다. 중생들의 몸과 마음도 저 객진과 같아 원각 속에 떠도는 나그네요, 원각을 덮는 티끌이다. 하지만 이와 같은 몸과 마음이라는 객진마저도 원각을 깨닫고 나면 그대로 맑고 청정한 지혜의 몸이 되고 지혜의 마음이 되어 어떤 허물도 찾을 수 없다.

뿐만 아니다. 이렇게 깨끗하게 맑아진 마음자리에서 과거 · 현재 · 미래의 온갖 부처님의 마음이 거울에 비치듯 스스로 나타나는데 마음과 부처와 세계가 하나의 진실한 모습일 뿐 다른 모습이 없다.

중생들의 망령된 무명의 의식은 어두운 성질만 지니고 있는 것이 아니고 원각의 빛처럼 교묘하게 밝은 성질도 지니고 있다. 수행자가 앉아서 수행을 하다 보면 마음이 홀연히 밝아지면서 안과 밖이 환해지는 느낌을 받게 되는데, 이러한 체험은 중생의 어두운 무명의 마음이 수행에 의해서 맑아질 때 나타나는 현상으로, 필경의 경지는 아니지만 깨달음에 이르는 하나의 좋은 과정이라 할 수 있다. 사마타는 바로 이와 같은 경계를 바르게 극복하고 원각의 자리에 나아가게 하는 관법인 것이다.

●

선남자야, 보살들이 청정한 원각을 깨닫고, 그 마음으로써 심성과 근과 진이 모두가 허깨비 같은 무명으로부터 비롯된 것임을 깨달아 갖가지 허깨비 같은 수행 방법을 일으켜 그 허깨비 같은 마음과 근진들을 제거할 때, 여러 가지 허깨비 같은 변화하는 모습을 지어내어 허깨비 같은 중생의 무리들을 깨우쳐 주나니, 크게 가엾이 여기는 마음이 일어나는 가운데서도 가볍고 평온하니라.

일체 보살이 이로부터 수행을 시작하여 차츰차츰 더해 가나니, 무명이 허깨비 같음을 관찰하는 것은 허깨비가 아니나 역시 허깨비와 같다고 여기는 까닭에 모든 허깨비 현상들을 벗어나게 되느니라. 보살들이 이와 같은 수행을 원만히 하는 것은 흙이 싹을 자라게 하는 것과 같아 이런 방편을 '삼마발제'라 하느니라.

善男子 若諸菩薩 悟淨圓覺 以淨覺心 覺知心性 及與根塵 皆因幻化 卽起諸幻 以除幻者 變化諸幻 而開幻衆 由起幻故 便能內發 大悲輕安 一切菩薩 從此起行 漸次增進 彼觀幻者 非同幻故 非同幻觀 皆是幻故 幻相永離 是諸菩薩 所圓妙行 如土長苗 此方便者 名三摩鉢提

다음은 삼마발제이다. '등지(等至)'로 번역하는데 '등(等)'에 이르렀다는 뜻으로, '등'은 탐욕, 성냄, 혼침, 들뜸, 의심과 같은 큰 번뇌들을 항복시켜 그 마음이 지극히 평등해진 상태를 말한다. 초기불교에서는 삼마발제를 정(定)의 일종으로 보기 때문에 역시 정학에 속하는 수행법인데, 이 경에서는 다른 각도에서 삼마발제를 설하고 있다. 무명으로부터 야기되는 일체의 망상들을 지속적으로 허깨비와 같다고 관찰하는 수행을 하면, 묘한 깨달음의 마음인 원각이 드러나면서 그동안 '나'라고 여겼던 마음들과 눈, 귀, 코, 혀, 몸, 뜻인 육근, 그리고 물질, 소리, 냄새, 맛, 촉각, 대상인 육진들이 모두 하나의 무명이 변화해서 생겨났음을 알게 된다.

　이와 같이 모두가 허깨비와 같다는 것을 분명히 아는 지혜는 어느 것에 대해서도 구하거나 달라붙는 법이 없고, 좋아하거나 싫어하는 법이 없다. 역경과 순경을 평등히 여기며, 원수와 은인을 동일하게 보고, 모든 것을 수용하되 어떤 것도 소유로 삼지 않는다. 삼마발제란 바로 이 가운데서도 깨달음을 얻지 못한 미혹한 중생들을 향해 한량없는 불쌍한 마음을 일으키고 그들을 제도하고자 세상에 그 몸을 나타내는 수행 방편이다. 즉 중생들을 제도하는 대자대비의 행으로써 수행을 완성시키는 것이다.

　이것을 관으로 설명하는 이유는, 허깨비 같지 않은 참된 지혜에서 중생을 제도하고자 대비심을 일으킬 때는 그 참된 지혜 또한 허깨비가 되어 허깨비 같은 중생을 제도하는 줄을 분명히 관찰하기 때문이다. 원각의 마음은 허망을 떠나 진실한 존재이지만 대상을 향해 일어나게 되면 그것이 자비라 하더라도 허깨비 같은 마음이다.

　'여러 가지 허깨비와 같은 모습을 지어내어'라는 것은 참된 원각의 깨달은 마음자리에서 중생을 불쌍히 여기고 그들을 깨우쳐 주고자 하는 크나큰 사랑과 갖가지 행위들도 결국 허깨비 같은 줄을 안다는 말이고, '허깨비 같은 중생의 무리를 깨우쳐 준다.'는 것은 중생이 본래 중생이 아니어서 깨우쳐 준다는 것마저도 허깨비라는 것을 안다는 말이다. '크게 가엾이 여기는 마음이 일어나는 가운데에서도 가볍고 평온하다.'는 것은, 원각을 깨달은 수행자는 일반 중생이 일으키는 집착에 얽힌 사랑과는 다른, 일체가 허깨비 같은 줄을 알아 머무름이 없고 얽매임이 없는 사랑을 베풀기 때문이다.

　또한 '무명이 허깨비 같음을 관찰하는 것은 허깨비가 아니나 역시 허깨비와 같다고 여기는 까닭에 모든 허깨비 현상들을 벗어나게 되느니라.' 하였는데, 이는 무명을 관찰할 때의 지혜를 어떻게 보아야 하는가에 대한 말씀으로, 일체가 허깨비인 줄을 아는 그 마음은 분명 허깨비가 아닌 진실이다. 그러나 수행은 그 진실 역시 허깨비와 같다고 봄으로써 어디에도 안주하지 않는 향상일로의 상태를 유지해야만 한다. 무명은 허깨비이지만 그 무명을 허깨비라고 보는 지혜는 허깨비가 아니다. 하지만 이때 참다운 수행은 그 지혜마저 허깨비라고 다시 관찰함으로써 참다움에도 안주하지 않는 무주처 열반을 성취한다.

삼마발제는 원각의 자리를 더욱 드러내기 위해 미혹한 중생들을 향해 일어나는 대비심을 관하는 것으로 수행 방편을 삼고 있다. 삼마발제를 흙이 싹을 자라게 하는 것과 같다고 한 것은 깨달음의 땅, 즉 원각에서 일어나는 대비로 땅을 삼아 점점 그 깨달음을 키워 나간다는 뜻이다. 일체가 헛되고 망령되다고 여기는 관법 수행을 계속 닦아 원각의 마음이 드러나면, 거기에서 과거에 느끼지 못했던 생명에 대한 근원적 사랑이 일어난다.

수행은 앉아서 자기 마음만을 관찰하는 것만으로는 완성하기 어렵다. 원각의 자리는 나와 남이 끊어진 가운데서도 하나가 되는 자리이다. 나와 남이 분명히 허깨비이건만 제도할 중생이 아주 없지 않아 항상 가엾이 여기는 마음이 일어난다. 삼마발제는 그 중생들을 불쌍히 여겨 제도하는 행위를 지을 적에 일어나는 그 마음을 다시 허깨비 같은 삼매로 돌려 원각을 성취하는 수행 방편인 것이다.

●

선남자야, 보살들이 청정한 원각을 깨닫고 그 마음으로써 허깨비 같은 것들과 더불어 조용한 모습들마저 취하지 않으면 몸과 마음이 모두가 장애가 되었음을 사무치게 알게 되며, 알고 느끼고 지각함이 없는 밝음은 온갖 걸림에 의지하지 않나니, 걸림과 걸림 없는 경계를 길이 벗어나게 되느니라. 이로써 세계와 몸과 마음을 다 수용하고 지녀서 쓰되, 모습은 티끌 세상에 있으나 마치 그릇 속의 종이 그 소리가 밖으로 나가는 것과 같이 번뇌다 열반이다 하는 상대에 구애되지 않고, 안으로 고요하고 가볍고 편안함을 떠나지 않느니라.

묘한 깨달음이 수순하는 적멸의 경계는 나와 남의 몸과 마음으로는 미치지 못하는 바라. 중생과 수명이 모두가 들뜬 생각들이 지어낸 바임을 알게 될 것이며, 이 방편을 '선나'라 하느니라.

善男子 若諸菩薩 悟淨圓覺 以淨覺心 不取幻化 及諸淨相 了
知身心 皆爲罣碍 無知覺明 不依諸碍 永得超過 碍無碍境 受
用世界 及與身心 相在塵域 如器中鐘 聲出於外 煩惱涅槃 不
相留碍 便能內發 寂滅輕安 妙覺隨順 寂滅境界 自他身心 所
不能及 衆生壽命 皆爲浮想 此方便者 名爲禪那

다음은 선나이다. 선나는 정려(靜慮)로 번역하며 고요하게 관찰한다는 뜻으로, 모든 번뇌와 망상의 자취가 끊어져 고요해진 상태이다. 역시 초기불교에서는 선나도 정학에 해당되는 용어인데, 여기서는 원각을 이미 깨달은 상태에서 다시 마음을 닦아 들어가는 법을 가리키고 있다.

'허깨비 같은 것들과 더불어 조용한 모습들마저 취하지 않는다.' 한 것은 앞의 삼마발제와 사마타의 경지에 안주하지 않는다는 의미를 담고 있는 말로 중도관(中道觀)을 설하고 있다. 원각을 깨달아 밝게 아는 수행자는 중생을 제도하되 제도하는 자신과 제도받는 중생 모두 허깨비인 줄 알아 어떤 것도 취하지 않을뿐더러 객진 번뇌가 사라져 그 마음이 고요하다 할지라도 그 고요함에 머물지 않는다.

'몸과 마음이 모두 장애가 되었음을 사무치게 안다.'고 하는 것은, 깨달음을 이루기 전에는 몸과 마음이 '나'라는 착각을 굳게 지니고 있으므로 몸과 마음이 장애인 줄을 모르고 집착하여 '나', '내 것'으로 여기고 살아왔지만, 깨달음을 이루고 나면 몸과 마음이 참으로 번거롭고 부자유한 존재임을 실감하게 된다는 말이다.

그러나 이렇게 번거롭고 부자유한 몸과 마음이 원각의 경지에서는 걸리고 막힐 것이 없어 장애라 할 것도 없다. 왜냐하면 깨달은 이는 그러한 몸과 마음을 취하지도 버리지도 않기 때문이다. '알고 느끼고 지각함이 없는 밝음은 온갖 걸림에 의지하지 않는다.'는 원각의 밝은 성품은 몸과 마음의 작용이 끊어진 지혜의 빛으로 어디에도 구애받지 않음을 뜻하는데, 원문에서 무지각명(無知覺明)이라 할 때의 각(覺)은 몸으로 느끼는 것을 말하고, 지(知)는 마음으로 아는 것을 말한다.

일체는 부처님의 품속에 존재한다. 그러므로 중생의 몸과 마음과 이 세계가 모두 부처님 안에 들어 있다. 그러나 부처님의 입장에서 보면, 이들이 모두 허깨비일 뿐이라 티끌 하나도 지닐 것이 없다. 이를 수용무애(受用無碍)라 한다. 즉 중생들의 몸과 마음과 세계를 거부하지 않고 다 받아들였으면서도 또한 한 법도 받아들인 바가 없다. 부처님처럼 깨닫게 되면 이렇게 모든 중생의 법을 수용하므로, 세상 속에 들어가 중생들에게 진리의 바퀴를 굴리되 괴로워하거나 힘들어 하거나 권태로워하지 않는다.

종(鍾)은 방 안에서 쳐도 벽과 담장을 넘어 그 소리가 멀리 밖에까지 퍼진다. 깨달은 이의 자재함도 이와 같아서 안과 밖의 경계를 벗어나 중생 세계와 부처 세계를 한 바탕으로 삼아 정토를 이룬다.

묘한 깨달음, 즉 묘각(妙覺)은 곧 원각이다. 원각은 중생의 헤아리고 분별하는 생각과 감정으로는 파악할 수 있는 자리가 아니므로 묘하다 한 것이다. 이 자리는 '나'와 '남'을 떠난 자리요, 허망한 마음으로 파악할 수 있는 자리도 아니다. 오로지 생각과 감정의 근원을 파악하고 몸과 마음의 본질을 꿰뚫어 그것이 마냥 하나의 허망한 현상일 뿐이라는 것을 바로 볼 때 비로소 나타난다. 선나는 바로 이와 같은 이치를 깨닫고 걸림 없는 행을 성취하는 수행이다.

●

선남자야, 이 세 가지 법문은 모두 다 뚜렷한 깨달음에 가깝게 하고 수순하게 함이니, 시방의 여래가 이로 인하여 깨달음을 이루었다. 시방 보살들의 온갖 같고 다른 수행법도 모두가 이와 같은 세 가지에 의지하나니, 만일 원만히 깨달으면 곧 원각을 이룰 것이니라.

가령 어떤 사람이 거룩한 도를 닦아 백천만억 아라한이나 벽지불을 교화하여 과위를 이루게 하더라도 다른 어떤 사람이 이 원각의 걸림 없는 법문을 듣고 한 찰나 사이에 수순하고 닦아 익힌 것만 같지 못하느니라.

그때 세존께서 이 뜻을 거듭 펴시기 위해 게송으로 말씀하셨다.

위덕이여, 그대는 마땅히 알라.
위없이 크나큰 깨달음의 마음은

본바탕에는 두 가지 모습 없건만

방편 따라 그 수효 한량없도다.

여래가 모두 열어 말한다면

그것은 세 종류로 나뉘느니라.

첫 번째 안온한 사마타행은

거울에 그림자가 비춰짐과 같고

두 번째 허깨비 같은 삼마발제는

싹이 차츰 자라나 커 감과 같고

세 번째 고요한 선나행은

그릇 속에 울리는 종소리 같나니

이 세 가지 미묘한 진리는

모두 다 원각을 수순하니라.

시방의 모든 여래 큰 보살들은

이로 인해 바른 도를 이루게 되나니

세 가지를 원만히 증득하므로

구경의 열반이라 이름하느니라.

善男子 此三法門 皆是圓覺 親近隨順 十方如來 因此成佛 十

方菩薩 種種方便 一切同異 皆依如是 三種事業 若得圓證 卽

成圓覺 善男子 假使有人 修於聖道 敎化成就 百千萬億 阿羅

漢 辟支佛果 不如有人 聞此圓覺 無碍法門 一刹那頃 隨順修習

爾時 世尊 欲重宣此義 而說偈言

威德汝當知　　　無上大覺心

本際無二相　　　隨順諸方便

其數卽無量	如來總開示
便有三種類·	寂靜奢摩他
如鏡照諸像	如幻三摩提
如苗漸增長	禪那唯寂滅
如彼器中鐘	三種妙法門
皆是覺隨順	十方諸如來
及諸大菩薩	因此得成道
三事圓證故	名究竟涅槃

세 가지 법문은 이제껏 말한 삼관 수행을 말한다. 원각에 의지하여 번뇌와 망상을 끊고 마음을 고요하게 하는 사마타, 중생을 향한 대비심을 일으키되 그 대비심 역시 허깨비임을 관찰하는 삼마발제, 번뇌와 열반마저도 모두 벗어나 모든 것에 걸림 없음을 실천하는 선나, 이 세 가지는 불법의 모든 수행을 포섭한다.

벽지불은 부처님의 가르침을 듣지 않고 혼자 수행하여 스스로 아라한의 경지에 오른 성자로 '독각(獨覺)'이라고도 한다. 이들의 경지는 번뇌를 완전히 끊어 이 세상의 온갖 고통으로부터 벗어나기는 하였으나, 중생과 부처가 차별이 없는 일진법계의 이치를 꿰뚫지 못하고 열반에만 머물러 중생계를 저버린, 치우친 경지이므로 소승에 속한다.

궁극의 깨달음이란 중생과 부처, 번뇌와 열반을 하나로 갈무리하고 있는 원각을 완전히 드러내는 것으로써 완성된다. 수많은 사람이 소승의 깨달음을 얻었다 할지라도 단 한 사람이 원각을 성취한 것만 같지 못하다.

9

변음보살장(辯音菩薩章)

변음보살장(辯音菩薩章)

●

이때 변음보살이 대중 가운데 있다가 얼른 자리에서 일어나 부처님의 발에 이마를 대 절하고, 오른쪽으로 세 번 돌고 무릎을 세워 꿇고 손을 모으고 부처님께 사뢰었다.

"대비하신 세존이시여, 이와 같은 법문은 매우 드문 일이니, 이 모든 방편은 일체 보살이 뚜렷한 깨달음에 드는 문 가운데 몇 가지로 닦아 익힘이 있습니까? 대중과 말세의 중생들을 위하여 방편으로 보여 주시어 실상을 깨닫게 하옵소서."

이렇게 말하고는 몸의 다섯 활개를 땅에 던져 세 번이나 청하여 마치고 다시 시작하려 하였다.

그때 세존께서 변음보살에게 말씀하셨다.

"참으로 그러하니라. 선남자야, 그대들은 여러 대중과 말세의 중생을 위하여 여래에게 이와 같이 닦아 익히는 법을 묻는구나.

211

그대들은 들으라. 마땅히 그대들을 위해 말해 주리라."

그때 변음보살이 분부를 받들어 기뻐하면서 대중들과 함께 조용히 귀를 기울였다.

於是 辯音菩薩 在大衆中 卽從座起 頂禮佛足 右繞三匝 長跪
叉手 而白佛言 大悲世尊 如是法門 甚爲希有 世尊 此諸方便
一切菩薩 於圓覺門 有幾修習 願爲大衆及末世衆生 方便開示
令悟實相 作是語已 五體投地 如是三請 終而復始 爾時 世尊
告辯音菩薩言 善哉善哉 善男子 汝等乃能 爲諸大衆 及末世
衆生 問於如來如是修習 汝今諦聽 當爲汝說 時 辯音菩薩 奉
敎歡喜 及諸大衆 默然而聽

변음보살은 말솜씨가 뛰어난 보살이다. 다함이 없는 음성과 걸림 없는 말재주로 뭇 중생들의 미혹을 없애 부처의 깨달음에 들게 한다. 깨닫고 보면 이 세계는 부처의 설법이 가득 찬 세계이다. 그 설법은 언어로써 이루어진 것이 아니다. 하지만 때와 장소를 불문하고 쉼 없이 중생들을 향해 설해지고 있다. 변음보살은 중생들에게 이와 같은 부처의 깨달음 속에 내재하는 무형의 설법을 갖가지 언어로써 표현해 주기 위해 나타난 보살이다.

변음보살은 앞서 부처님이 위덕자재보살에게 수행의 기본 방편에는 세 가지가 있다고 설하시는 것을 듣고, 그중의 하나만 택해서 닦아야 하는지, 세 가지를 병행해서 닦아야 하는지, 또 무엇을 앞에 닦고 무엇을 뒤에 닦아야 하는지, 그 차례에 대한 의문을 일으키고 있다. 그런데 여기서 짚고 넘어가야 할 것은, 지금 설하고 있는 삼관이 수행의 경험이 없는 범부를 대상으로 하는 것이 아니라, 이미 말한 공관법이며 환관법인 수행을 통해 원각의 성품을 체득한 수행자들을 대상으로 한다는 사실이다.

●

선남자야, 온갖 여래의 뚜렷한 깨달음이 청정하여 본래 닦아 익힐 것도 없고 닦아 익히는 이도 없지만, 온갖 보살과 말세의 중생이 깨닫지 못한 까닭에 허깨비의 힘에 의하여 닦아 익히므로, 이때 문득 스물다섯 가지 청정한 선정의 수레바퀴가 있게 되었느니라.

善男子 一切如來 圓覺淸淨 本無修習 及修習者 一切菩薩 及
末世衆生 依於未覺 幻力修習 爾時便有 二十五種 淸淨定輪

계속 되풀이되는 말이지만, 부처님의 깨달은 경지에 비추어 볼 때 원각의 자리는 닦을 것도 없고, 닦는 사람도 없는 자리다. 원각의 자리는 본래 청정하기 때문에 수행을 하고 닦아서 새삼 밝혀지는 자리가 아니다. 이 자리는 본래부터 깨달아 있으므로 깨달았다 할 것이 없고, 수행을 하고 말고 할 것도 없다. 그러나 이것은 어디까지나 부처님의 경지에서 하는 말이지, 범부 중생의 차원에서 하는 말은 아니다. 깨닫고 보면 깨달을 것이 없고 수행을 할 필요도 없겠으나, 미혹 속에 머물러 있는 중생에게는 그래도 깨달아야 할 큰 과제가 있고, 힘써 닦지 않으면 안 될 수행이라는 것이 필요하다.

'허깨비의 힘에 의해 닦는다.'는 것은 바로 중생이 부처님의 깨달음을 이루기 위해 일으키는 세 가지 수행 방편을 말한다. 사마타와 삼마발제와 선나는 원각을 완성하는 힘이다. 그러나 이 힘은 허깨비와 같다. 모든 수행 방편과 수행하는 자가 본래 있는 것이 아니기 때문이다.

스물다섯 가지 청정한 선정의 수레바퀴가 있다고 하였는데, 이는 위의 삼관을 근간으로 삼아 그중 하나를 닦기도 하고, 쌍으로 닦기도 하고, 셋을 함께 닦기도 하는 방식이다. 삼관을 선정의 수레바퀴에 비유한 것은, 사마타와 삼마발제와 선나가 하나의 선정이 되어 수행자를 원각이라는 목적지로 운반해 주는 까닭이다. 수레바퀴에는 운반이라는 의미가 담겨 있다.

만일 모든 보살들이 지극한 고요함만을 취하면 고요함의 힘 때문에 길이 번뇌를 끊고 끝내 성취하여 자리에서 일어나지 않고 곧바로 열반에 드니, 이 보살은 사마타만을 닦는다 하느니라.

만일 모든 보살들이 오직 허깨비 같음만을 관찰하고, 부처님의 힘에 의하여 세계의 갖가지 작용을 변화시켜 보살의 청정하고 묘한 행을 갖춰 행하되, 다라니에서 고요한 생각과 모든 조용한 지혜를 잃지 않으니, 이 보살은 삼마발제만을 닦는다 하느니라.

만일 모든 보살들이 오직 허깨비만을 없애어 작용을 취하지 않고 오직 번뇌만을 끊으며 번뇌가 끊어져 다하면 곧바로 실상을 증득하나니, 이 보살들은 선나만을 닦는다 하느니라.

若諸菩薩 惟取極靜 由靜力故 永斷煩惱 究竟成就 不起於座 便入涅槃 此菩薩者 名單修奢摩他 若諸菩薩 惟觀如幻 以佛 力故 變化世界 種種作用 備行菩薩 清淨妙行 於陀羅尼 不失

寂念 及諸靜慧 此菩薩者 名單修三摩鉢提 若諸菩薩 唯滅諸
幻 不取作用 獨斷煩惱 煩惱斷盡 便證實相 此菩薩者 名單修
禪那

．

먼저 부처님께서는 삼관 중 하나만을 택해 닦는 법을 설하신다.

첫째로 사마타만을 닦는 것이니, 원각의 성품 가운데 고요함만을
취해 중생을 향한 자비와 교화행을 짓지 않고 열반의 기쁨 속에 머물
러 있는 수행이다. 원각의 고요함은 중생의 무명과 망상이 다한 자리
이다. '자리에서 일어나지 않고 열반에 든다.'는 것은 깨달음 속에서
어떠한 생각조차도 일으키지 않고 머물러 있는 상태이다. 즉 고요히
앉아 항상 스스로가 체득한 내적인 즐거움에 머물러 그것을 비추어
보는 것으로서 한번 열린 원각의 문을 더 활짝 열어 놓는 관행(觀行)
을 닦는 것이다. 이것은 깨달음은 확실하나 그 행에 있어서는 소승과
다르지 않다.

둘째는 삼마발제만을 닦는 것이니, 모든 법이 허깨비 같다는 사실
을 깨달아 원각에 이르면 그곳에서 일어나는 부처의 힘, 곧 원각의 힘
에 의지해 온갖 중생들을 즐겁고 이익되게 하는 행이 일어난다. 사마
타행이 고요함에 머물러 있는 데 반해, 삼마발제는 고요함 가운데에
서 일어나는 중생을 향한 자비로써 그 수행을 삼는다. 마치 흙에서 싹
이 나와 자라듯 고요한 땅에서 자비의 싹이 나와 열매를 맺는 것과 같
다. 자비는 원각에서 일어나고 다시 그 원각을 더욱 뚜렷하게 한다.

'다라니에서 고요한 생각과 모든 조용한 지혜를 잃지 않는다.' 하
였는데, 이때의 다라니는 원각의 다른 말이다. 원각은 능히 모든 세
계와 존재를 갈무리하고 있기 때문에 다라니라 한 것이다. 다라니라

는 말은 총지(總持)로 해석되며 '일체법을 간직한다.'는 의미를 지니고 있다. 그 가운데 고요함과 조용한 지혜의 성품이 이미 깃들어 있으므로, 갖가지 방편을 써서 중생들을 제도하는 행을 짓는다 할지라도 마음이 움직여 혼란함이 없다.

셋째는 선나만을 닦는 것이니, 허깨비 같은 무명을 타파하고 갖가지로 중생을 교화하되 그 교화하는 행위 역시 허깨비임을 알아, 그 행을 마음 가운데 두지 않고 지혜로써 번뇌가 끝까지 다한 실상의 자리를 증득해 들어가는 수행이다. 실상의 자리는 원각의 자리이다. 실상의 자리에서 보면 중생의 실상이 부처이고 부처의 실상이 중생이어서, 깨달아 제도하는 부처와 깨닫기 위해 교화받는 중생이 별개의 존재가 아니다. 그런 의미에서 선나 수행은 불교 수행의 정점이라 할 수 있다.

거듭 말한 바 있는 환관법인 공관 수행을 계속하여 원각이 열리면 사마타의 고요한 지혜와 삼마발제의 중생을 불쌍히 여기는 자비가 갖추어지는데, 선나는 바로 이 같은 사마타와 삼마발제의 경계를 다시 환관법으로 돌려 원각의 깨달음을 완성시킨다.

●

만일 모든 보살들이 먼저 지극히 고요함을 취하고 조용한 지혜로써 온갖 허깨비 되는 것들을 비추어 관찰하고 거기에서 보살행을 일으키면, 이 보살은 먼저 사마타를 닦고 나중에 삼마발제를 닦는다 하느니라.

만일 모든 보살들이 조용한 지혜로써 지극히 조용한 성품을 깨닫고는 문득 번뇌를 끊고 영원히 생사를 벗어나면, 이 보살은 먼저 사마타를 닦고 나중에 선나를 닦는다 하느니라.

만일 모든 보살들이 조용한 지혜로써 다시 허깨비의 힘을 나타
내고 갖가지로 변화하여 중생들을 제도하다가 나중에 번뇌를
끊고 적멸에 들면, 이 보살은 먼저 사마타를 닦고 중간에 삼마
발제를 닦고 나중에 선나를 닦는다 하느니라.

만일 모든 보살들이 지극히 조용한 힘으로써 번뇌를 끊은 뒤에
나중에 보살의 청정하고 묘한 행을 일으켜 중생들을 제도하면,
이 보살은 먼저 사마타를 닦고 중간에 선나를 닦고 나중에 삼마
발제를 닦는다 하느니라.

만일 모든 보살들이 지극히 조용한 힘으로써 마음의 번뇌를 끊
고 다시 중생들을 제도하기 위해서 세계를 건립해 가면, 이 보
살은 먼저 사마타를 닦고 나란히 삼마발제와 선나를 닦는다 하
느니라.

만일 모든 보살들이 지극히 조용한 힘으로써 온갖 변화가 일어
나도록 돕고 나중에 번뇌를 끊으면, 이 보살은 먼저 나란히 사
마타와 삼마발제를 닦고 나중에 선나를 닦는다 하느니라.

만일 모든 보살들이 지극히 조용한 힘으로써 적멸을 돕고 나중
에 작용을 일으켜 세계를 변화시키면, 이 보살은 먼저 나란히
사마타와 선나를 닦고 나중에 삼마발제를 닦는다 하느니라.

若諸菩薩 先取至靜 以靜慧心 照諸幻者 便於是中 起菩薩行
此菩薩者 名先修奢摩他 後修三摩鉢提 若諸菩薩 以靜慧故
證至靜性 便斷煩惱 永出生死 此菩薩者 名先修奢摩他 後修
禪那 若諸菩薩 以寂靜慧 復現幻力 種種變化 度諸衆生 後斷
煩惱 而入寂滅 此菩薩者 名先修奢摩他 中修三摩鉢提 後修

禪那 若諸菩薩 以至靜力 斷煩惱已 後起菩薩 淸淨妙行 度諸
衆生 此菩薩者 名先修奢摩他 中修禪那 後修三摩鉢提 若諸
菩薩 以至靜力 心斷煩惱 後度衆生 建立世界 此菩薩者 名先
修奢摩他 齊修三摩鉢提 禪那 若諸菩薩 以至靜力 資發變化
後斷煩惱 此菩薩者 名齊修奢摩他 三摩鉢提 後修禪那 若諸
菩薩 以至靜力 用資寂滅 後起作用 變化世界 此菩薩者 名齊
修奢摩他 禪那 後修三摩鉢提

위의 일곱 가지 선정의 바퀴는 사마타를 먼저 닦는 관법이다. 다섯
가지를 하나로 분류한 것은 사마타를 처음 머리로 하여 나중에 삼마
발제와 선나를 닦기 때문이다.

이십오륜 가운데 네 번째는 사마타를 먼저 닦고 나서 삼마발제를
닦는 것이다. 이는 환관 수행을 거듭하여 원각의 자리가 드러나면 어
떤 생각도 일으키지 않고 움직이지 않는 고요한 지혜를 더욱 공고히
하는 수행을 거듭 쌓아 나아가는 것을 말한다. 그런 다음 그 지혜를
가지고 자신과 세계가 공하여 한바탕 허깨비 같다는 이치로써 관조하
고 일으킬 바 없는 보살도를 짐짓 일으켜 중생을 제도하는 수행을 말
한다.

다섯 번째 사마타를 먼저 닦고 나중에 선나를 닦는다는 것은, 움직
임이 없는 원각의 고요한 지혜로써 깨달은 부처의 세계와 미혹한 중
생의 세계를 홀연히 벗어났으면서도 다시 부처와 중생계를 하나로 여
기고 나고 죽는 중생계에 몸을 나타내는데, 실상에 있어서는 나고 죽
음이 없는 이치를 요달(了達)하는 것을 말한다.

여섯 번째 사마타를 닦고 중간에 삼마발제를 닦고 나중에 선나를

닦는다 하였는데, 일체가 허깨비와 같고 꼭두각시와 같다는 환관공
부를 거듭하여 원각의 자리가 드러나면 그 지혜의 자리에서 중생들을
크게 불쌍히 여기는 자비가 일어난다. 수행자는 이로써 중생들을 온
갖 방편으로 제도하는데, 나중에는 그 불쌍히 여기는 마음과 제도하
는 행까지도 완전히 거두어들여 나고 죽음이 없는 자리에 들어가는
것을 말한다.

일곱 번째 사마타를 닦고 중간에 선나를 닦고 나중에 삼마발제를
닦는 것은, 원각의 고요한 지혜를 쌓아 나가다가 그 지혜의 힘으로
남아 있는 크고 작은 번뇌들을 끝까지 소멸한 뒤에 그 적멸한 자리에
서 깨끗한 행위를 일으켜 중생들을 제도하는 것이다.

여덟 번째 사마타를 닦고 나란히 삼마발제와 선나를 닦는다는 것
은, 환관공부를 통해 얻은 원각의 고요한 지혜로써 번뇌를 끝까지 여
의는 행을 닦음과 동시에 번뇌가 다시는 일어남이 없는 곳에서 중생
과 부처, 미혹과 깨달음에 치우치지 않는 중도의 경지로 중생들을 제
도하는 행을 말한다.

아홉 번째는 사마타와 삼마발제를 동시에 먼저 닦고 나중에 선나
를 닦는 것이다. 이는 원각의 고요한 지혜를 더욱 확장시켜 공고히
하면서 그 힘으로 중생을 제도하는 변화와 방편을 마음대로 구사하다
가 번뇌를 끊어 다시는 나고 죽음이 없는 적멸의 경계에 들어가는 행
을 말한다.

열 번째 사마타와 선나를 나란히 닦고 나중에 삼마발제를 닦는다
는 것은, 원각의 고요한 지혜를 거듭 밝히면서 생사윤회의 근본이 되
는 나머지 번뇌들을 끊어 없애 적멸의 경지에 머물러 있다가, 실제로
있는 것은 아니지만 미혹한 중생들을 굽어보고 그들을 제도하여 부처

의 세계에 들게 하는 것이다.

●

만일 모든 보살들이 변화의 힘으로써 갖가지로 수순하되 지극히 조용함을 취하면, 이 보살은 먼저 삼마발제를 닦고 나중에 사마타를 닦는다 하느니라.

만일 모든 보살들이 변화의 힘으로써 갖가지 경계에서 적멸을 취하면, 이 보살은 먼저 삼마발제를 닦고 나중에 선나를 닦는다 하느니라.

만일 모든 보살들이 변화의 힘으로써 부처의 일을 짓고 고요함에 머물러서 번뇌를 끊으면, 이 보살은 먼저 삼마발제를 닦고 중간에 사마타를 닦고 나중에 선나를 닦는다 하느니라.

만일 모든 보살들이 변화의 힘으로써 걸림 없는 작용을 행하다가 번뇌를 끊으므로 지극히 조용함에 편안히 머무르면, 이 보살은 먼저 삼마발제를 닦고 중간에 선나를 닦고 나중에 사마타를 닦는다 하느니라.

만일 모든 보살들이 변화의 힘으로써 방편을 지어 지극히 조용함과 적멸 두 가지에 수순하면, 이 보살은 먼저 삼마발제를 닦고 나란히 사마타와 선나를 닦는다 하느니라.

만일 모든 보살들이 변화의 힘으로써 갖가지 작용을 일으켜 지극히 조용함을 돕다가 나중에 번뇌를 끊으면, 이 보살은 나란히 삼마발제와 사마타를 닦고 나중에 선나를 닦는다 하느니라.

만일 모든 보살들이 변화의 힘으로써 적멸을 돕다가 나중에 청정하고 조작이 없는 정려에 머무르면, 이 보살은 나란히 삼마발제와 선나를 닦고 나중에 사마타를 닦는다 하느니라.

若諸菩薩 以變化力 種種隨順而取至靜 此菩薩者 名先修三摩鉢提 後修奢摩他 若諸菩薩 以變化力 種種境界而取寂滅 此菩薩者 名先修三摩鉢提 後修禪那 若諸菩薩 以變化力 而作佛事安住寂靜 而斷煩惱 此菩薩者 名先修三摩鉢提 中修奢摩他 後修禪那 若諸菩薩 以變化力 無碍作用 斷煩惱故 安住至靜 此菩薩者 名先修三摩鉢提 中修禪那 後修奢摩他 若諸菩薩 以變化力 方便作用 至靜寂滅 二俱隨順 此菩薩者 名先修三摩鉢提 齊修奢摩他 禪那 若諸菩薩 以變化力 種種起用 資於至靜 後斷煩惱 此菩薩者 名齊修三摩鉢提 奢摩他 後修禪那 若諸菩薩 以變化力 資於寂滅 後住清淨 無作靜慮 此菩薩者 名齊修三摩鉢提 禪那 後修奢摩他

위의 일곱 가지 선정 바퀴는 삼마발제를 처음 머리로 하여 사마타와 선나를 병행하여 닦아 들어가는 관법이다.

이십오륜의 열한 번째는 삼마발제를 먼저 닦고 나중에 사마타를 닦는 것이다. 이는 환관 수행을 통해 얻은 원각의 자리에서 중생을 향한 불쌍한 마음으로 허깨비와 같은 방편을 짓다가 지혜를 더욱 원만하게 닦아 들어가는 것을 말한다.

열두 번째는 삼마발제를 먼저 닦고 나중에 선나를 닦는 것이다. 원각의 자리에서 중생을 향한 불쌍한 마음을 일으켜 허깨비와 같은 방편을 짓다가 그 불쌍한 마음과 허깨비 같은 방편마저도 거두어들여 다시는 나고 죽음이 없는 적멸의 경계로 들어가는 수행을 말한다.

열세 번째는 먼저 삼마발제를 닦고 중간에 사마타를 닦고 나중에 선나를 닦는 것이다. 원각의 자리에서 일으킬 바 없는 자비를 중생들에게 일으켜 깨닫게 하는 불사를 짓다가, 움직임 없는 원각의 고요한 성품을 완전히 드러내고 다시는 세상에 태어나지 않는 불생불멸 적멸의 경지에 들어가는 수행을 말한다.

열네 번째는 먼저 삼마발제를 닦고 중간에 선나를 닦고 나중에 사마타를 닦는 것이다. 원각의 자리에서 중생이랄 것도 없는 중생을 향해 불쌍한 마음을 일으키고 그들을 깨닫게 하는 화작(化作)을 하다가 나고 죽음이 없는 적멸의 경지에서 고요하고 움직임이 없는 성품에 들어가는 수행을 말한다.

열다섯 번째는 먼저 삼마발제를 닦고 나란히 사마타와 선나를 닦는 것이다. 원각의 자리에서 자신과 중생과 세계가 참으로 허깨비와 같다는 사실을 깨닫고 거기에서 불쌍한 마음을 다시 일으켜 중생을 제도하고 그들이 살아가는 세계를 밝고 깨끗하게 한 다음, 번뇌를 제거하고 생사를 뛰어넘어 고요한 자리에 머무르는 수행이다.

열여섯 번째는 먼저 삼마발제와 사마타를 나란히 닦고 나중에 선나를 닦는 것이다. 일어나고 꺼짐이 본래 없는 원각의 자리에서 짐짓 중생들을 제도하고 세계를 장엄하는 보살행을 일으키면서 남아 있는 번뇌들을 끊고 난 다음, 흔들림과 뒤섞임이 없는 원각의 고요한 성품에 들어가는 것을 말한다.

열일곱 번째는 먼저 삼마발제와 선나를 나란히 닦고 나중에 사마타를 닦는 것이다. 환관을 통해 얻어진 원각의 경지에서 삼계의 중생을 불쌍히 여기고 그들을 위해 갖가지 방편으로 이로움을 주면서 번뇌가 끊어진, 생사가 없는 적멸의 경지에 들어가 고요함 속에 영원히 머무르는 수행을 말한다.

●

만일 모든 보살들이 적멸의 힘으로써 지극히 조용함을 일으켜 청정함에 머무르면, 이 보살은 먼저 선나를 닦고 나중에 사마타를 닦는다 하느니라.

만일 모든 보살들이 적멸의 힘으로써 작용을 일으켜 온갖 경계에서 적멸의 작용에 수순하면, 이 보살은 먼저 선나를 닦고 나중에 삼마발제를 닦는다 하느니라.

만일 모든 보살들이 적멸한 힘의 갖가지 스스로의 성품으로써 정려에 안주하고 변화를 일으키면, 이 보살은 먼저 선나를 닦고 중간에 사마타를 닦고 나중에 삼마발제를 닦는다 하느니라.

만일 모든 보살들이 적멸한 힘의 조작이 없는 스스로의 성품으로써 작용을 일으키고 청정한 세계에서 정려에 돌아가면, 이 보살은 먼저 선나를 닦고 중간에 삼마발제를 닦고 나중에 사마타를 닦는다 하느니라.

만일 모든 보살들이 적멸의 힘인 갖가지 청정함으로써 정려에 머물러 변화를 일으키면, 이 보살은 먼저 선나를 닦고 나란히 사마타와 삼마발제를 닦는다 하느니라.

만일 모든 보살들이 적멸의 힘으로써 지극히 조용함을 돕고 변화를 일으키면, 이 보살은 먼저 나란히 선나와 사마타를 닦고 나중에 삼마발제를 닦는다 하느니라.

만일 모든 보살들이 적멸의 힘으로써 변화를 돕고 조용하고 밝은 지혜를 일으키면, 이 보살은 먼저 나란히 선나와 삼마발제를 닦고 나중에 사마타를 닦는다 하느니라.

若諸菩薩 以寂滅力 而起至靜 住於清淨 此菩薩者 名先修禪
那 後修奢摩他 若諸菩薩 以寂滅力 而起作用 於一切境 寂用
隨順 此菩薩者 名先修禪那 後修三摩鉢提 若諸菩薩 以寂滅
力 種種自性 安於靜慮 而起變化 此菩薩者 名先修禪那 中修
奢摩他 後修三摩鉢提 若諸菩薩 以寂滅力 無作自性 起於作
用 清淨境界 歸於靜慮 此菩薩者 名先修禪那 中修三摩鉢提
後修奢摩他 若諸菩薩 以寂滅力 種種清淨 而住靜慮 起於變
化 此菩薩者 名先修禪那 齊修奢摩他 三摩鉢提 若諸菩薩 以
寂滅力 資於至靜 而起變化 此菩薩者 名齊修禪那 奢摩他 後
修三摩鉢提 若諸菩薩 以寂滅力 資於變化 而起至靜 清明境
慧 此菩薩者 名齊修禪那 三摩鉢提 後修奢摩他

위에 열거한 일곱 가지 선정 바퀴는 선나를 처음 머리로 하여 사마
타와 삼마발제를 닦아 들어가는 관법이다.

이십오륜의 열여덟 번째는 먼저 선나를 닦고 나중에 사마타를 닦
는 법을 보였다. 이는 원각을 깨달아 생사가 없는 경지에서 요동하는
미세한 번뇌들을 비추어 보고, 그것들을 제거하여 고요하게 한 다음
더럽고 깨끗함이 없는 청정의 경지에 머무르는 수행이다.

열아홉 번째는 선나를 닦고 나중에 삼마발제를 닦는 것이다. 원각
을 깨닫게 되면 나고 죽음이 다한 적멸의 경계가 드러나는데, 이때
적멸한 마음자리에서는 자기라고 여겼던 몸과 대상으로서의 세계도
함께 허공처럼 고요해져 온갖 분별과 시비가 다 끊어지게 된다. 수행
자는 여기서 다시 중생들을 향해 크게 불쌍히 여기는 마음을 일으켜
갖가지 미묘한 방편으로 그들을 제도하는 행을 짓는다.

스무 번째는 선나를 먼저 닦고 중간에 사마타를 닦고 나중에 삼마발제를 닦는 것이다. 환관 수행을 통해 원각이 드러나면 거기에서 생사의 근본이 되는 갖가지 번뇌들을 마저 제거하고 고요한 자리에 머물러서 중생들을 이익되고 즐겁게 하는 행을 닦는 것을 말한다. '정려(靜慮)'라는 단어가 나오는데, 이 말은 원래 선나를 번역할 때 사용하는 용어이다. 그런데 여기서는 선나에 해당되는 용어를 사마타의 경지를 표현하는 말로 쓰고 있어 약간의 의혹을 가지게 한다.

　　스물한 번째는 우선 선나를 닦고 중간에 삼마발제를 닦고 나중에 사마타를 닦는 것이다. 원각의 적멸한 마음자리는 일체의 조작이 끊어진 자리이다. 이 자리는 욕망과 감정과 의지가 사라진 허공과 같은 성품을 지니고 있다. 그러나 마치 거울이 인연에 따라 물체를 비추듯이 자리도 조작이 없는 가운데 중생들에게 감응하여 그들을 제도한다. 이것이 『원각경』에서 말하는 삼마발제이다. 보살은 이와 같은 행 속에서도 맑고 깨끗한 청정함을 잃지 않고 정려의 고요한 상태로 돌아가는 수행을 거듭 쌓는다.

　　스물두 번째는 먼저 선나를 닦고 나란히 사마타와 삼마발제를 닦는 것이다. 원각의 깨달음이 드러나면 고요하고 움직임 없는 적멸의 마음이 열리는데, 수행자가 그 힘으로 요동하는 번뇌와 바깥 대상의 시끄러운 경계들을 모두 조복시키고 어디를 가든 무엇을 대하든 고요함을 잃지 않는 가운데 뭇 중생들을 향해 대자비를 베푸는 행을 짓는 것을 말한다.

　　스물세 번째는 나란히 선나와 사마타를 닦고 나중에 삼마발제를 닦는 것이다. 온갖 무명을 환상과 같다고 관찰하는 환관 수행을 통해서 원각의 마음이 열리면, 안에서 일어나는 갖가지 번뇌와 바깥에서 벌어지는 온갖 경계에 대해서 고요함과 조용함을 지키는 관행을 더욱 깊이 쌓은 다음 중생들을 위해 여러 가지 방편을 베푸는 행을 닦는 것을 가리킨다.

스물네 번째는 나란히 선나와 삼마발제를 닦고 나중에 사마타를 닦는 것이다. 환관 수행을 닦아 원각의 마음이 홀연히 나타나면 나고 죽음과 온갖 괴로움의 근본이 되는 크고 작은 번뇌들을 무찔러 적멸의 마음자리를 확연하게 한 다음, 거기에서 교화받을 중생들을 향해 감응을 일으키고 다시 조용한 곳에 머무르는 수행을 닦는 것을 말한다.

●

만일 모든 보살들이 원각의 지혜로써 일체에 두루 합하고 모든 성품과 형상에서 깨달음의 성품을 여의지 않으면, 이 보살은 세 가지를 원융하게 닦아서 자성의 청정함을 수순한다고 하느니라. 선남자야, 이것이 보살의 스물다섯 가지 수레바퀴이니, 모든 보살의 수행이 이와 같으니라.

若諸菩薩 以圓覺慧 圓合一切 於諸性相 無離覺性 此菩薩者 名爲圓修三種自性 淸淨隨順 善男子 是名菩薩 二十五輪 一切菩薩 修行如是

이십오륜의 마지막에서는 삼관을 함께 닦는 방편을 설하였다. 사실 사마타와 삼마발제와 선나는 그것이 각각 별개로 닦아 가는 방법인 것 같지만, 이 셋은 따로 있는 것이 아니다. 마치 손바닥과 손등과 주먹이 서로 다르지 않은 것처럼 삼관도 다만 수행자의 근기에 따라 스물다섯 가지로 나누어 설명하고 있다.

한 가지 여기서 빼놓을 수 없는 것은 지금까지 부처님께서 설한 스물다섯 가지 방편도 하나의 허깨비임을 알아야 한다는 점이다.

스물다섯 가지 허깨비 같은 방편을 빌려 허깨비 같은 무명을 끊고 일체가 허깨비임을 깨달아 허깨비 같은 중생을 제도하는 것이 청정한 수레바퀴를 굴리는 바 없이 항상 굴리는 것이다.

●

> 만일 보살들과 말세의 중생들이 이 바퀴에 의지하려면 마땅히 범행을 닦고, 적정하게 사유하고, 애달프게 참회하여 구하기를 삼십 일이 되도록 해야 하느니라. 그런 뒤에 이십오륜을 각각 기록해 놓고 지극한 마음으로 발원하면서, 손에 잡으면 잡히는 대로 집으면 집히는 대로 표난 바에 따라 단박에 행함과 점차로 행함을 알게 되리니, 한 생각이라도 망설이면 끝내 성취하지 못하리라.
>
> 그때 세존께서 이 뜻을 거듭 펴시기 위해 게송으로 말씀하셨다.

변음이여, 그대는 마땅히 알라.
일체 보살들의 걸림 없이 맑은 지혜는
모두가 선정에 의해 생기느니라.
사마타와 삼마발제와 선나이니
세 가지 법을 단박에 혹은 점차로 닦으려면
스물다섯 가지의 종류가 있느니라.
시방의 여래들과 삼세의 수행자들이
이 법에 인하지 않는다면
깨달음을 이루지 못하느니라.

그러나 순식간에 깨달은 사람과

가르침을 따르지 않는 이는 제하느니라.

모든 보살과 말세의 중생들이

항상 이 관문을 지녀

수순하고 부지런히 닦아야 되니

부처님의 대비의 힘에 의해

머지않아 열반을 증득하리라.

若諸菩薩 及末世衆生 依此輪者 當持梵行 寂靜思惟 求哀懺

悔 經三七日 於二十五輪 各安標記 至心求哀 隨手結取 依結

開示 便知頓漸 一念疑悔 卽不成就

爾時 世尊 欲重宣此義 而說偈言

辯音汝當知	一切諸菩薩
無碍淸淨慧	皆依禪定生
所謂奢摩他	三摩提禪那
三法頓漸修	有二十五種
十方諸如來	三世修行者
無不因此法	而得成菩提
唯除頓覺人	并法不隨順
一切諸菩薩	及末世衆生
常當持此輪	隨順勤修習
依佛大悲力	不久證涅槃

수행자가 스물다섯 가지 청정한 선정의 수레바퀴에 오르려면 먼저

범행을 지키고 적정과 사유를 닦아야 한다. 여기서 범행이란 청정한 계율을 지키는 것을 말하고, 적정과 사유는 선정과 지혜를 말한다. 곧 계학과 정학과 혜학인 삼학을 닦는 것이다. 그런 다음 수행자는 과거로부터 지어 온 무량한 죄장을 부처님 전에 참회하는데, 삼십 일 동안 지극 정성으로 해야 한다.

그리고 스물다섯 가지 방편 가운데 스스로 방편문을 가질 수 있으면 그 방편을 따라 수행하고, 스스로 가지지 못할 근기라 망설이게 될 경우에는 스물다섯 가지 방편문을 종이에 써서 통 속에 넣고 손에 잡히는 것을 선택한다. 심지를 뽑는 듯한 이 의식은 밀교의식을 연상하게 하는데, 이는 자신의 근기를 모르는 수행자에게 부처님의 법력을 빌려 방편을 결정짓도록 하는 데 있다. 이때 수행자는 자신에게 선택된 방편에 대해 망설이거나 의심해서는 안 되고, 이러한 인연이 곧 부처님의 뜻이라고 받아들이고 조건 없이 수행해야 한다.

10

정제업장보살장(淨諸業障菩薩章)

정제업장보살장(淨諸業障菩薩章)

이때 정제업장보살이 대중 가운데 있다가 얼른 자리에서 일어나 부처님의 발에 이마를 대 절하고, 오른쪽으로 세 번 돌고 무릎을 세워 꿇고 손을 모으고 부처님께 여쭈었다.

"대비하신 세존이시여, 저희들을 위하여 이와 같이 이루 생각할 수 없고 헤아릴 수 없는 모든 여래의 인지에서 일으킨 수행의 모습을 널리 말씀하시어, 대중들로 하여금 일찍이 있지 않았던 결과를 얻게 하셨나이다. 조어사께서 항하의 모래 수와 같이 한량없는 많은 겁을 지나도록 부지런히 힘써 얻은 경계인 온갖 공덕의 작용을 한 생각 사이와 같게 보게 하시니, 저희 보살들은 기뻐하나이다.

세존이시여, 만일 깨달은 마음의 본성이 청정하다면 무엇 때문에 더럽혀져서 여러 중생들로 하여금 헤매어 들어가지 못하게 하나이까? 오직 바라옵건대 여래께서 널리 저희들을 위해 법성을 일깨워 주시어 이 모임의 대중과 말세의 중생들로 하여금 앞으로의 안목을 삼게 하여 주옵소서."

이렇게 말하고는 몸의 다섯 활개를 땅에 던져 이렇게 세 번 청하여 마치고는 다시 시작하려 하였다.

그때 세존께서 정제업장보살에게 말씀하셨다.

"좋은 말이다. 좋은 말이다. 선남자야, 그대들은 지금의 대중들과 말세의 중생들을 위하여 여래에게 이와 같은 방편을 묻는구나. 자세히 들으라. 마땅히 그대들을 위해 말해 주리라."

그때 정제업장보살이 가르침을 받들어 기뻐하면서 대중들과 함께 고요히 귀를 기울었다.

於是 淨諸業障菩薩 在大衆中 卽從座起 頂禮佛足 右繞三匝
長跪叉手 而白佛言 大悲世尊 爲我等輩 廣說如是 不思議事
一切如來 因地行相 令諸大衆 得未曾有 睹見調御 歷恒河沙
劫 勤苦境界 一切功用 猶如一念 我等菩薩 深自慶慰 世尊 若
此覺心本性淸淨 因何染汚 使諸衆生 迷悶不入 唯願如來 廣
爲我等 開悟法性 令此大衆及末世衆生 作將來眼 作是語已
五體投地 如是三請 終而復始 爾時 世尊 告淨諸業障菩薩言
善哉善哉 善男子 汝等 乃能爲諸大衆 及末世衆生 諮問如來
如是方便 汝今諦聽 當爲汝說 時 淨諸業障菩薩 奉敎歡喜 及
諸大衆 默然而聽

정제업장보살은 모든 업의 장애가 다하여 청정해진 보살이다. 업이란 '행위, 조작, 일'의 뜻을 담고 있다. 업은 중생을 속박하고 생사의 세계에 빠지게 한다. 중생은 과거 · 현재 · 미래에 걸쳐 끊임없이 업을 짓기도 하고 받기도 하는 존재이다. 정제업장보살은 이와 같은 업이 모두 제거된 원각의 자리에서 중생들이 업의 장애로부터 벗어나게 하기 위해 나타난 보살이다.

여기서 정제업장보살이 부처님께 여쭌 것은, 중생들이 본래부터 밝은 깨달음인 원각을 지니고 있으면서 어찌하여 나고 죽음을 비롯한 갖가지 괴로움 속에서 헤매게 되었는가 하는 내용이다.

●

선남자야, 모든 중생들이 예로부터 망상으로 인해 나와 남과 중생과 수명이 있다고 집착하여 네 가지 뒤바뀜을 잘못 알아 참으로 나의 본성이 있다고 여겼느니라.

善男子 一切衆生 從無始來 妄想執有 我人衆生 及與壽命 認四顚倒 爲實我體

「보안보살장」에서 부처님은 중생이 본래 부처라고 하셨다. 죄의 장애와 업의 장애를 받아 갖가지 괴로움을 받는 존재가 중생이라고 하지만, 그 본바탕에 있어서는 부처와 다름이 없다. 그런데 이와 같이 부처와 다름이 없는 중생이 스스로 부처임을 알지 못하는 것이다. 그 까닭은 무엇인가.

그 원인은 망령되게 일으킨 네 가지 그릇된 착각, 곧 사상(四相)에 있다. 아상(我相)과 인상(人相)과 중생상(衆生相)과 수명상(壽命相)이다. 사상이라는 말 중에 상(相)의 뜻은 범위가 넓으나 앎, 생각, 관념

등으로 해석한다. 중생은 바로 이 사상 때문에 부처가 되지 못하고 한량없는 세월을 윤회하면서 괴로움을 받는 것이다. 위에서 '망상으로 인해 나와 남과 중생과 수명이 있다고 집착한다.'는 말씀 중 망상은 곧 근원적 어둠인 무명이다. 사상은 이 무명에 바탕을 두고 일어나는 중생들의 뒤집힌 생각들이다.

일반적으로 사상에 대해서 설명할 때 아상은 몸과 마음속에 초월적 자아가 있다고 여기는 것, 인상은 개체적 자아가 실재한다고 여기는 것, 중생상은 생명의 실체가 있다고 여기는 것, 수명상은 불변하는 영혼이 있다고 여기는 것으로 해석한다.

부처님은 다른 경전에서도 이러한 사상에 대해 자주 언급하고 있다. 그중에서도 가장 사상에 대해 강조한 경전이 바로 『금강경』이다. 『금강경』에서는 사상의 타파야말로 수행하는 보살이 완성해야 할 가장 중요한 실천 덕목이라고 가르친다.

그런데 이와 같은 사상의 해석에 관해 방향을 달리하여 이해할 필요가 있다. 아상, 인상, 중생상, 수명상을 초월적 자아나 개체적 자아, 또 생명의 실체나 불변하는 영혼이 있다는 관념으로 해석하기보다는 좀 더 포괄적이고 광범위한 측면에서 설명해야 한다. 먼저 아상은 몸과 마음을 '나'라고 여기는 근원적 착각이고, 인상은 남과 대상이 실재한다고 여기는 근원적 착각이며, 중생상은 중생들이 지니고 있는 무명과 망상, 그들이 살아가는 모든 형태와 가치들이 실재한다고 여기는 그릇된 착각이다. 그리고 수명상은 삶과 죽음이 실재한다는 그릇된 착각으로 보아야 한다.

부처님의 대승적 가르침에 의하면 내 몸과 마음만이 허깨비인 것이 아니라 자신 이외의 다른 사람들, 동식물, 그 밖의 산하대지 모두가 무명이 그려 낸 허깨비인 것이다. 그러므로 나를 나로만 여기고, 남을 남으로만 여기고, 중생을 중생으로만 여기는 고정된 관념의 틀로부터 벗어나는 공부가 중요하다.

●

이로 말미암아 문득 미움과 사랑의 두 경계가 생기고, 허망한 몸 위에 거듭 허망한 집착을 쌓아 두 허망함이 서로 의지하게 되어 허망한 업의 길을 내고, 허망한 업이 있으므로 허망하게 흘러 굴러가게 되며, 흘러 굴러감을 싫어하는 이는 허망하게도 열반이 있다고 여기느니라.

由此便生憎愛二境 於虛妄體 重執虛妄 二妄相依 生妄業道
有妄業故 妄見流轉 厭流轉者 妄見涅槃

근원적인 무명이 지니고 있는 네 가지 뿌리 깊은 착각인 사상은 중생들에게 갈애를 일으킨다. 그리고 그 갈애는 다시 집착을 낳고, 집착은 업을 짓게 하고, 업은 지옥, 아귀, 축생, 수라, 인간, 천상 등 여섯 갈래의 괴로운 길을 내게 하여 한량없이 돌고 도는 윤회의 고리를 만들어 낸다. 사상이 일으키는 갈애는 사랑과 미움이다. 중생은 사랑과 미움을 마치 목마른 사람이 물을 찾듯이 갈구한다.

부처님께서는 앞서 「미륵보살장」에서 중생들은 탐욕에 의해 따르거나 거스르는 마음을 일으키게 되고, 이러한 까닭에 갖가지 업을 지어 나고 죽는 갈래에 떨어진다고 하셨다. 중생의 팔만사천 가지 번뇌는 단 두 가지로 요약된다. 바로 사랑과 미움이다. 나라고 할 몸과 마음이 모두 꿈과 같고 요술과 같아 본래 있는 것이 아닌데, 중생은 미혹하여 여기서 다시 대상이 실재한다고 여기고 이들에 대해 사랑과 미움을 일으킨다. 사랑과 미움은 자신과 대상에 대한 집착 때문에 일어나고, 그 집착은 되돌아와 사랑과 미움을 일으키는 힘을 더하게 하여 허망함 속에서 다시 허망한 생사(生死)의 길을 만들어 낸다. 미혹은 미혹을 낳고 허망은 허망을 만들어 내어 이로부터 영원히 벗어날 수 없다. 이것이 중생의 현실이다.

그중에는 이와 같은 모든 것들이 허망하다는 것을 알고, 이 허망으로부터 떠나기 위해 부처님의 가르침에 귀의하여 열반의 세계를 구하는 이들이 있다. 그들은 이렇게 흐르고 구르는 중생계의 허망한 모습들을 싫어하고 열반의 세계를 동경하고 사랑한다. 허망한 세계와 허망하지 않은 세계가 따로 있다고 여기고, 허망한 세계를 버리고 허망하지 않은 세계를 얻으려 하는 것이다.

하지만 그러한 마음으로는 열반을 얻을 수 없다. 왜냐하면 열반이란 허망한 세상을 떠나 따로 있는 그 무엇이 아니기 때문이다. 허망한 중생계를 미워하고 참된 열반의 세계를 사랑한다면 이 또한 허망한 애착이다. 참다운 열반은 한쪽을 버리고 다른 한쪽을 취해서 얻어지는 세계가 아니다.

●

이러한 까닭으로 인해 청정한 깨달음에 들지 못하나니, 깨달음이 들어가는 이들을 막는 것이 아니며, 들어가는 이들을 깨달음이 들어가게 하는 것이 아니다. 그러므로 생각을 움직이거나 생각을 쉬는 것이 모두 헤맴이며 굴러갈 뿐이니라.

由此不能 入清淨覺非覺違拒 諸能入者 有諸能入非覺入故 是

故動念 及與息念 皆歸迷悶

청정한 깨달음이란 무엇인가. 사랑과 미움이 끊어져 취할 것도 버릴 것도 없는 마음이다. 본래 원각의 자리는 번뇌니 열반이니 하는 것도 없고, 미혹이니 깨달음이니 하는 것도 없으며, 중생이 다 부처다 할 것도 없다. 본래부터 깨달아 있어 새삼 수행으로 만들어지는 것이 아니다. 허망하다느니 허망하지 않다느니 하는 것도 원각의 자리에서는 존재하지 않는다. 그러니 여기 어찌 깨닫는 주체로서의 사람이 있을 것인가. 다만 이 도리를 모르는 미혹한 중생의 입장에 서서 번뇌니 열반이니 깨달음이니 이런 말을 하게 된 것이다. 만약 누가 깨닫기 위해 수행할 때 깨닫지 못하는 것은 원각이 방해를 해서가 아니고, 깨달음을 이루었다고 해도 원각이 깨달음에 들게 한 것이 아니다.

이 깨달음의 자리에서는 중생계를 싫어하고 열반을 좋아하는 것도 병(病)이고, 망상을 일으키거나 망상을 싫어하여 그치려는 행위도 병이다. 뭔가 따로 버릴 것과 구할 것이 있으면 전부가 망상으로 조작된 법이라 해탈하지 못한다.

●

무슨 까닭이겠는가. 끝없는 예로부터 일으켰던 무명으로써 자기의 주재를 삼았기 때문이니, 일체 중생이 태어날 때부터 지혜의 눈이 없어서 몸과 마음의 성품이 모두가 무명이라, 비유하건대 사람이 스스로 자기 목숨을 끊기 어려운 것과 같으니라.

何以故 由有無始 本起無明 爲己主宰 一切衆生 生無慧目 身

心等性 皆是無明 譬如有人 不自斷命

중생은 근원적 어리석음인 무명의 지배를 받는다. 손 하나 움직이고 입 한 번 떼는 것이 전부 무명의 작용이며 놀음이다. 눈으로는 밝은 세상을 보고 살아간다고 하지만 마음은 언제나 어둠 속에 파묻혀 있다. 중생은 태어나서 죽을 때까지 마치 꼭두각시 인형이 사람에 의해 조종당하는 것처럼 일생을 무명 속에서 살아간다. 자기 목숨을 스스로 끊기 어려운 것처럼 중생들은 무명 속에 휩싸여 있으면서도 자신이 무명의 존재라는 사실조차도 알지 못하며 끊으려 하지도 않고 혹 알더라도 끊지를 못한다.

●

그러므로 마땅히 알라. 나를 사랑하는 이에게는 내가 더불어 수순하고, 나를 사랑하지 않는 이에게는 문득 미움과 원망함을 품어 미워하고, 사랑하는 마음이 다시 무명을 자라게 하는 까닭에 서로 이어져 도를 구하여도 모두 성취하지 못하느니라.

是故當知 有愛我者 我與隨順非隨順者 便生憎怨 爲憎愛心 養無明故 相續求道 皆不成就

이 경에서 거듭 강조하는 것은 사랑과 미움을 끊으라는 것이다. 사랑과 미움은 나와 내 것들에 대해서 더욱 강하게 일어난다. 일차적으로는 내 몸과 마음으로 누군가 나를 칭찬하고 아껴 주면 그를 사랑하고, 나를 비방하고 헐뜯는 이가 있으면 미워한다. 맛있고 좋은 음식은 취해서 몸을 건강하게 오래도록 유지하려 하고, 내가 가지고 있는 마음속의 가치나 기준을 내세워 남들이 나를 따라오도록 한다. 그리고 내 것이라고 여겨지는 부모와 처자와 형제들에 대해 깊이 애착하여 이들과 더불어 행복해지기를 원하고, 재물과 명예를 내 소유로 삼아서 안락을 추구한다. 나를 사랑하는 이들에게는 마음이 더욱 끌려 달라붙고, 나를 미워하는 이들에게는 원망과 분노를 일으켜 싫어한다.

비단 사랑과 미움은 사람과 사람 사이에만 있는 것이 아니다. 사랑과 미움은 빛깔, 소리, 맛, 냄새, 대상 등 온갖 보고 듣는 경계마다 모두 일어난다. 마구니를 미워하고 부처를 사랑하며, 지옥을 미워하고 천국이나 극락을 사랑하며, 더러움을 미워하고 깨끗함을 사랑한다. 부처의 길은 사랑과 미움이 없는 길이다. 깨달음을 구하는 사람은 먼저 마음속의 사랑과 미움을 없애야 한다. 아무리 염불과 기도를 하고 참회와 참선을 했어도 그 마음속 사랑과 미움을 없애지 않으면 수행을 했다고 할 수 없다.

●

선남자야, 어떤 것이 아상인가. 이른바 중생들이 참으로 마음으로 얻은 바가 있다고 여기는 것이니라. 선남자야, 비유하건대 어떤 사람이 몸속의 뼈가 건강하여 쾌적하면 자기의 몸을 홀연히 잊었다가, 팔다리를 당기거나 늦추어 조섭하는 방법이 어긋났을 때 침을 놓거나 뜸을 뜨면 비로소 '나'가 있음을 알게 됨과 같다. 그러므로 증득하여 취하는 곳에 비로소 나의 정체가 나타나느니라. 선남자야, 그와 같은 마음은 여래께서 끝내 사무쳐 아신 청정한 열반까지를 증득하였을지라도 모두가 아상이니라.

善男子 云何我相 謂諸衆生心所證者 善男子 譬如有人百骸調

適 忽忘我身 四肢絃緩 攝養乖方 微加針艾 則知有我 是故證
取 方現我體 善男子 其心乃至 證於如來 畢竟了知 淸淨涅槃
皆是我相

이는 사상 가운데 아상에 대한 설명이다. 네 가지 상이 각각 무엇
을 의미하는지는 앞서 간단히 설명한 바 있다. 그런데 이 경에서는
그러한 네 가지 상인 아상, 인상, 중생상, 수명상에 대해 다른 차원의
해석을 하고 있다. 그것은 아직 수행이 무엇인지를 모르는 일반 중생
들의 차원이 아닌, 수행을 깊이 하여 깨달음을 증득했다는 수행자 차
원에 맞추어 사상을 해석하고 있다는 것이다. 즉 사상은 깨달음을 알
지 못하는 중생들에게만 있는 것이 아니라 깊은 수행으로 깨달음을
체험했다고 하는 수행자들도 가지게 된다. 비록 그 사상이 일반 중생
들이 가지고 있는 사상과는 성격이 다르다 할지라도 완전히 극복하지
못한다면 역시 중생을 벗어났다고 할 수 없다.

여기서의 아상은 '내가 깨달아서 무언가를 얻었다.'는 데에 머무는
마음을 가리킨다. 원각의 깨달음에는 '깨달은 주체로서의 나'도 없
고 '깨달아 알았다 할 바'도 없다. 만약 수행을 하여 깨달은 자가 있
고 얻었다고 할 만한 내용이 있다면, 그것은 모두 외도 혹은 마구니
의 법이지 부처님의 법은 아니다.

마치 자신의 몸을 잊어버리고 무심히 앉아 있던 사람에게 침을 찌
르면 자신의 몸을 새삼 인식하듯, 중생들은 원각을 가지고 있으면서
도 이를 미처 알지 못하다가 수행의 힘을 빌려 문득 깨달음을 얻으면
새삼 원각의 자리를 인식하게 된다. 이때 수행자는 깨달음의 주체를
세우고 그 주체에 의하여 깨달음의 자리를 인식하게 되는데, 이렇게

인식하는 것이 곧 아상이다. 그러므로 설혹 수행을 하여 완전한 깨달음을 얻어 부처가 되었다 하더라도 그 깨달음을 취하려 하거나 거기에 머물러서는 안 되는 것이다.

●

선남자야, 어떤 것이 인상인가. 곧 모든 중생이 증득해 취한 것을 마음으로 깨달은 것이니라. 선남자야, 아상이 있다고 깨달은 이는 다시는 '나'라는 것을 인정하고 취하지 않거니와 '나'가 아니라고 깨달았을 때의 깨달음도 그와 같나니, 깨달음이 이미 일체 경계를 초월하였다 하더라도 모두가 인상이니라. 선남자야, 그 마음이 열반을 두루 깨달았을지라도 모두가 아상이요, 마음에 조금이라도 깨달았다는 자취가 남아 있으면 이치를 증득했다는 생각을 모두 없앴다 하더라도 인상이라 하느니라.

善男子 云何人相 謂諸衆生 心悟證者 善男子 悟有我者 不復
認我 所悟非我 悟亦如是 悟已超過 一切證者悉爲人相 善男子
其心乃至圓悟涅槃 俱是我者 心存少悟 備殫證理 皆名人相

이는 인상(人相)에 대한 설명이다. 여기서의 인상이란 '깨달았다 할 나'와 '깨달아 안 바'가 하나의 아상임을 알고 그 아상은 벗어났으나 그 벗어났다는 것에 머물러 있는 상태를 가리킨다. 참으로 깨달았다는 것은 모든 것으로부터 벗어났다는 소견마저 떠난 자리이다. 원각의 묘한 깨달음에서는 '내가 있다.'는 것도 인정하지 않고 '내가 없다.'는 것도 인정하지 않으며, '있고 없음'을 벗어났다는 경지도 역시 인정하지 않는다.

정제업장보살장

'나'라는 뿌리는 참으로 질기기도 하거니와 교묘하기 이를 데 없어 깨달았다고 해도 그 뿌리가 완전히 뽑혔다고 보기 어렵고, 갖가지 변화된 모습으로 나타나기 때문에 속아 넘어가기 쉽다. 모든 것이 비었느니 생사를 초월했느니 하는 경지가 있다면 모두 아상 아님이 없고 인상 아님이 없다. 부처의 경지를 남김없이 깨달아서 위없는 열반을 얻었다 해도 거기에 얻었다는 흔적이 조금이라도 남아 있으면 아상과 인상이다.

●

선남자야, 어떤 것이 중생상인가. 곧 모든 중생이 스스로 증득함과 깨닫는 마음이 미치지 못하는 바이니라. 선남자야, 비유하건대 어떤 사람이 '나는 중생이다.' 하고 말한다면, 그 사람이 중생이라고 말한 것은 '나'도 아니며 '남'도 아니라는 것을 알 수 있나니, 어찌하여 '나'가 아니겠는가. '나'가 중생이라고 했기 때문에 '나'가 아니요, 어찌하여 '남'이 아니겠는가. '나'가 중생이라 했기 때문에 남의 '나'가 아니니라. 선남자야, 다만 모든 중생의 증득함과 깨달음은 모두가 아상, 인상이니 아상, 인상이 미치지 못하는 곳에 조금이라도 알았다는 생각이 있으면 중생상이니라.

善男子 云何衆生相 謂諸衆生 心自證悟 所不及者 善男子 譬如有人 作如是言 我是衆生 則知彼人 說衆生者 非我非彼 云何非我 我是衆生 則非是我 云何非彼 我是衆生 非彼我故 善男子 但諸衆生 了證了悟 皆爲我人 而我人相 所不及者 存有所了 名衆生相

중생상(衆生相)은 아상의 잘못됨을 깨달아 떠나고 그 떠났다는 견해로서의 인상 또한 잘못됨을 깨달아 떠났으나 그 아상과 인상을 떠난 자취가 마음에 남아 있는 상태이다.

마치 불이 밝으면 밝을수록 그림자가 짙은 것처럼 깨달음이 크면 클수록 그에 비례하는 만큼의 아상이나 인상이 드리워질 수 있다. 그러므로 부처님께서 중생상을 또다시 말씀하시는 것은, 깨달아 들어갈수록 자취가 남을 수 있고 이 자취를 극복하지 않고서는 묘한 원각의 깨달음에 도달할 수 없음을 가르치기 위해서이다.

아상을 끊으면 아상의 자취가 남고, 인상을 끊으면 인상의 자취가 남으며, 중생상을 끊으면 중생상의 자취가 남는다. 본문에 비유로써 자신을 가리켜 중생이라고 할 때 그는 나도 아니요, 남도 아니라고 하면서, 그 이유로 자신을 남으로 칭하여 중생이라 하였기 때문에 내가 아니고, 또 남인 듯하지만 자신을 가리켰기 때문에 남이라고 할 수가 없다고 하였다. 이와 같은 비유를 든 이유는, 자신을 가리켜 중생이라고 하면 나라고 하거나 남이라고 해도 계속해서 모순된 자취가 나타나는 것처럼, 아상과 인상을 버렸다는 데 있어서도 그 자취가 남을 수 있으니 그 자취마저도 허깨비로 돌려 원각을 완성하라는 가르침이다.

●

선남자야, 어떤 것이 수명상인가. 이른바 모든 중생이 마음의 비춤이 청정해져서 사무친 깨달음을 통해 아는 바이니, 갖가지 업에 묶인 지혜로는 볼 수 없는 것이 마치 목숨의 뿌리와 같으니라. 선남자야, 마음으로 스스로 온갖 깨달음을 비추어 아는 것은 모두가 티끌의 때이니, 깨달은 이와 깨달은 바가 티끌을 여의지 못한 까닭이니라. 끓는 물로 얼음을 녹였을 때 얼음에서 녹은 줄을 스스로 아는 얼음이 따로 있지 않은 것과 같나니, 나를 남겨 두고 나를 깨닫는 것도 이와 같으니라.

善男子 云何壽命相 謂諸衆生 心照淸淨 覺所了者 一切業智
所不自見 猶如命根 善男子 若心照見 一切覺者 皆爲塵垢 覺
所覺者 不離塵故 如湯消氷 無別有氷 知氷消者 存我覺我 亦
復如是

마지막으로 수명상(壽命相)에 대한 설명이다. 수명상은 아상, 인상, 중생상을 떨쳐 내고 마음의 빛이 청정해져서 깨달은 자도 없고 깨달은 바도 없어 머물거나 얻을 바 없는 줄은 분명히 알았으나, 그럼에도 역시 깨침과 깨친 바의 자취를 완전히 벗어나지 못한 상태를 가리킨다. 이 수명상은 업지(業智), 즉 업에 의한 지혜로는 도저히 알아챌 수 없고, 오로지 원각의 완전한 지혜가 발현될 때만이 비로소 그 정체가 드러남과 동시에 제거된다.

업지란 번뇌와 망상이 완전히 맑아지지 않은 상태에서 나온 불완전한 지혜이다. 즉 제팔 아뢰야식 속에 깊이 숨어 있는 티끌처럼 미세한 무명과 번뇌들을 남김없이 깨뜨려 나타난 원각의 지혜가 아니면 모두가 업지인 것이다. 수명상은 마치 사람이 온종일 움직이면서도 정작 자신의 목숨은 볼 수가 없는 것처럼, 완전한 지혜에 의지하지 않고서는 인식할 수 없다.

그러므로 수행자는 깨달음이 뚜렷해질수록 얻은 바가 없음을 알아 어떠한 경지에도 머물러서는 안 된다. 얼음을 녹여 물이 되었을 때 그 물이 원래 얼음이었음을 아는 얼음이 따로 있지 않은 것처럼, 깨달음 속에는 수행을 했다는 '나', 깨달았다는 '나'가 따로 있을 수 없다. 만약 수행자의 마음에 깨달아 아는 자가 있고 깨달아 안 것이 있다면, 설혹 그것이 분명하다 할지라도 모두 번뇌의 그림자임을 알아야 한다.

●

선남자야, 말세의 중생들이 네 가지 상을 알지 못하면 아무리 여러 겁을 거쳐 애써 수도하더라도 다만 유위(有爲)라 불릴 뿐이요, 일체 성과를 이룰 수 없나니, 그러므로 정법의 말세라 하느니라. 무슨 까닭인가. 온갖 '나'를 잘못 알아 증득함이 있고 깨달음이 있는 것을 성취했다 여기기 때문이니라. 그것은 마치 어떤 사람이 도적을 잘못 알아 아들로 여기면 그 집 재물은 끝내 온전하게 이어지지 못하는 것과 같다.

善男子 末世衆生 不了四相 雖經多劫 勤苦修道 但名有爲 終不能成 一切聖果 是故名爲 正法末世 何以故 認一切我 爲涅槃故 有證有悟 名成就故 譬如有人 認賊爲子 其家財寶 終不成就

사상은 모든 번뇌의 뿌리이며 갖가지 괴로움을 내는 바탕이다. 중생들이 나고 죽음을 거듭하고 괴로움을 겪는 것은 마음 가운데 '나'라고 여기는 근원적 착각들인 사상을 깨뜨리지 못한 까닭이다. 저마다 신을 믿고 부처를 섬기면서 기도와 참회를 일삼고 온갖 고행으로 수행을 삼는다 할지라도 정작 사상을 타파하지 못하면 유위의 한계 속에서 윤회를 거듭할 수밖에 없다. 유위는 사상을 제거하지 못하고 헤매는 중생을 가리킨다. 무명에 빠져 생멸(生滅)을 거듭하고 갖가지 번뇌로써 속박을 당하는 중생과 그 중생들이 만든 세계를 일컬어 유위라 하는 것이다.

사상이 끊어지면 몸에서도 마음에서도, 혹은 깨달아 얻은 경지에서도 '나'는 존재하지 않는다. 간혹 수행자 가운데는 깨달음을 얻으면 '개체적인 나'는 사라지지만 '전체적인 나'는 존재한다고 하면서 소아(小我)를 버리고 대아(大我)를 찾으라느니, '거짓 나'를 깨뜨리면 '참 나'가 나타난다느니 하는 이들이 있다. 그러나 그들의 경지가 무어라 할지라도 얻은 바가 있고 깨달아 누리는 바가 있으면, 그 마음이 우주와 더불어 하나가 되었든, 영원하여 없어지지 않는 참된 경지가 되었든 모두가 속된 경계일 뿐이다.

위에서 말씀하신 '정법의 말세'라는 것은 정법, 즉 바른 가르침 속에서 수행은 하였으나 그 결과로 얻은 경지는 정법에 의지하지 않은 말세의 수행자들이 도달한 경지와 다를 바 없는 상태를 일컫는다. 말세에는 법약마강(法弱魔强)이라 부처님의 올바른 가르침은 숨고, 외도(外道)나 사도(邪道)들이 활개를 치면서 잘못된 수행으로 얻은 그릇된 깨달음을 올바르다 말하고, 저급한 깨달음을 얻고는 완전하다고 여긴다.

우리가 지닌 무명 망상인 사상은 교묘하기 이를 데 없어 수행하는 가운데에도 갖가지 현상으로 나타난다. 마음에 광명이 비치는가 하면 자신이 우주에 가득 차 있는 것 같기도 하고, 모두가 비어 있다는 느낌을 받기도 하며, 더 구할 것이 없는 만족감이 찾아오는 등 수행자로 하여금 깨달았다는 착각을 하게 한다. 구경정각(究竟正覺)을 얻지 못하고 이와 같은 도중의 경계에 머물러 모든 공부를 마친 것처럼 여기는 수행자를 착각도인(錯覺道人)이라 하는데, 이는 모두 자신이 얻은 경지에 스스로 속은 결과이다.

수행자는 모름지기 이와 같은 외도나 착각도인의 말에 홀리지 말고 부처님께서 당부하신 이 경에 의지해서 깨달음의 길을 가야 한다.

●

무슨 까닭인가. 나를 애착하는 이는 또한 열반도 사랑하여 나의 애착의 뿌리를 굴복시키고는 열반의 모습으로 여기고, 나를 미워하는 이는 나고 죽음도 미워하여 열반을 사랑하는 것이 참으로 나고 죽음인 줄을 알지 못하므로 따로 나고 죽음을 싫어하니 참다운 해탈의 법이 아니니라.

何以故 有我愛者 亦愛涅槃 伏我愛根 爲涅槃相 有憎我者 亦 憎生死 不知愛者 眞生死故 別憎生死 名不解脫

우리가 수행을 하는 목적은 생사를 버리고 열반을 얻기 위해서이다. 생사는 괴로운 것이므로 벗어나야 하고, 열반은 즐거운 것이므로 성취해야 한다. 그러나 「보안보살장」에서도 이미 설했듯 생사와 열반이라는 것은 본래 떨어져 있는 것이 아니다. 벗어나야 할 생사가 따로 없고 얻어야 할 열반이 따로 없어 생사가 곧 열반인 것이다. 그러므로 진정한 깨달음은 버려야 할 생사도 취해야 할 열반도 존재하지 않는다.

수행자가 만약 생사를 싫어하고 열반을 좋아하면 이는 모두 나를 사랑하는 마음으로, 생사를 미워하는 것은 나를 미워하는 것이고 열반을 좋아하는 것은 나를 사랑하는 것이다. 이는 전부 나를 취하는 형국이 되어 끝내 사상을 벗어날 수 없다.

●

어찌하여 그것이 참다운 해탈의 법이 아님을 알 수 있는가. 선남자야, 저 말세의 중생들이 깨달음을 익히다가 자신의 작은 깨달음으로 스스로 청정이라 여기나니, 아상의 근본을 다하지 못했기 때문이니라. 만약 어떤 사람이 그의 법을 칭찬하면 곧 기쁨을 일으켜 제도하려 하지만, 만약 다시 그에게 얻은 법을 비방하면 성냄과 원망을 내나니, 이것으로써 아상을 굳게 집착하므로 장식(藏識)에 깊이 숨었다가 여러 참관에 넘나들기를 잠시도 쉬지 않는 줄 알 수 있느니라. 선남자야, 이렇게 수도하는 이들은 아상을 없애지 못하므로 청정한 깨달음에 들지 못하느니라.

云何當知　法不解脫　善男子　彼末世衆生　習菩提者　以己微證
爲自淸淨　由未能盡　我相根本　若復有人　讚歎彼法　卽生歡喜
便欲濟度　若復誹謗　彼所得者　便生瞋恨　則知我相　堅固執持
潛伏藏識　遊戱諸根　曾不間斷　善男子　彼修道者　不除我相　是
故　不能入淸淨覺

부처님이 이 경에서 가르치고자 하는 깨달음은 무상정각(無上正覺), 즉 최상의 올바른 깨달음이다. 무상정각이 아니고서는 깨달았다 할지라도 번뇌 망상의 굴레로부터 완전히 벗어나지 못했으므로 중생이다. 그러나 수행 과정으로 본다면 작은 깨달음도 깨달음이므로 수행자들은 작은 깨달음을 얻고는 자칫 큰 깨달음을 얻은 것으로 착각할 수가 있다. 이렇게 되면 그 수행자는 자신의 깨달은 경지를 두고 다른 이들이 칭찬을 하거나 비방을 하면 마음이 흔들린다. 남들이 자기의 경지에 대해서 존경하고 추앙하면 기뻐서 그들을 더욱 사랑하고 가르치려 하지만, 배척하고 비하하면 어찌해 볼 수 없는 어리석은 중생이라 하며 외면해 버린다. 이러한 수행자는 자신을 따르는 무리들로 하나의 큰 집단을 형성하고 그것으로 힘을 삼아 세력을 떨치면서 부처 행세를 하려고도 한다. 이는 몸과 마음을 태워 재가 되었으면 그 태운 재마저 허공에 뿌리고 뿌렸다는 자취마저 남기지 말아야 되는데 그 재를 사랑하여 끌어안고 있으므로 끝내 아상을 벗어나지 못한 결과를 가져오게 된 것이다.

'사상이 장식(藏識)에 깊이 숨어 여러 감관을 넘나들어 잠시도 쉬지 않는다.'고 할 때 장식이란 주관과 객관, 세간과 출세간, 부처와 중생 등 모든 법을 다 갈무리하고 있는 마음으로 제팔 아뢰야식을 가리킨다. 아뢰야식을 장식이라 한 까닭은 이 식이 모든 법을 다 저장하고 있기 때문이다.

겉으로는 깨달음을 얻어 사상이 제거된 것 같으나 깊숙한 마음자리 속인 장식에는 그 깨달았다는 자취가 사상으로 남아 눈, 귀, 코, 혀, 몸, 뜻을 따라 넘나들면서 갖가지 번뇌를 다시 짓는다. 무명과 번뇌가 가장 좋아하는 것은 칭찬이다. 그러므로 스승은 제자를 향해 함부로 깨달았다고 인정하거나 지나친 칭찬을 하지 말아야 하고, 제자는 스승을 공경하되 신격화하거나 굴종하지 말아야 한다. 공부를 완성하지 못한 수행자를 두고 서로 도인이니 생불이니 하면서 존경하고 존경을 받으면, 수행자는 자신도 모르는 사이에 사상을 더욱 키워 오히려 업을 쌓는 결과를 가져오게 된다.

●

선남자야, 만일 '나'가 공한 줄을 알면 나를 헐뜯을 이도 없나
니, '나'라는 상을 가지고 설법하는 이는 '나'가 끊어지지 않았
기 때문이며, 중생과 수명상도 또한 이와 같으니라.

선남자야, 말세 중생은 병을 법이라 하리니 가엾다 하노라. 아
무리 애써 정진할지라도 온갖 병을 더할 뿐이요, 청정한 깨달음
에 들지 못하느니라.

善男子 若知我空 無毀我者 有我說法 我未斷故 衆生壽命 亦
復如是 善男子 末世衆生 說病爲法 是故 名爲可憐愍者 雖勤
精進增益諸病 是故 不能入淸淨覺

사상이 없어진 자리는 공(空)하다. 공은 청정(淸淨)이며, 열반(涅槃)
이며, 진여(眞如)이며, 해탈(解脫)이다. 공에서는 어떠한 것도 용납되
지 않는다. 미혹과 깨달음, 너와 나 등 상대가 되는 법이 있을 수 없
다. 따라서 이 자리에는 칭찬과 비방이 미칠 수 없다. 천만 중생이
'나'를 향해 머리를 조아리고 하늘처럼 떠받들어도 조금도 기뻐하거
나 흡족할 것이 없고, 손가락질로 조롱하고 미물처럼 대해도 언짢거
나 괴로워하지 않는다. '당신이 헐뜯어도 나는 참는다.'고 한다면,
이는 공을 깨달은 수행자는 아니다. 다른 이들의 칭찬과 비방에 대해
내가 흔들리지 않는 것이 아니라 칭찬과 비방하는 중생이 본래 없고,
칭찬과 비방을 받는 '나'도 본래 없기 때문에 그러한 것이다.

●

선남자야, 말세의 중생이 사상을 알지 못하므로 여래의 견해와

그의 행한 자취로써 자기의 수행인 양 여기나니 끝내 성취하지 못하느니라. 혹 어떤 중생은 얻지 못하고도 얻었다 하며, 깨치지 못하고도 깨쳤다 하며, 나보다 앞서가는 이를 보고 마음에 미움을 내는 것은 그 중생이 '나'라는 애착을 끊지 못했기 때문이다. 그러므로 청정한 원각에 들지 못하느니라.

善男子 末世衆生 不了四相 以如來解 及所行處 爲自修行 終不成就 或有衆生 未得謂得 未證謂證 見勝進者 心生嫉妒 由彼衆生 未斷我愛 是故 不能入淸淨覺

사상이 끊어진 공한 자리는 언어와 문자로 이루어진 것이 아니다. 부처님이 말씀하신 교리를 아무리 잘 이해하고 기억한다고 해도 사상을 끊지 않으면 그것은 원각을 가리는 또 하나의 티끌에 불과할 뿐으로 문진(文塵)이라고 한다. 조사들은 경전이나 스승의 가르침을 바로 깨치지 못하고 지식에만 머물러 있는 수행자들을 향해 '비단 부채로 눈을 가리고 있는 자'라고 꾸짖었다. 비단 부채가 아무리 아름답고 멋있다 해도 그것으로 눈을 가리면 앞을 볼 수 없는 것처럼, 위대하고 성스러운 부처님의 말씀도 한낱 견해에 머물면 오히려 지혜를 가리는 장애물이 될 수 있다는 비유다. 부처님이 행하신 법을 흠모하여 그 발자국을 좇아가고 그분이 말씀하신 팔만사천경을 가로세로, 거꾸로 모두 다 외워도 정작 깨달음을 얻지 못하면 아무 쓸모가 없다.

어떤 수행자들은 이렇게 부처님의 행하신 바와 설하신 말씀을 가지고 마치 자신이 깨친 것으로 착각하거나 깨쳤다고 거짓 행세를 하기도 한다. 그것은 자기를 따르는 무리들로부터 존경받고 세력을 확장하고 싶어하는 욕망 때문이다. 그러한 수행자들은 자연히 자신보다 훌륭한 수행자를 시기하고 질투하기 마련이고, 결국은 아상을 더욱 키우는 결과를 낳아 원각과 점점 더 멀어지는 업을 쌓게 된다.

●

선남자야, 말세의 중생들이 불도를 구하기를 희망하되 깨달음을 구하지는 않고, 오직 들어 많이 아는 것을 더하여 아견(我見)을 자라게 하느니라. 오직 부지런히 정진하여 번뇌를 항복시키고 큰 용맹을 일으켜 얻지 못한 것을 얻도록 하고 끊지 못한 것을 끊도록 하여 탐냄, 성냄, 애착, 교만과 아첨하고 질투하는 마음이 온갖 경계를 다하여도 일어나지 않게 되면 너와 나에 대한 은혜와 애착이 모두 적멸해질 것이니라.

善男子 末世衆生 希望成道 無令求悟 唯益多聞 增長我見 但當精勤 降伏煩惱 起大勇猛 未得令得 未斷令斷 貪瞋愛慢 諂曲嫉妬 對境不生 彼我恩愛 一切寂滅

깨달음은 아는 것에 의지해 나오는 것이 아니라 오직 수행에 의해 이루어지는 것이므로 수행할 바 없는 중에도 부지런히 수행해야 하고, 얻을 바 없는 가운데서도 위없는 법을 얻어야 한다. 경전을 보고 안 지식이나 스승의 말씀을 듣고 안 지식이나 지식은 아무리 쌓아도 번뇌일 뿐이다. 이생의 삶이란 긴 것이 아니다. 무상을 깊이 자각하고 오직 해야 할 공부가 이 법뿐임을 절실히 느끼고 시간을 아껴 번뇌를 깨뜨리는 데 온 노력을 기울여야 한다. 탐욕과 분노와 교만, 그리고 아첨과 질투는 모두 마음 가운데 나를 끊지 못한 데서 생기는 번뇌들이다. 눈앞에 천국이 펼쳐지고 지옥이 나타나도 흔들림이 없고 부처가 화현하고 악마가 출현해도 한결같은 마음을 지닐 수 있어야 참으로 수행을 했다고 할 수 있다.

●

부처는 이 사람은 점차로 성취하리라 말하니 선지식을 구하면 삿된 견해에 떨어지지 않겠지만, 만일 구하는 바에 대해 따로 미움과 사랑을 일으키면 깨달음의 바다에 들지 못할 것이니라. 그때 세존께서 이 뜻을 거듭 펴시기 위해 게송으로 말씀하셨다.

선남자야, 그대는 마땅히 알라.
일체 중생 그 모두는
'나'를 사랑하고 집착하기 때문에
끝없는 예로부터 허망하게 헤매나니
네 가지 상을 없애지 못하면
보리를 끝내 이루지 못하리라.
미움과 사랑이 마음에서 생기고
아첨과 굽은 뜻이 생각에 있으면
많이 헤매고 번민에 빠져
깨달음의 성에 들지 못한다.
만일 깨달음의 국토에 들어가려면
탐냄 · 성냄 · 어리석음 먼저 버리고
법에 대한 애착 또한 마음에 없으면
점차로 위없는 도 성취하리라.
나의 몸도 본래부터 있지 않은데

미움과 사랑이 어디서 생기랴.
이 사람이 선지식을 찾아 구하면
삿된 견해에 끝내 떨어지지 않거니와
구하는 바에 따로 다른 생각을 내면
끝내 도를 성취하지 못하리라.

佛說是人　漸次成就　求善知識　不墮邪見　若於所求　別生憎愛
則不能入　清淨覺海
爾時 世尊 欲重宣此義 而說偈言
淨業汝當知　　　一切諸衆生
皆由執我愛　　　無始妄流轉
未除四種相　　　不得成菩提
愛憎生於心　　　諂曲存諸念
是故多迷悶　　　不能入覺城
若能歸悟刹　　　先去貪瞋癡
法愛不存心　　　漸次可成就
我身本不有　　　憎愛何有生
此人求善友　　　終不墮邪見
所求別生心　　　究竟非成就

　수행은 혼자 하는 것이지만 스승이 없이는 어렵다. 수행을 하다 보면 갖가지 경계를 만나게 되는데, 이때 스승이 없으면 그런 경계가 왜 일어나는지, 어떻게 대처해야 하는지를 몰라 헤매게 되고 자칫 삿된 길에 빠지게 된다. 그러므로 깨달음을 향해 큰 뜻을 일으킨 수행자는 먼저 선지식, 즉 스승을 찾아야 한다. 어떤 선지식을 찾아야 하는가는 다음 장에서 자세히 설명하기로 하고, 스승을 찾았으면 오직 법만 구할 뿐, 스승에 대해 일체의 다른 감정을 일으켜서는 안 된다. 모시고 배워야 할 스승에 대해 바른 법은 구하지 않고 쓸데없는 감정을 일으켜 애착을 두면 도리어 스승은 자신을 묶는 번뇌의 밧줄이 되어 깨달음을 등지게 한다.

예로부터 경전이나 스승의 말에 홀려 깨달음을 등지는 것을 언혹(言惑)이라 하고, 스승의 모습이나 행위에 홀려 깨달음을 등지는 것을 인혹(人惑)이라 하였다. 오직 스승의 가르침을 통해 자신의 마음을 관찰하고 미혹과 번뇌를 파괴하는 것이 수행자가 가야 할 올바른 길인 것이다.

11

보각보살장(普覺菩薩章)

보각보살장(普覺菩薩章)

이때 보각보살이 대중 가운데 있다가 얼른 자리에서 일어나 부처님의 발에 이마를 대 절하고, 오른쪽으로 세 번 돌고 무릎을 세워 꿇고 손을 모으고 부처님께 사뢰었다.

"대비하신 세존이시여, 선(禪)의 병(病)을 쾌히 말씀해 주셔서 대중들로 하여금 일찍이 없었던 기쁨을 얻고 마음과 뜻이 툭 트여 큰 안온을 얻게 하셨나이다. 세존이시여, 말세의 중생이 부처님께 가기가 점점 멀어짐에 현성(賢聖)은 숨어 버리고 삿된 법은 더욱 불꽃처럼 일어나리니, 중생들로 하여금 어떤 사람을 구하게 하며, 어떤 법에 의지하게 하며, 어떤 행을 짓도록 하며, 어떤 병을 없애야 하며, 어떤 마음을 내도록 해야 저 여러 눈먼 이들이 사견에 빠지지 않겠나이까?"

이렇게 말하고는 몸의 다섯 활개를 땅에 던져 세 번이나 청하여 마치고 다시 시작하려 하였다.

그때 세존께서 보각보살에게 말씀하셨다.

"좋은 말이다. 좋은 말이다. 선남자야, 그대들은 여래에게 이와 같은 수행을 물어서 말세의 일체 중생들에게 두려움 없는 진리의 눈을 베풀어 주고 저 중생들로 하여금 성스러운 도를 이루게 하려는구나. 그대들은 들으라. 마땅히 그대들을 위해 말해 주리라."

그때 보각보살이 분부를 받들어 기뻐하면서 대중들과 함께 조용히 귀를 기울였다.

於是 普覺菩薩 在大衆中 卽從座起 頂禮佛足 右繞三匝 長跪
又手 而白佛言 大悲世尊 快說禪病 令諸大衆 得未曾有 心意
蕩然 獲大安隱 世尊 末世衆生 去佛漸遠 賢聖隱伏 邪法增熾
使諸衆生 求何等人 依何等法 行何等行 除去何病 云何發心
令彼群盲 不墮邪見 作是語已 五體投地 如是三請 終而復始
爾時 世尊 告普覺菩薩言 善哉善哉 善男子 汝等 乃能諮問如
來 如是修行 能施末世一切衆生 無畏道眼 令彼衆生 得成聖
道 汝今諦聽 當爲汝說 時 普覺菩薩 奉敎歡喜 及諸大衆 默然
而聽

보각보살은 깨달음이 법계에 두루하여 가득 찬 보살이다. 우리가 원각을 깨달으면 그 깨달은 마음은 보고 듣는 경계 속에서 뚜렷이 나타난다. 허깨비 같은 환상의 몸과 마음과 세계는 깨달은 원각의 빛에 의해 밝게 비추어지고, 그동안 더럽다고 여겼던 생사의 모습이 청정한 부처의 모습으로 바뀐다. 보각보살은 이와 같이 깨달음과 법계가 온통 하나 된 원각의 자리에서 중생들을 교화하기 위한 방편으로 나타난 보살이다.

앞서 부처님은 원각을 구하고자 하는 이는 반드시 올바른 선지식(善知識)을 찾아야 한다고 당부하셨다. 보각보살은 부처님의 이와 같은 말씀에 그렇다면 올바른 선지식은 어떤 사람이며, 만약 올바른 선지식을 만났으면 그를 어떻게 대하고 행해야 하며 어떤 마음을 내야 하는지를 묻고 있다.

말법 시대가 되면 중생들의 번뇌가 더욱 치성해져 세상은 더욱 흐리고 어지러워진다. 갖가지 종교가 난무하고, 곳곳에서 세상을 구제하겠다는 사람들이 나타나 저마다 진리라고 주장을 한다. 이러한 무리들은 불교 속에서는 물론이고 불교 밖에서도 많이 볼 수 있다. 수행을 하여 깨달음을 얻었을 때, 부처님을 바르게 모시고 수행했던 사람은 자신의 깨달음을 부처님께 돌려 더욱 정진하고 내세우는 마음이 없으나, 그렇지 않은 사람은 작은 깨달음을 얻었으면서도 스스로 교조가 되어 다른 이들로부터 부처처럼 공양을 받고 신처럼 숭배받는 지경에 이른다. 스스로 깨달았다고 지칭하며 대도인(大道人) 행세를 하는 사람, 기도나 수행을 통해 얻은 기이한 힘을 부처의 신통이라 여기고 중생들을 홀리는 사람, 내 법을 믿으면 모든 소원을 성취하고 영생을 누린다고 말하는 사람 등 별의별 스승들이 나타나 중생들을 미혹 속에 빠뜨린다.

수행자가 아무리 신심을 갖추고 애써 수행을 해도 저와 같은 올바르지 못한 스승을 만나면 바른 깨달음은커녕 마(魔)의 권속이 되거나 외도의 소굴에 떨어져 영겁을 헤매게 된다.

올바른 스승을 선지식 혹은 선우(善友)라고 하는데, 부처님은 『아함경』에서 선지식을 만나는 것은 곧 도의 전체를 이루는 일이라고까지 말씀하셨다. 그렇다면 올바른 선지식은 어떠한 모습을 하고 있을까.

●

선남자야, 말세 중생이 크나큰 마음을 내어 선지식을 구해 수행하고자 하는 이는 온갖 바른 지견을 가진 사람을 구할 것이니, 마음이 온갖 모습에 머무르지 않고, 성문(聲聞)이나 연각(緣覺)의 경계에 집착하지 않으며, 비록 진로(塵勞)의 모습을 나타내나 마음이 항상 청정하며, 갖가지 허물이 있어 보이나 범행(梵行)을 찬탄하며, 중생들로 하여금 그릇된 행위에 들지 않게 해야 하느니라. 이런 사람을 구하면 곧 아뇩다라삼먁삼보리를 성취하리라.

善男子 末世衆生 將發大心 求善知識 欲修行者 當求一切正知見人 心不住相 不著聲聞緣覺境界 雖現塵勞 心恒淸淨 示有諸過 讚歎梵行 不令衆生 入不律儀 求如是人 卽得成就 阿耨多羅三藐三菩提

먼저 올바른 선지식은 마음에 상(相)이 없어야 한다. 여기서의 상은 말할 것도 없이 사상(四相)이다. 상이 없는 사람은 어떠한 법에도 걸리거나 집착하거나 머무르지 않는다. 항상 허공 같은 마음자리에서 모든 것을 감싸 안으면서도 그들이 공한 줄을 알고, 행위에 따른 흔적이 없다. 나와 남이 본래 없는 줄을 알아 일체를 평등하게 여기고, 온종일 중생들을 위한 행을 지었어도 그 행한 자취를 남겨 두지 않는다. 깨달음을 말하지만 스스로 깨달았다는 소견을 짓지 아니하고, 중생의 허물을 말하지만 미워하거나 비난하는 마음이 없다.

다음으로 올바른 선지식은 이승(二乘), 즉 성문과 연각의 경지에 치우치지 않는다. 성문과 연각은 편협한 깨달음을 이룬 이들로 생사와 열반을 별개의 것으로 보고, 중생과 부처, 지옥과 정토를 차별되게 여긴다. 이들은 버릴 법과 얻을 법이 따로 있다고 여기고, 자신이 수행을 해서 얻은 깨달음의 경지에 끝까지 머물고 집착한다. 그러나 올바른 선지식은 생사가 그대로 열반임을 알고, 중생이 본래 부처임을 알며, 지옥이 똑같이 정토임을 알아, 어떠한 법도 따로 취하거나 버리는 일이 없다.

그리고 이러한 선지식은 때로 가르침을 구하는 이들에게 진로(塵勞)와 허물을 나타내 보이기도 한다. 진로란 번뇌의 다른 말로 중생들이 일으키는 갖가지 그릇된 마음 작용을 가리킨다. 사람들은 흔히 자신이 모시고 있는 스승에 대하여 완벽하기를 바란다. 즉 스승은 내면적으로나 외면적으로 모자람이 없어야 하고, 세속인들처럼 욕심을 내거나 화를 내서는 안 되며, 항상 청정하고 거룩한 모습을 하고 있을 것을 요구한다.

그런데 사람들의 이와 같은 생각은 당연한 것임에도 불구하고 크게 바람직하다고만은 할 수 없다. 왜냐하면 깨달음을 이룬 스승은 중생들이 생각하듯 그런 고정된 틀 속에서 가르침을 주는 존재가 아니기 때문이다. 큰 법을 성취한 스승은 어디에도 머무는 바 없이 중생을 제도하므로 때에 따라 온갖 감정을 드러내 보이기도 하고, 여러 가지 모습을 지어내 보이기도 한다. 항상 청정하고 자비한 모습으로 가르침을 주기만 하는 것이 아니라, 때로 아무것도 아닌 일을 가지고 탐욕을 부리고 성을 내는가 하면, 공부하는 이로 하여금 실망과 회의를 가져오게 할 만큼 도와는 거리가 먼 행동을 한다.

이때 중요한 것은, 수행자는 저러한 스승의 모습 놀이를 보더라도 갈등을 일으키거나 불화를 짓지 말고 순경계와 역경계의 모습을 통해 나를 깨우치게 하려는 스승의 자비 묘용으로 여기고 흔들림이 없어야 한다는 점이다. 그렇게 하려면 역시 스승이 행하는 모든 언행을 다 공부로 받아들일 수 있는 큰 믿음과 넓은 아량이 갖추어져야만 된다.

다만 여기서 경계해야 할 것은, 설혹 위와 같은 방편을 쓰는 가운데 만약 스승이라고 하는 자가 자신은 깨달음을 이루었기 때문에 걸림이 없다고 말하면서 살(殺), 도(盜), 음(淫), 망(妄), 주(酒)의 계를 함부로 어기고 기이한 행으로 '이것도 법'이라고 가르친다면, 이는 절대로 인정하거나 따라가서는 안 된다. 아무리 스승이 중생을 위하여 세간의 진로를 보인다 할지라도 범행(梵行), 즉 청정한 행을 업신여기고 막행막식(莫行莫食)을 한다면 이는 바르게 가르치는 선지식이 아니므로 멀리해야 되는 것이 당연하다. 올바른 선지식은 어쩌다 방편으로 계율을 깨뜨린다 할지라도 항상 범행을 존중하고 실천할 것을 요구한다.

●

말세 중생이 이런 사람을 만나거든 마땅히 받들어 섬기되 몸과 목숨을 아끼지 않아야 하니, 그 선지식이 네 가지 위의(威儀) 가운데 늘 청정한 행을 나타내거나 나아가서 갖가지 허물을 드러내더라도 교만한 생각이 없어야 하거늘, 하물며 재물을 모으는 것이나 처자와 권속을 가진 것을 탓하겠는가. 선남자야, 만약 그 착한 벗에 대하여 나쁜 생각을 일으키지 않으면 끝내 바른 깨달음을 이루어 마음이 밝아져 시방세계를 비추리라.

末世衆生　見如是人　應當供養　不惜身命　彼善知識　四威儀中
常現淸淨　乃至示現　種種過患　心無憍慢　況復搏財妻子眷屬
若善男子　於彼善友　不起惡念　卽能究竟成就正覺　心華發明
照十方刹

원각을 깨달은 선지식의 마음은 모든 작위가 끊어져 공적(空寂)하
다. 이 가운데에는 가르침을 받을 제자도 없고, 가르침을 줄 스승도
없다. 다만 인연이 상응하여 제자와 스승의 차별이 생기고, 공경을
하는 자와 공경을 받는 자가 존재한다. 부처님은『금강경』에서 일체
현성은 무위법(無爲法)으로써 차별을 삼는다고 하셨다. 즉 깨달음을
이룬 부처님을 비롯한 모든 선지식은 함이 없는 가운데에서 교화받을
중생의 근기에 따라 갖가지 차별된 모습과 다양한 방편을 나타내 보
인다는 말이다. 그러므로 선지식에 귀의한 수행자는 그가 행주좌와
(行住坐臥), 즉 걷고 머무르고 앉고 눕고 하는 네 가지 위의 중에 어떠
한 모습을 보이더라도 거기에 거룩하다거나 속되다는 생각을 내지 말
고, 스승이 가르치는 법만 보고 수행에 힘써야 한다. 믿고 존경하는
스승이 자신을 사랑하고 귀히 여기면 수행자는 자신도 모르는 사이에
오만이 생겨 그 가르침을 소홀히 하게 되고, 꾸짖거나 본체만체하면
원망하는 마음이 생겨 가르침을 떠나게 된다.

　『화엄경』「입법계품」에서 문수보살은 구도의 길을 떠나는 선재동
자에게 "그대가 완전한 지혜를 얻으려면 선지식을 구함에 게으르지
마라. 선지식을 만나거든 항상 가르침을 따르되 게으르거나 싫증을
내지 말고, 선지식이 행하는 교묘한 방편에 허물을 보지 말아야 한
다."고 가르쳤다. 말세에는 선지식을 만나기도 어렵지만, 선지식을

만났다 할지라도 믿고 귀의하기도 어렵다. 수행자가 선지식을 만났다는 것은 이 세상에서 가장 큰 가피를 얻고 복을 받은 것으로, 그 은혜와 사랑은 부모나 부부의 인연보다 크다.

그리고 이와 같은 스승으로서의 선지식은 반드시 세속을 떠나 출가한 수행자들 속에만 있는 것은 아니다. 세속에 몸을 두고 처자 권속을 거느린 사람들 가운데서도 부처님의 정법을 바르게 깨닫고 중생을 바른길로 인도하는 선지식이 있다. 가정을 지니고 생계를 꾸리면서 살아가는 평범한 속인들도 얼마든지 부처님의 가르침을 깨달을 수 있으므로 속인의 모습을 한 선지식도 출가 수행자 못지않게 나올 수가 있는 것이다. 부처님 당시 찟다(citta)장자는 출가한 스님이 아니었는데도 크나큰 깨달음을 얻어 재가법사 제일이라는 칭호를 부처님으로부터 받아 많은 이들의 스승이 되었다. 그러므로 마음공부를 하는 사람은 선지식을 구하는 데 있어 승속(僧俗)에 차별을 두거나 형상에 구애를 받지 말고 그의 가르치는 바가 부처님의 말씀과 다르지 않으면 신심을 다 바쳐 귀의하고 수행하여야 한다.

●

선남자야, 그 선지식이 증득한 묘한 법은 마땅히 네 가지 병을 여의어야 하나니, 어떤 것이 네 가지 병인가.

善男子 彼善知識 所證妙法 應離四病 云何四病

이는 선지식이 지닐 수 있는 병폐 중에 잘못된 견해를 지적하신 것으로, 아무리 청정한 범행을 지키고 큰 깨달음을 이루었다 할지라도 견해가 올바르지 않으면 선지식이 아니라는 말씀이다. 용수보살은

『중론』에서 '차라리 계율을 깨뜨릴지언정 올바른 견해를 무너뜨리지
마라. 계율을 깨뜨리면 혼자서 악도에 떨어지지만 올바른 견해가 무
너지면 뭇 중생들과 함께 영원히 깨달음을 등지게 된다.'고 경고했다.
남을 가르치는 스승은 법에 대한 안목이 무엇보다 투철해야 한다. 말
법 시대에는 깨달음을 말하는 이도 별반 없지만, 설혹 깨달음을 말한
다 할지라도 그 견해를 올바로 갖추고 있는 이가 드물다. 그런 의미
에서 이 부분은 선지식이 중생을 제도하는 데 있어 네 종류의 잘못된
견해가 있을 수 있음을 밝히고, 그것이 수행자들의 병이 될 수 있음을
알리고 있다.

●

첫째는 짓는 병이니, 어떤 사람이 생각하기를 '나는 본마음 가
운데 갖가지 행을 지어 원각을 구하리라.' 하면, 그 원각의 성품
은 억지로 지어서 얻어지는 것이 아니므로 병이라 하느니라.

一者作病 若復有人 作如是言 我於本心 作種種行 欲求圓覺
彼圓覺性 非作得故 說名爲病

먼저 짓는 병은 수행하는 사람이 마음으로 여러 가지 방편을 가지
고 지어서 깨달음을 이루려는 행위이다. 원각의 바탕은 모든 인위적
인 행위가 끊어져 '하고자 함'이 없다. 마치 허공은 어떤 방법을 써서
얻어지는 것이 아닌 것처럼, 원각은 일부러 지어서 얻을 수 있는 자
리가 아니다. 사실 『원각경』의 시각으로 본다면 우리가 하는 모든 수
행 방법들은 짓는 병에 속한다고 할 수 있다. 마음을 한곳에 집중시
키거나 상념을 떠올리거나 관찰을 하거나 하는 등의 모든 수행은 원

각의 자리에서 볼 때 벌써 함이 있으므로 어긋나는 것이다. 그렇다면 아무 수행도 하지 말라는 것인가. 그렇지 않다.

여기서 말하는 짓는 병은 저와 같은 수행을 함에 있어 구하는 마음을 앞세워 방편에 빠진다든가, 방편을 실체화시켜 정작 보아야 될 원각의 자리를 보지 못하는 것을 말한다. 그러므로 모든 수행이 병이 되지 않으려면 수행하는 주체로서의 자신과 수행 방편이 모두 허깨비 같이 실재하지 않는다고 여겨야 한다. 즉 수행을 짓지 말라는 것이 아니라 일체 짓는 바를 허깨비라고 관찰해서 방편에 묶이지 않으면 된다.

또 주의해야 할 것으로, 어떤 선지식은 부처님과 조사들이 말한 불성(佛性)이나 자성(自性)이나 주인공(主人公)이라는 용어를 자기 식대로 해석하고 저것을 믿으라느니, 저것으로부터 답을 얻으라느니, 저것과 하나가 되라느니 하는 방법으로 수행을 시킨다.

그 스승이 이와 같은 소견을 짓는 까닭은 불성이나 자성 그리고 주인공이라는 존재를 중생들 마음속에 들어 있는 자신과 우주의 근본 자리, 또는 본질로 착각하고 있기 때문인데, 불행히도 많은 수행자들이 저와 같은 소견에 물들어 있다. 엄밀히 말해 부처님은 중생이 지금 쓰고 있는 몸과 마음 외에 어떠한 다른 성품이 따로 있다고 하신 적이 없다. 어떤 사람이 술에 취했다고 했을 때 술 취한 사람 안에도 밖에도 따로 술 깬 사람이 존재할 수 없듯 불성, 자성, 주인공은 마음이 지닌 속성일 뿐 특별한 그 무엇도 아니고 어떤 자리도 아니다. 중생의 마음이 허깨비 같아 실재하지 않으므로 중생의 마음이 그대로 불성이고, 마음은 누구나 스스로 지니고 있으니 자성이며, 온갖 법의 주체가 되니 주인공이다.

불교는 만물과 하나 되라는 합일주의도 아니고, 자신의 근본을 찾으라는 영혼주의도 아니며, 우주의 근원이 무엇인지를 깨달으라는 신비주의도 아니다. 삿된 견해로 자신의 마음속에 또 다른 나를 세워 놓고 그것을 보겠다는 공부는 절대 옳은 방편이 될 수 없다. 모든 지음이 허망인 줄 알면 진실이거니, 허망 위에 또 다른 허망을 얹히면 번뇌의 병만 더 깊어진다.

●

둘째는 맡기는 병이니, 어떤 사람이 생각하기를 '우리는 지금 나고 죽음을 끊지도 않고, 열반을 구하지도 않는다. 열반과 생사가 일어나거나 사라진다는 생각이 없으니 모든 것에 맡기고, 모든 법의 성품을 따름으로써 원각을 구하련다.' 하면, 그 원각의 성품은 맡겨 둠으로써 있는 것이 아니므로 병이라 하느니라.

二者任病 若復有人 作如是言 我等今者 不斷生死 不求涅槃 涅槃生死 無起滅念 任彼一切 隨諸法性 欲求圓覺 彼圓覺性 非任有故 說名爲病

다음은 맡기는 병인데, 모든 마음을 맡기고 놓아 버리는 수행으로 깨달음을 이루겠다는 견해다. 이와 같은 생각을 가진 선지식에게 번뇌 망상을 어떻게 하면 좋겠느냐고 물으면, 번뇌가 일어나면 일어나는 대로, 일어나지 않으면 일어나지 않는 대로, 참견하지 말고 그대로 그 자리에 믿고 맡겨 놓으라고 가르친다.

여기서 '그 자리'라고 하는 것은 바로 본문에서 말하는 모든 법의 성품이 되는 법성(法性)의 자리로, 원각을 말한다. 즉 번뇌 망상도 알고 보면 원각의 자리에서 일어나는 것이므로 일으키려고도, 끊으려고도 하지 말고 그저 본연의 자리에 돌려놓고 푹 쉬라고 한다.

어떤 경우에는 법성이라는 말 대신에 역시 위에서 언급한 자성, 불성, 주인공 등이라는 말로 대치하고 제자들에게 모든 것을 그 자리에 믿고 맡기면 알아서 해결한다는 식의 가르침을 주기도 한다. 이는 부처님 가르침의 핵심이 무엇인지를 완전히 파악하지 못한 미혹한 마음 자리에서 나오는 가르침으로 불성, 자성, 법성, 주인공을 자기 속에 깃든 전지전능한 신적 존재나 만능의 해결처로 오인한 까닭이다.

만약 수행자가 물결치는 대로 바람 부는 대로 그 흐름을 따라 살겠다거나 모든 것을 어디에 맡기겠다거나 생각을 놓아 버리는 것으로 깨달음을 얻으려 한다면, 마음은 편안할지 모르나 저 숙명외도(宿命外道)나 존우외도(尊祐外道)가 될 게 뻔하다.

● 셋째는 그치는 병이니, 어떤 사람이 생각하기를 '나는 지금 내 마음의 모든 망념을 영원히 쉬어 일체의 성품이 고요하고 평등하게 됨을 얻음으로써 원각을 구한다.' 하면, 그 원각의 성품은 그침으로써 행해지는 것이 아니므로 병이라 하느니라.

三者止病 若復有人 作如是言 我今自心 永息諸念 得一切性 寂然平等 欲求圓覺 彼圓覺性 非止合故 說名爲病

다음은 그치는 병이다. 이는 마음에서 일어나는 번뇌와 망상을 쉬고 그치는 방법으로 깨달음을 이루겠다는 견해이다. 어떤 선지식 중에는 깨달음을 성취하는 데 있어 방편은 모두 병이 되므로 무엇을 하려고도 하지 말고, 또 안 하려고도 하지 말고, 그저 마음을 몰락 놓아 버리고 푹 쉬라고 가르친다. 선가(禪家)에서 흔히 말하는 방하착(放下着)이다. 그러나 이와 같은 수행은 관찰해서 끝까지 깨달아야 될 번뇌와 망상을 겉으로만 잠재우는 결과를 가져오게 될 뿐만 아니라 가장 중요한 지혜가 발현되지 않는다는 데 문제가 있다.

비록 마음은 경계를 따라 요동치거나 차별됨이 없어 고요하고 평등한 경지는 얻을지 몰라도 무명의 뿌리를 완전히 끊지는 못한다. 극복해야 할 수행 주제로서의 번뇌와 망상은 관찰해야 될 상대이지, 조작하고 억누르고 맡기고 쉬고 끊어야 할 상대가 아니다. 번뇌와 망상을 자꾸 쉬는 것으로 수행을 참으면 적망(寂妄), 즉 고요 망상의 경계에 떨어져 만법을 따라 굽이치는 원각의 본래 모습을 활활자재(活活自在)하게 관조할 수 없다.

● 넷째는 없애는 병이니, 어떤 사람이 생각하기를 '나는 지금 일체 번뇌를 영원히 끊어 몸과 마음이 끝내 공하여 아무것도 없거늘 하물며 육근과 육경의 허망한 경계이겠는가. 모두 영원토록 고요히 사라지게 하는 것으로써 원각을 구하련다.' 하면, 그 원각의 성품은 고요한 모습이 아니므로 병이라 하느니라. 이 네가지 병을 떠난 이가 곧 청정함을 아는 것이니, 이렇게 관하는 이는 바른 관이요, 다르게 관하는 이는 삿된 관이니라.

四者滅病 若復有人 作如是言 我今永斷 一切煩惱 身心畢竟 空無所有 何況根塵 虛妄境界 一切永寂 欲求圓覺 彼圓覺性 非寂相故 說名爲病 離四病者 則知淸淨 作是觀者 名爲正觀

若他觀者 名爲邪觀

끝으로 아주 없애려는 병이다. 이는 마음 가운데에서 일어나는 망령된 번뇌뿐만 아니라 마음과 몸 그리고 이 세계까지도 다 사라지게 하여 아무것도 없는 경지에 드는 방법으로 깨달음을 이루려는 견해이다. 이와 같은 견해를 불교에서는 단멸상(斷滅相)이라고 하는데, 부처님은 수행자가 이 단멸상에 빠지는 것을 무엇보다 경계하셨다.

『금강경』에서 부처님은 모든 법이 아주 끊어져 없는 것을 깨달음이라 하지 않는다 하셨고, 『중론』에서 용수보살은 차라리 있다는 견해를 수미산처럼 일으킬지언정 없다는 견해를 짓지 말라 하였다. 『반야심경』에서도 색(色)이 곧 공(空)이요, 공이 곧 색이라 하여 색을 없애고 공을 얻는 것이 아니고, 공했다고 해서 색이 사라진 것이 아님을 밝혔는가 하면, 영가(永嘉) 선사는 만약 있다는 소견을 버리고 없다는 소견을 지으면 병이기는 마찬가지여서 물을 피해 불에 뛰어드는 격이라고 하였다.

원각의 자리는 끝내 공하여 한 법도 그 가운데서는 찾을 바가 없지만 인연 따라 모든 법을 나타낸다는 이치를 모르기 때문에 이 같은 소견에 떨어지는 것이다. 모름지기 한 법에라도 치우치면 사법(邪法)이요, 한 법도 치우칠 것이 없으면 정법(正法)이다. 수행을 한다고 해서 몸을 무시하려고 하거나 생각을 지우려고 하거나 세상을 거부하려고 해서는 안 된다. 오히려 몸과 마음과 세상의 본질을 바로 보고 바로 알아, 이것들이 참으로 공한 가운데에서도 뚜렷한 모습으로 엄연하게 존재하고 있다는 사실을 바르게 깨쳐야 한다.

마음에 미혹이 없으면 마음 그대로가 부처의 마음이며, 몸에 어리석음이 없으면 몸 그대로가 부처의 몸이다. 허깨비 같은 몸과 마음과 세상을 떠나서는 다시 부처의 몸도 마음도 없는 것이니, 무언가를 없애서 특별한 새로운 것을 얻겠다는 발상을 버려야 한다. 일체가 허깨비 같다는 말을 잘못 알아 허무에 잠기고, 얻을 게 없다는 말을 잘못 알아 단멸에 떨어진다면 다시 나오기 어려우니, 수행하는 사람은 저와 같은 소견을 지닌 선지식을 만나면 멀리 피해야 한다.

●

선남자야, 말세의 중생이 수합하려 하면, 목숨이 다하도록 착한 벗에게 공양하고 선지식을 섬겨야 하나니, 그 선지식이 가까이 하려 하거든 교만한 생각을 끊고, 멀리하려 하더라도 성을 내거나 한을 품지 말며, 거스르고 따르는 경계를 나타내더라도 마치 허공과 같이 여겨 몸과 마음이 끝내 평등하여 모든 중생들과 더불어 조금도 다름이 없는 줄 사무쳐 알아야 되나니, 이와 같이 수행하여야 비로소 원각에 드느니라.

善男子 末世衆生 欲修行者 應當盡命 供養善友 事善知識 彼
善知識 欲來親近 應斷憍慢 若復遠離 應斷瞋恨 現逆順境 猶
如虛空 了知身心 畢竟平等 與諸衆生 同體無異 如是修行 方
入圓覺

모든 법이 허깨비와 같다는 명제 앞에서는 귀의할 나도, 제도해 줄 선지식도 실제로 존재하는 것이 아니다. 배워야 할 주체와 가르쳐야 할 주체가 따로 있다면 그것은 불법이 아니라 세간법이다. 깨달음의 분상(分上)에서는 부처니 중생이니 제도니 하는 것들이 마냥 꿈과 같고 허깨비 같고 신기루 같아서 도무지 이렇다 할 것이 없다. 그러므로 눈 밝은 선지식은 구름 떼같이 많은 제자를 거느리고 하늘처럼 추앙을 받아도 저들을 나의 소속으로 여긴다거나 저들 위에 내가 존재한다는 따위의 생각을 하지 않는다. 살아 있는 모든 것들을 지극히 가엾이 여기고 한없는 자비로써 갖가지 고통 받는 무리들을 끝까지 제도하되 한 법도 마음 가운데 세워 두지 않는 행이 선지식의 행이다.

수행자는 바로 이와 같은 선지식의 마음을 흠모하고 귀히 여겨 신심을 바치되 이 세상 어떤 인연보다도 거룩하게 여기고 그 가르침을 따라야 한다. 고요한 허공이 때로는 태풍을 불러일으키고 비바람을 몰고 오듯, 스승이 제자를 가르치는 데 있어서도 갖가지 변화를 보인다. 귀히 여기고 칭찬하는가 하면 때로는 업신여기고 꾸짖을 때도 있다. 사랑으로 온갖 허물을 다 덮어 주기도 하고 없는 허물도 들춰내어 정을 떨어지게 한다.

그러므로 수행자는 스승을 모시는 가운데 그 스승이 어떠한 말을 하고 어떠한 모습을 보이더라도 그것을 다만 허공처럼 여기고, 스승에 대해 존경이 일어나고 원망이 일어나는 그 마음을 조복시켜 마침내는 평등한 원각의 성품을 이루도록 해야 한다.

●

선남자야, 말세의 중생이 도를 이루지 못하는 것은 예로부터 나와 너를 미워하고 사랑하는 온갖 종자가 있기 때문이니 그래서 해탈하지 못하느니라. 만약 다시 어떤 사람이 저 원수의 집을 대하되 자기 어버이처럼 보아 두 가지 마음이 없으면 곧 모든 병을 없애게 되니, 모든 법 가운데서 나와 너를 미워하거나 사랑함도 이와 같으니라.

선남자야, 말세의 중생들이 원각을 구하고자 하거든 먼저 발심하고 맹세하되 '허공이 다하도록 온갖 중생을 내가 모두 구경의 원각에 들게 하되 원각 가운데에는 깨달음을 취할 이도 없고, 나와 너 등의 일체 상을 없애리라.' 하라. 이렇게 발심하면 사견에 빠지지 않으리라.

그때 세존께서 이 뜻을 거듭 펴시기 위해 게송으로 말씀하셨다.

보각이여, 그대는 마땅히 알라.
말세 중생들이 선지식을 구하려면
마땅히 바른 견해 가진 이로서
이승의 생각을 떠난 사람을 구하라.
선지식이 깨친 법 가운데는
네 가지 병이 없어야 하니
짓고 그치고 맡기고 없애는 병이라.
내게 가까이하여도 교만치 말고
나를 멀리하여도 성내지 말고
갖가지 경계를 나타내 보여도
마음속에 희유한 뜻을 내어서
부처님을 만난 듯이 공경하라.
그릇된 행실을 범하지 않으면
계행의 근본이 영원히 맑아지며
일체 중생을 남김없이 제도해서
마침내는 원각에 들도록 하되
나다 너다 하는 상(相)을 없이 하면

마땅히 바른 지혜에 의지하여

곧바로 삿된 견해 뛰어넘어서

원각을 증득하고 열반에 들리라.

善男子 末世衆生 不得成道 由有無始 自他憎愛 一切種子 故
未解脫 若復有人 觀彼怨家 如己父母 心無有二 卽除諸病 於
諸法中 自他憎愛 亦復如是 善男子 末世衆生 欲求圓覺 應當
發心 作如是言 盡於虛空 一切衆生 我皆令入 究竟圓覺 於圓
覺中 無取覺者 除彼我人 一切諸相 如是發心 不墮邪見

爾時 世尊 欲重宣此義 而說偈言

普覺汝當知	末世諸衆生
欲求善知識	應當求正見
心遠二乘者	法中除四病
謂作止任滅	親近無憍慢
遠離無瞋恨	見種種境界
心當生希有	還如佛出世
不犯非律儀	戒根永淸淨
度一切衆生	究竟入圓覺
無彼我人相	常依正智慧
便得超邪見	證覺般涅槃

선지식의 모습을 두고 제자가 사랑과 미움을 짓는 것은 원래부터
그 마음속에 사랑과 미움을 품고 있었기 때문이다. 사랑과 미움은 바
로 내가 있다고 여기는 무명으로부터 비롯된다. 중생은 이 세상 무엇

보다도 나를 사랑하고 나를 미워한다. 똑같은 나지만 젊고 건강한 나는 사랑하고 늙고 병든 나는 미워하며, 칭찬받는 나는 사랑하고 비난받는 나는 싫어한다. 사랑과 미움에 대상이 있는 것 같지만 실상은 어느 것을 사랑하고 미워하든 자기 자신을 향하고 있다는 것을 알아야 한다. 수행을 완성했다고 하는 것은 이와 같이 사랑하고 미워할 것이 본래 있지 않음을 아는 것이고, 이는 결국 사랑하고 미워하는 주체로서의 내가 본래 없음을 깨닫는 것이다.

깨달음 가운데에는 은혜와 원한이 없고 죄와 복이 본래 없어 은혜를 갚을 자도, 은혜를 받을 자도, 원수를 맺은 자도, 원수를 갚을 자도 없다. 다만 무명의 꿈을 깨지 못한 중생들에게나 갚을 것이 있어 인과응보의 이치가 나타나 은혜와 원수가 벌어지고 죄와 복의 차별이 생긴다. 그러므로 수행자는 마음속 은원(恩怨)을 떨쳐 버리기를 손에 쥔 독사를 던져 버리듯 해야 하고, 발에 붙은 거머리를 떼듯 해야 한다. 부처의 자비에는 두 마음이 없다. 은인을 더욱 사랑하고 원수를 미워하는 것이 아니라 원수와 은인을 평등히 여기고, 끝내는 이들이 모두 얽힌 인연으로부터 벗어나 자타가 없는 경지에 들어가도록 인도한다.

'허공이 다하도록 온갖 중생을 내가 모두 구경의 원각에 들게 하되 원각 가운데에는 깨달음을 취할 이도 없고, 나와 너 등의 일체 상을 없애리라.' 하였을 때, '허공이 다하도록'이란 변하지 않는 항상심(恒常心)을 말하는 것이고, '온갖 중생'은 넓고 큰 마음으로서의 광대심(廣大心)을 말하는 것이며, '원각의 경지에 들게 하겠다.'고 한 것은 궁극적 깨달음인 최고심(最高心)을 가리키는 것이다.

그리고 마지막으로 '나와 너의 상을 없애리라.' 한 것은 거꾸로 뒤집힌 마음이 없는 부전도심(不顚倒心)을 말한다. 이 말씀은 크나큰 원각의 자리에 들고자 수행하는 이들이 항상 어떠한 마음을 발하면서 수행에 임해야 되는가를 설하는 것으로, 불도 완성의 시작이며 끝이 되는 내용이다.

『금강경』에서 부처님은 '위없는 깨달음을 이루기 위해 수행하는 보살은 어떤 마음을 일으키며, 어떤 마음을 항복시켜야 되는가.'라는 수보리의 질문에도 똑같이 '모든 중생을 다 제도하되 끝에 가서는 한 중생도 제도한 바가 없어야 된다.'고 하셨다.

원각의 자리는 '나'도 없고 '너'도 없고, '세계'도 없고 '중생'도 없다. 모두가 다 허깨비이다. 그러나 다시 원각 속에 이 모든 것이 들어 있으니, 원각은 능히 모두를 벗어나 있으면서도 동시에 모두를 싸안고 있다. 중생이 발심을 하여 수행의 길로 나가는 데 있어서 한 법도 구할 것이 없음을 알면서도 일체 중생과 세계를 모두 다 교화하여 하나의 원각의 바탕으로 삼아야 한다고 발원해야 하는 까닭도 여기 있다. 깨달은 부처와 미혹한 중생이 따로 있는 것이 아니지만, 부처가 중생을 교화하는 일은 끝내 멈추지 않는다. 자신의 마음을 관(觀)하는 수행과 중생들을 구호하겠다는 발원은 새의 양 날개와도 같다. 대원각은 마음을 비추어 보는 관행과 중생을 불쌍히 여기고 제도하려는 원행에 의해 성취된다는 사실을 잊어서는 안 된다.

12

원각보살장(圓覺菩薩章)

원각보살장(圓覺菩薩章)

이때 원각보살이 대중 가운데 있다가 얼른 자리에서 일어나 부처님의 발에 이마를 대 절하고, 오른쪽으로 세 번 돌고 무릎을 세워 꿇고 손을 모으고 부처님께 사뢰었다.

"대비하신 세존이시여, 저희들 무리를 위하여 널리 깨끗한 원각의 갖가지 방편을 말씀하시어 말세의 중생들로 하여금 큰 이익을 얻게 하셨나이다. 세존이시여, 저희들은 지금 이미 깨달음을 얻었지만 부처님께서 멸도하신 뒤에 말세의 중생들이 깨달음을 얻지 못하는 이는 어떻게 안거하여 이 원각의 청정한 경계를 닦을 수 있으며, 이 원각의 세 가지 청정한 관행에서는 어느 것으로 첫머리를 삼아야 되나이까? 바라옵건대 오직 크나큰 자비로 여러 대중과 말세 중생을 위하여 큰 이익을 베풀어 주시옵소서."

이렇게 말하고는 몸의 다섯 활개를 땅에 던져 세 번이나 청하여 마치고 다시 시작하려 하였다.

그때 세존께서 원각보살에게 말씀하셨다.

"좋은 말이다. 좋은 말이다. 선남자야, 그대들은 여래에게 이와 같은 방편을 물어서 중생들에게 크나큰 이익을 베풀려 하는구나. 자세히 들으라. 마땅히 그대들을 위해 말해 주리라."

그때 원각보살이 분부를 받들어 기뻐하면서 대중들과 함께 조용히 귀를 기울였다.

於是 圓覺菩薩 在大衆中 卽從座起 頂禮佛足 右繞三匝 長跪
叉手 而白佛言 大悲世尊 爲我等輩 廣說淨覺 種種方便 令末
世衆生 有大增益 世尊 我等今者 已得開悟 若佛滅後 末世衆
生 未得悟者 云何安居 修此圓覺 淸淨境界 此圓覺中 三種淨
觀 以何爲首 惟願大悲 爲諸大衆 及末世衆生 施大饒益 作是
語已 五體投地 如是三請 終而復始 爾時 世尊 告圓覺菩薩言
善哉善哉 善男子 汝等乃能 問於如來 如是方便 以大饒益 施
諸衆生 汝今諦聽 當爲汝說 時 圓覺菩薩 奉敎歡喜 及諸大衆
默然而聽

원각보살은 이 경의 주제가 되는 원각의 경지에서 중생을 제도하고자 방편으로 몸을 나타낸 보살이다. 원각은 부처님이 이루신 크나큰 깨달음이며 모든 중생이 본래부터 갖추고 있는 부처의 성품이다. 부처와 보살과 중생과 국토가 하나의 바탕으로 차별이 없으므로 일진법계(一眞法界)라 하였고, 수행하여 깨치지 않아도 본래부터 밝아 있기 때문에 본각(本覺)이라 하였으며, 모든 중생의 마음속에 감추어져 있는 부처의 성품이므로 여래장(如來藏)이라 하였다.

앞의 「보각보살장」까지 부처님께서는 상근기(上根機)와 중근기(中根機)의 수행자를 향해 원각에 이르는 방편을 말씀하셨다. 그러나 말세가 되면 부처님의 법을 깨달을 수 있는 자질이 낮아져 상근기와 중근기의 중생들은 드물고 하근기 중생들이 많아진다. 상근기는 부처님의 말씀만 들어도 법을 깨닫고 중근기는 조금만 닦아도 법을 깨닫지만 하근기는 업장이 두터워 갖가지 형식과 방편을 빌리지 않으면 법을 깨닫기 어렵다. 원각보살은 이와 같은 말세의 하근기 중생을 위하여 도량을 꾸미는 일과 안거하는 법을 묻고 사마타와 삼마발제와 선나 중 무엇을 먼저 닦아야 하는지를 묻고 있다.

●

선남자야, 부처님이 세상에 계실 때나 열반에 드신 뒤 또는 말법 시대에 대승의 성품을 갖춘 이가 부처님의 비밀하고 크고 뚜렷한 깨달음의 마음을 믿어 수행하고자 할 때, 만약 가람(伽藍)에 있으면 대중 속에 편안히 머물러야 하고, 반연(攀緣)되는 일이 있거든 분수에 따라 자세히 생각하여 살피되 내가 이미 말한 것같이 해야 하느니라.

善男子 一切衆生 若佛住世 若佛滅後 若末法時 有諸衆生 具大乘性 信佛秘密 大圓覺心 欲修行者 若在伽藍 安處徒衆 有緣事故 隨分思察 如我已說

부처님이 세상에 계실 때를 정법 시대라 하고, 열반에 드신 지 얼마 안 된 때는 상법 시대라 하며, 부처님이 열반에 드신 지 오래되어 가르침이 쇠퇴할 때를 말법 시대라 한다. 부처님의 깨달으신 안목에서 볼 때는 정법·상법·말법 시대라는 것이 본래 없다. 그러나 시간의 제약을 받는 중생들의 인연 속에서는 세 때의 변화가 존재한다.

'대승의 성품을 갖춘 이'란 이와 같은 시대에 구애받지 않고 언제 어디서나 최고의 깨달음을 얻겠다는 마음을 일으켜 수행하는 사람을 말한다. 모든 중생은 크나큰 깨달음인 원각을 이룰 수 있는 가능성을 지니고 있다. 부처님이 세상에 계실 때인 정법 시대나 비록 죄업이 무거워지고 번뇌와 망상이 치성해지는 말법 시대라 할지라도 중생의 마음속에 깃들어 있는 원각의 성품은 한결같기 때문에 누구든지 깨달음을 향한 굳센 믿음만 일으킨다면 부처가 될 수 있는 것이다.

가람은 대중이 모여 사는 처소라는 뜻으로 중원(衆園)이라고 하며, 흔히 말하는 절을 가리킨다. 본래 수행이라는 것은 행주좌와 어묵동정(行住座臥 語默動靜, 다니고, 머물고, 앉고, 눕고, 말하고, 침묵하고, 움직이고, 고요하고)에 관계없이 항상 해야 한다. 따라서 수행하는 장소도 따로 없어 집이든 일터든 혹은 절이든 어디서나 구애받아서는 안 된다.

그러나 수행에 익숙하지 못한 중생은 늘 주변 상황에 끄달려 번뇌와 망상을 잡을 수가 없으므로 반드시 수행할 장소와 시간을 따로 정해야만 한다. 그것이 곧 가람이고 안거인 것이다. 가람에 들어와 수행하는 사람은 세간의 모든 인연사를 다 놓아 버리고 오직 편안한 마음으로 수행에만 힘써야 하겠지만, 만약 그에 따를 수 없는 이들은 자신의 형편에 따라 시간과 장소를 정해서 틈틈이 수행할 수밖에 없다.

'내가 이미 말한 것같이 해야 한다.' 함은, 반연을 버리고 가람에 들어가서 수행하는 자나 반연 속에서 수행하는 자나 똑같이 삼관을 닦아야 한다는 뜻이다. 여기서 반연이란, 세상을 살면서 만나야 되고 부딪쳐야 되는 모든 사물과 온갖 일 등을 말한다. 절에 들어와 수행하는 사람은 일단 마음속의 반연을 끊어야 하고, 세속에서 수행하는 사람은 마음이 반연을 따라 흘러가는 것을 되도록이면 짓지 말고 혼자 수행하는 시간을 많이 가져야 한다.

●

만약 별다른 일이나 반연이 없으면 도량을 꾸미고 기한을 정해야 되니 긴 기간은 백이십 일이요, 중간 기간은 백 일이며, 짧은 기간은 팔십 일로 해야 하느니라.

若復無有 他事因緣 卽建道場 當立期限 若立長期 百二十日
中期百日 下期八十日

다음으로 수행자가 행해야 할 일은 기한을 정하는 것이다. 이것을 결제(結制)라고 한다. 세상의 잡다한 일을 멈추고 오직 수행에만 전념하기 위해 특정한 시간을 만들어 묶어 놓는 제도이다. 깨달음의 경지에서 본다면 묶을 것도 없고 풀 것도 없다. 그러나 깨달음을 얻지 못한 중생의 차원에서는 방편이라는 것이 필요하므로 이와 같은 제도가 생긴 것이다.

불가에서 흔히 행해지는 동안거나 하안거, 그리고 백일기도나 천일기도 등이 모두 결제이다. 이 경에서는 결제의 기간을 긴 기간은 백이십 일, 중간 기간은 백 일, 짧은 기간은 팔십 일로 나누고 그 가운데 하나를 자기의 형편에 따라 정하도록 권하고 있다.

●

깨끗한 거처를 조촐히 마련하고 만일 부처님이 계실 때면 바르게 사유(思惟)하고, 부처님이 입적하신 뒤에는 부처님의 형상을 모셔서 거기에 마음을 기울이고 눈으로 관찰하여 상상하되 여래가 머물러 계시는 때와 같게 하고, 온갖 깃발과 꽃을 걸어 삼칠 일이 지나도록 시방 부처님들의 명호 앞에 머리 숙여 절하며 애절히 참회하면 좋은 경계를 만나 마음의 편안함을 얻게 될 것이다.

安置淨居 若佛現在 當正思惟 若佛滅後 施設形像 心存目想 生正憶念 還同如來常住之日 懸諸旛華 經三七日 稽首十方 諸佛名字 求哀懺悔 遇善境界 得心輕安

수행처는 깨끗하고 조용해야 한다. 그렇다고 깊은 산속이나 굴속에 들어가 혼자 생활하는 것은 바람직하지 않고 뜻이 맞는 벗들과 함께 거처를 마련하여 수행하면 더욱 바람직하다.

이렇게 기한을 정하고 수행처를 마련한 수행자는 사유, 즉 관행을 닦아 들어가는 공부를 해야 되는데, 부처님이 생존해 계실 때는 아무런 시설이 필요 없다. 그냥 수행만 하면 되는 것이다. 그러나 부처님이 입적하신 뒤나 말법 시대에는 부처님의 모습을 뵐 수 없으므로 단을 꾸며 부처님의 형상을 모시고 꽃과 깃발 등으로 장엄해야 할 필요성이 있다. 그런 다음 수행자는 부처님의 형상을 눈으로 우러러보면서 살아 계신 듯이 공경하고 삼칠 일 동안 지극한 마음으로 염불하면서 지난날의 업장을 참회한다. 참회란 참마회과(懺摩悔過)의 준말로

부끄럽게 여기고 뉘우치면서 다짐한다는 뜻이다.

많은 사람들이 알고 있듯 염불이라는 것은 부처님의 이름을 놓치지 않고 집중적으로 생각하는 수행법이다. 불자들은 이 방법을 통해 지난날의 과오를 참회하기도 하고 소원을 빌기도 하며 마음의 안정을 얻으려고도 한다. 그러나 이와 같이 일반적으로 알고 있는 염불법은 염불 수행의 방법을 다 파악했다고 보기 어렵다. 좀 더 확실한 염불법은 무조건 부처님의 이름을 놓치지 않고 끊임없이 부르거나 생각하는 방식이 아니라, 본문에서 말하는 것처럼 부처님의 형상을 관찰하면서 행하는 관상 염불법에 있다.

관상 염불법을 간단히 설명하면, 먼저 눈으로 부처님의 고귀하고 거룩한 형상을 지극히 바라보며 부처님의 이름을 집중적으로 부른다. 그러다가 나중에는 눈을 감고 눈으로 보아 왔던 부처님의 형상을 상상으로 떠올려 가면서 염불을 하되 그 부처님의 모습이 명료하게 나타나도록 해야 한다. 만약 이때 모습이 희미하거나 다른 생각이 침범하면 다시 눈을 뜨고 부처님의 모습을 보면서 염불을 한다. 수행자가 이와 같은 방식으로 염불을 거듭하다 보면 마치 부처님의 모습이 살아 계신 것처럼 마음 가운데 뚜렷이 나타나면서 말할 수 없는 환희심과 함께 지난날의 무거운 업장이 얼음처럼 녹는 듯한 체험을 하게 된다.

본래 불가에서는 업장을 소멸하는 참회법으로 두 가지를 실천해 왔다. 사참(事懺)과 이참(理懺)이 그것인데, 사참은 방금 말한 방법처럼 불보살 앞에 자신이 지은 과거의 업장을 머리 숙여 낱낱이 고하여 반성하고 다짐하는 참회법이고, 이참은 업장의 근본이 되는 마음을 관찰하여 무명을 타파하고 원각을 활짝 드러내어 업장을 소멸시키는 참회법이다. 이 가운데 사참은 완전한 참회법이라고는 할 수 없고 이참을 완전한 참회법이라고 할 수 있는데, 지금 부처님의 형상을 꾸미고 그 앞에 삼칠 일간 애절히 참회하라는 것은 우선 이참에 들어가기 전에 사참으로써 업장을 소멸시키는 방법을 말하고 있는 것이다.

●

삼칠 일 동안 한결같이 마음을 거두도록 하되 만일 첫여름을 맞이하여 석 달 동안 안거를 하려거든 마땅히 청정한 보살이 머무는 법을 따라야 하나니, 마음이 성문을 여의면 무리에 의지할 필요가 없느니라.

안거하는 날에는 부처님 앞에 서원해야 한다. '나(비구, 비구니, 우바새, 우바이) 아무개는 보살승에 걸터앉아 적멸의 행을 닦아 청정한 실상에 함께 들어가면 대원각으로써 나의 가람을 삼아 몸과 마음이 평등성지에 편안히 머무르려 하오니 열반 스스로의 모습은 얽매임이 없기 때문이옵니다. 저는 지금 성문에 의지하지 않고 시방의 여래와 큰 보살과 더불어 석 달 동안 안거하기를 우러러 청하옵나니 보살의 위없는 묘각을 닦으려는 큰 인연 때문에 무리에 매이지 않나이다.' 선남자야, 이것이 보살이 모여 안거하는 법을 보여 주는 것이니 세 종류의 기한을 지내면 어디를 가나 걸림이 없느니라. 선남자야, 말세에 수행하는 중생들로서 보살도를 구하기 위하여 세 가지 기한에 든 이는 이미 들은 바가 아니거든 끝내 취하지 말지니라.

過三七日 一向攝念 若經夏首 三月安居 當爲淸淨 菩薩止住 心離聲聞 不假徒衆 至安居日 卽於佛前 作如是言 我比丘 比

丘尼 優婆塞 優婆夷 某甲 踞菩薩乘 修寂滅行 同入淸淨 實相
住持 以大圓覺 爲我伽藍 身心安居 平等性智 涅槃自性 無繫
屬故 今我敬請 不依聲聞 當與十方 如來及大菩薩 三月安居
爲修菩薩 無上妙覺 大因緣故 不繫徒衆 善男子 此名菩薩 示
現安居 過三期日 隨往無碍 善男子 若彼末世 修行衆生 求菩
薩道 入三期者 非彼所聞 一切境界 終不可取

위와 같은 방법으로 삼칠 일 동안 지극하게 지난날의 죄와 업을 부
처님 전에 참회하여 번뇌의 회오리가 잠잠해져 마음이 가벼워지면 그
기쁨과 함께 수행자는 안거하는 보살의 법을 따라야 한다. 여기서 법
이란 대중과 함께 수행하면서 지켜야 되는 규칙들이다. 그러다가 수
행이 진전되어 성문의 경지를 벗어나게 되면 그때부터는 대중 속에
머물 필요 없이 자유로이 홀로 관행을 닦아도 된다. 그렇게 한 후 부
처님 앞에서 크게 원을 세우기를 위에서 말하는 것처럼 해야 한다.

'보살승(菩薩乘)'은 보살이 타고 가는 수레이니, 이 수레를 통해 모
든 부처님들이 깨달음을 이루었고 일체 중생이 깨달음을 얻는다. '적
멸의 행을 닦는다.'는 것은 부처의 행을 닦는다는 말로, 부처는 일체
의 번뇌와 망상을 여읜 적멸의 경지로써 근본을 삼기 때문이다. '대
원각으로써 나의 가람을 삼는다.'는 것은 몸은 비록 하나의 공간으로
이루어진 절을 가람으로 삼지만 마음은 크나큰 깨달음인 원각을 가람
으로 삼는다는 말로, 『유마경』에서 유마 거사가 광엄 동자에게 곧은
마음이 곧 도량이라고 말한 것과 같은 이치이다. 참된 가람은 인적
끊어진 산속의 절이 아니고 중생의 청정한 마음자리이므로 어느 곳이
든지 다 수행하는 도량이며 부처님이 계신 법당이다.

'몸과 마음이 평등성지에 머무르고자 한다.' 할 때 평등성지는 모든 법의 본성이 청정하여 일체를 차별 없이 비춰 보는 지혜이다. 이는 곧 원각의 지혜를 가리키는 것으로, 이 지혜의 자리에서 보면 안거하는 주체로서의 자기 몸과 마음이라는 것이 본래 실체가 없는 허깨비여서 그대로가 적멸한 모습인지라 아무런 차별이 없다. 몸과 마음을 떠나 따로 원각이 존재하는 것이 아니라 몸과 마음 이대로가 원각이어서 평등한 성품의 지혜라 하는 것이다.

'열반의 모습은 스스로 얽매임이 없다.'고 했는데, 열반은 곧 원각이다. 원각은 일체를 허깨비로 관찰하므로 무엇에도 끄달리거나 얽매이지 않는다. 그러므로 수행자는 안거를 하기 위해서 대중과 더불어 기한을 맺고 처소를 꾸미고 온갖 수행을 지어도 지은 바 없고 맺어도 맺은 바 없으며 꾸며도 꾸민 바 없어야 한다. 그러니 어찌 인연에 헤매겠는가. 걸림 없는 마음으로 대중과 더불어 하되 묶이지 말고, 규칙을 따르되 얽매이지 않으며, 가람 안에 있되 속해 있지 않고, 기한을 정하되 정한 바 없어야 안거다운 안거를 행하게 되는 것이다.

●

선남자야, 중생들이 사마타를 닦으려면 먼저 지극히 고요함을 취하여 다른 생각을 일으키지 않으면 조용함이 지극해져 문득 깨달을 것이다. 이와 같이 처음의 고요함이 한 몸에서 한 세계에 이르나니 깨달음도 이와 같으니라. 선남자야, 깨달음이 한 세계에 두루한다면, 한 세계 안에 한 중생이 일으키는 한 생각까지도 다 알고 백천의 세계도 그러하리니, 이미 들은 일체 경계가 아니거든 끝내 취하지 말지니라.

善男子 若諸衆生 修奢摩他 先取至靜 不起思念 靜極便覺 如
是初靜 從於一身 至一世界 覺亦如是 善男子 若覺遍滿 一世
界者 一世界中 有一衆生 起一念者 皆悉能知 百千世界 亦復
如是 非彼所聞一切境界 終不可取

사마타는 번뇌와 망상이 끊어져 고요해진 마음 상태로 지(止)의 뜻을 지니고 있는데, 『원각경』에서는 관법의 입장에서 설하고 있는 것이 특징이다. 수행자가 도량에 앉아 일어나는 번뇌와 망상을 계속해서 관찰하게 되면, 일어나는 일체의 번뇌와 망상이 실제로 있는 것이 아님을 알게 되어 일어나도 일어난 바 없고, 사라져도 사라진 바가 없어서 본래부터 고요해져 있음을 보게 된다. 즉 산란하다고 여겨졌던 번뇌와 망상을 관하여 비추어 보는 수행에 의해 산란이 산란 아님을 알게 되므로 번뇌 망상 그대로가 깨달은 마음이다. 번뇌 망상이 본래 제 성품이 없는 때문이다.

'지극히 조용함을 취하되 다른 생각을 일으키지 마라.' 하는 것은 번뇌 망상 그대로가 곧 고요한 것이므로 생각을 일으키거나 따로 고요한 마음을 구하려 하지 말라는 것이다. 수행자가 도량에 앉아 계속적으로 자신의 마음속에서 일어나는 한 생각 한 생각을 놓치지 않고 허망이라고 관찰하다 보면 문득 하나의 번뇌 속에서 깨달음을 얻게 된다. 이때 수행자는 비로소 일어난 한 생각이 곧 한 세계이며 한 세계 속에 일체의 세계가 들어 있음을 보게 되고, 낱낱 중생과 그들이 일으키는 한 생각 한 생각이 모두 자신이 깨달은 마음과 더불어 떨어져 있는 것이 아님을 알게 된다.

●

선남자야, 중생들이 삼마발제를 닦으려면 먼저 시방 여래와 시방세계의 모든 보살들을 기억하고, 갖가지 법문에 의하여 점차로 수행하여 삼매를 애써 익히며 큰 서원을 두루 일으켜 스스로 부지런히 닦으면 갖가지 지혜를 이룰 것이니, 이미 들은 일체 경계가 아니거든 끝내 취하지 말지니라.

善男子 若諸衆生 修三摩鉢提 先當憶想 十方如來 十方世界 一切菩薩 依種種門 漸次修行 勤苦三昧 發廣大願 自熏成種 非我所聞 一切境界 終不可取

삼마발제는 본래 마음을 하나로 집중시키는 방법으로, 얻어지게 되는 삼매의 경지가 깨달음의 직전에까지 이를 정도로 깊어진 상태를 가리키는 등지(等至)의 뜻을 지닌 용어이다. 그러나 『원각경』에서는 사마타와 마찬가지로 관법의 측면에서 설하고 있다.

'시방의 모든 부처님과 보살들을 마음속으로 항상 기억하라.'는 것은 모든 부처님과 보살들이 실천했던 두 가지 행을 잊지 말라는 것으로 하나는 관행이요, 하나는 원행이다. 관행이 무명과 더불어 일체를 허깨비 같다고 보는 수행이라면, 원행은 그 허깨비 같다는 사실에도 머무는 바 없이 중생들을 향해 자비를 베푸는 수행이다.

'삼매를 익히라.' 할 때의 삼매는 역시 여환삼매(如幻三昧)로, 수행자는 이 여환삼매를 익힘으로 인해 깨달음을 얻게 되고, 생사의 그물을 벗어나 중생을 제도할 수 있게 된다. 다른 경전에 나오는 모든 부처님들이 누리고 계신 해인삼매(海印三昧)니 등지왕삼매(等地王三昧)

니 무량의처삼매(無量意處三昧)니 하는 등의 한량없는 삼매도 결국은 여환삼매로 이름만 달리하고 있다.

그런데 한 가지 여기서 짚고 넘어가야 할 것은, 누가 관행을 닦아 그와 같은 삼매에 들었다 했을 때, 실제로 그 삼매 가운데는 들어가야 할 곳으로서의 삼매와 들어가야 할 자로서의 내가 따로 있을 수 없다는 사실이다. 중생이 모르다 보니 삼매를 말하고 닦음을 말하고 들어감을 말하는 것일 뿐, 정작 여환삼매라는 것도 하나의 이름으로 실체가 없는 것이다. 그러므로 관행을 바르게 닦는 수행자는 삼매 속에 있으면서도 삼매를 특별한 체험이나 경지로 여기지 말아야 되며, 지금 쓰고 있는 마음 외에 별개의 마음이 있다고 여겨 얻으려 하거나 머무르려고 해서는 안 된다.

일체를 허깨비라고 보는 여환관(如幻觀)은 자신과 세계를 모두 허깨비 같다고 여기되 그렇게 허깨비 같다고 여기는 것마저 다시 허깨비라고 관찰하여 궁극적으로는 허깨비 같은 현상계를 벗어나게 한다. 따라서 여환관과 여환삼매는 중생들에게 모두를 허깨비라고 보게 한다고 해서 허무에 빠뜨리게 하려는 공부가 아니며, 세상을 거부하고 포기하게 하려는 공부가 아니다. 참으로 이 환관 수행이야말로 중생들이 여태껏 지니고 왔던 무명에 기초한 고정된 사고의 틀과 생활 방식을 근본적으로 타파하여 대해탈 대광명의 새로운 삶으로 바꾸게 하려는 데 그 목적이 있다.

일체를 허깨비로 관찰한다 해서 허깨비라는 사실에 떨어지지 말고 중생을 제도하고자 하는 크나큰 원을 발하여 삼매를 익히면 부처님들이 성취하신 갖가지 지혜를 이루게 되는 것이 삼마발제의 수행법인 것이다.

●

선남자야, 중생들이 선나를 닦으려면 먼저 수문에 의지하여 마음속에서 나고 머무르고 멸하는 생각의 갈피와 그 수효를 잘 알아야 한다. 이렇게 두루하여 네 가지 위의 가운데 분별하는 생각의 수효를 잘 알지 못하는 것이 없으며, 점차로 나아가면 백천 세계의 한 방울의 빗물까지를 알되 마치 눈으로 받아 쓰는 물건을 보는 것같이 되나니, 이미 들은 경계가 아니거든 끝내 취하지 말지니라.

善男子 若諸衆生 修於禪那 先取數門 心中了知 生住滅念 分齊頭數 如是周遍 四威儀中 分別念數 無不了知 漸次增進 乃至得知 百千世界 一滴之雨 猶如目睹 所受用物 非彼所聞 一切境界 終不可取

선나는 마음을 고요히 한다는 정려(靜慮)와 움직이지 않는다는 정(定)의 의미를 지닌 용어인데 역시 삼관의 하나로서 설명하고 있다.

말씀 중에 '수문(數門)'이라는 것이 나오는데, 이는 자신의 호흡을 세면서 마음을 가라앉히는 수행법인 수식관문(數息關門)에서 비롯된 말이다. 즉 수행자가 자리에 편안히 앉아 호흡을 하면서 들이쉬고 내쉬는 숨에 대해 하나, 둘, 셋 하는 식으로 숫자를 세는 것이다. 하지만 이 경에서는 수문을 이와 같은 호흡법에 적용하지 않고 마음에 적용시켜 설명하고 있다. 다시 말해 호흡을 관찰하지 않고 일어나고 사라지는 마음의 갈피를 자세히 들여다보면서 그 정체를 알아채는 공부인 것이다.

중생의 마음은 항상 생과 멸을 거듭하고 있다. 한 찰나 사이에도 일고 꺼짐이 무려 아흔아홉 번씩이나 있다고 하니 그 수효를 가히 측량하기 어렵다. 호흡을 보는 수행의 입장에서는 중생의 나고 죽음이 숨 한 번 내쉬고 들이쉬는 사이에 있다고 하지만, 마음을 관찰하다 보면 나고 죽음은 바로 한 생각이 일어나고 한 생각이 사라지는 데 있음을 알게 된다. 이렇게 하여 한 생각 한 생각이 모두 번뇌 아님이 없고 생사 아님이 없는 줄을 분명히 알면, 여기서 번뇌가 끊어지고 생사가 사라진 본래면목으로서의 원각의 마음이 드러난다. 이때 참으로 묘한 것은 그 본래면목으로서의 원각의 마음은 다른 마음이 아닌 일고 꺼지는 생사심 그대로가 원각의 마음이라는 데 있다.

일체를 허깨비라고 비추어 보는 여환관의 입장에서 보면 일고 꺼지는 갖가지 마음 갈피들은 실재하는 것이 아니기 때문에 일어났어도 일어난 것이 아니고 꺼졌어도 꺼진 것이 아니다. 일어남 속에서 일어남이 없는 줄을 보고 사라짐 속에서 사라짐이 없는 줄을 보면 생멸이 그대로 불생불멸이 되고 번뇌가 보리가 되어 어느 때나 뚜렷한 깨달음이 눈앞에 현전하게 된다.

'점차로 나아가면 백천 세계의 빗물까지 알되 받아 쓰는 물건같이 본다.'는 것은 일체 만법이 곧 마음 안에 존재한다는 뜻으로, 마음과 아무 관련 없이 운행되고 있는 줄 알았던 우주의 갖가지 현상들도 깨달음을 이루게 되면 모두 마음의 작용으로 비추어진다는 것이다. 해와 달이 움직이고 비가 내리고 바람이 불며 꽃이 피고 새가 우는 등의 모든 자연현상들은 다 중생의 마음을 따라 일어나고 사라지는 그림자일 뿐 실제가 아니다. 그러므로 백천 세계의 물방울까지 알 수 있다는 의미는 물방울 같은 작은 현상까지도 선나의 지혜로서 그것이 어

떤 이치로 존재하게 되었으며, 무엇에 근본하여 나타나게 되었는가
를 알게 된다는 뜻이다.

●

이것이 삼관의 첫 방편이니라. 만약 모든 중생이 세 가지를 두
루 닦아서 부지런히 정진하면, 여래께서 세상에 나타나셨다 하
느니라.

말세에 둔한 중생들이 도를 구하려 하나 성취하지 못한다면, 그
까닭은 옛날의 업장 때문이니 부지런히 참회하여 항상 희망을
일으켜야 한다. 미움과 사랑, 질투와 아첨, 굽은 마음 따위를 먼
저 끊고, 훌륭하고 드높은 마음을 일으켜 세 가지 청정한 관법
에서 어느 하나를 형편 따라 배우되, 이 관으로 얻지 못하거든
다시 저 관법을 익혀 잠시라도 게으르지 않으면 차츰차츰 증득
하게 되리라.

그때 세존께서 이 뜻을 거듭 펴시기 위해 게송으로 말씀하셨다.

원각이여, 그대는 마땅히 알라.
일체 중생들이 위없는 도를 구하려거든
세 가지 기한을 먼저 택해서
비롯함이 없는 예로부터 지은 업을 모두 참회하며
삼칠 일 동안을 바로 살피되
이미 들은 바 아니거든 취하지 마라.
사마타는 지극히 고요하고
삼마발제는 바르게 기억하고
선나는 수문을 밝히니

이것이 세 가지 청정한 관법이라.

만일 부지런히 닦아 익히면

이는 부처님이 세상에 나타난 바라.

근기가 무디어 이루지 못하는 이는

항상 그 마음을 부지런히 하여

끝없는 예로부터 지은 죄를 참회할지니

모든 업장이 소멸하면

부처의 경계가 곧 나타나리라.

是名三觀 初首方便 若諸衆生 徧修三種 勤行精進 卽名如來

出現於世 若後末世 鈍根衆生 心欲求道 不得成就 由昔業障

當勤懺悔 常起希望 先斷憎愛 嫉妬諂曲 求勝上心 三種淨觀

隨學一事 此觀不得 復習彼觀 心不放捨 漸次求證

爾時 世尊 欲重宣此義 而說偈言

圓覺汝當知　　　一切諸衆生

欲求無上道　　　先當結三期

懺悔無始業　　　經於三七日

然後正思惟　　　非彼所聞境

畢竟不可取　　　奢摩他至靜

三摩正憶持　　　禪那明數門

是名三淨觀　　　若能勤修習

是名佛出世　　　鈍根未成者

常當勤心懺　　　無始一切罪

諸障若銷滅　　　佛境便現前

게으른 자는 신선도 될 수 없다는 옛말처럼 부지런히 노력하지 않으면 아무것도 주어지지 않는다. 세상일이 모두 그렇거니와 원각을 이루는 것 역시 뼈를 깎는 노력 없이는 불가능하다.

말세에는 중생들이 번뇌가 치성하여 여간한 구도심이 아니고서는 깨달음을 이루기 어렵다. 세상의 흐름은 수행하려는 사람의 마음을 내버려두지 않는다. 언제나 갖가지 경계와 유혹으로 수행하려는 마음을 뒤에서 끌어당겨 주저앉게 한다. 따라서 수행의 길을 가고자 하는 사람은 세상에 대한 욕심과 집착을 멀리하고 늘 마음공부 쪽으로 관심을 돌려 기필코 깨달음을 이루고야 말겠다는 각오가 서 있지 않으면 안 된다.

만약 이와 같은 각오를 가지고 열심히 수행을 했음에도 불구하고 원각을 이루지 못했다면, 그것은 다겁생래로부터 짊어지고 내려온 무거운 업장과 금생에 익혀 온 습기(習氣) 때문이다. 이런 사람은 자신이 지어 온 저 모든 업장과 함께 습기들을 불보살 앞에 항상 참회하고 도가 성취되기를 발원하면서 용맹심을 잃지 말고 힘써 정진해야 한다. 미움, 사랑, 거만, 비굴, 질투, 아첨, 게으름, 사치, 나약함, 원망 등 마음에서 일어나는 갖가지 악업들을 굴복시키고 대상을 따라 달라붙고 굽이치는 집착심을 끊어 가면서 관법을 닦아 나가면 반드시 도과를 증득하게 될 것이다.

13

현선수보살장(賢善首菩薩章)

현선수보살장(賢善首菩薩章)

●

이때 현선수보살이 대중 가운데 있다가 얼른 자리에서 일어나 부처님의 발에 이마를 대 절하고, 오른쪽으로 세 번 돌고 무릎을 세워 꿇고 손을 모으고 부처님께 사뢰었다.

"대비하신 세존이시여, 저희들과 말세의 중생들을 위하여 이같이 부사의한 일을 말씀해 주셨나이다. 세존이시여, 이 대승경전을 무엇이라 이름하오며, 어떻게 받들어 지녀야 하오리까? 중생들이 받들어 지니면 무슨 공덕을 얻게 되며, 이 경을 지니는 사람을 저희들은 어떻게 보호해야 하나이까? 그리고 이 경전을 퍼뜨리면 어떤 지위에 오르게 되나이까?"

이렇게 말하고는 몸의 다섯 활개를 땅에 던져 세 번이나 청하여 마치고 다시 시작하려 하였다.

"좋은 말이다. 좋은 말이다. 선남자야, 그대들은 여러 보살과

말세의 중생들을 위하여 여래에게 이 경의 공덕과 이름을 묻는
구나. 그대들은 들으라. 마땅히 그대들을 위해 말해 주리라."
그때 현선수보살이 분부를 받들어 기뻐하면서 대중들과 함께
조용히 귀를 기울였다.

於是 賢善首菩薩 在大衆中 卽從座起 頂禮佛足 右繞三匝 長
跪叉手 而白佛言 大悲世尊 廣爲我等 及末世衆生 開悟如是
不思議事 世尊 此 大乘敎 名字何等 云何奉持 衆生修習 得何
功德 云何使我 護持經人 流布此敎 至於何地 作是語已 五體
投地 如是三請 終而復始 爾時 世尊 告賢善首菩薩言 善哉善
哉 善男子 汝等乃能爲諸菩薩 及末世衆生 問於如來 如是經
敎 功德名字 汝等諦聽 當爲汝說 時 賢善首菩薩 奉敎歡喜 及
諸大衆 默然而聽

「현선수보살장」은 이 경의 마지막 장으로 유통분(流通分)에 해당한
다. 유통이란 부처님이 가르치신 말씀을 혼자만 받아 지니지 않고 후
대에까지 끊이지 않도록 널리 중생들에게 전하는 것이다. 뚜렷한 깨
달음인 원각의 경지는 혼자서 누리는 자리가 아니라 온 법계의 중생
들과 함께 누려야 되는 자리이다.

『원각경』의 마지막 질문자인 현선수보살은 부처님의 지혜를 깨달
아 모든 착하고 어진 법을 성취하고 실천하는 보살로, 부처님을 향해
이 경의 이름과 받들어 지니는 법과 공덕을 묻고, 이 경을 받아 지닌
사람들을 어떻게 보살펴야 하며, 널리 유포하면 어느 곳에 이르게 되
는지를 물었다.

●

선남자야, 이 경은 백천만억 항하의 모래 수와 같은 여러 부처님들께서 설하신 바이며, 삼세의 여래께서 지키고 보호하시는 바이며, 시방의 보살들이 귀의하는 바이며, 십이부경의 청정한 안목이니라. 이 경은 대방광원각다라니라 하며, 또는 수다라요의라 하며, 또는 비밀왕삼매라 하며, 또는 여래결정경계라 하며, 또한 여래장자성차별이라 하나니, 그대들은 잘 받들어 지녀야 하느니라.

善男子 是經 百千萬億 恒河沙諸佛所說 三世如來之所守護 十方菩薩之所歸依 十二部經淸淨眼目 是經 名 大方廣圓覺陀羅尼 亦名 修多羅了義 亦名 秘密王三昧 亦名如來決定境界 亦名如來藏自性差別 汝當奉持

과거 · 현재 · 미래에 걸쳐 수많은 부처님과 선지식들이 세상에 출연하지만 깨달은 바는 똑같다. 불교 속에 들어오면 『화법경』, 『법화경』, 『열반경』, 『능엄경』, 『아함경』 등 수많은 경전의 제목과 말씀들로 가득 차 있는 것을 볼 수 있는데, 이들 수많은 경전의 내용은 모두 원각이라는 하나의 자리로부터 나오게 된 것이다. 이 경을 삼세의 부처님이 항상 지키고 보호하는 까닭은 모든 부처님이 이 경을 설하기 위해 세상에 출현한 때문이며, 갖가지 외도나 마군들이 이 가르침을 듣게 되면 두려움이 생겨 비방하고 훼손하려 하기 때문이다.

이 경을 십이부경의 청정한 안목이라 했는데, 십이부경은 부처님이 설해 놓으신 열두 종류로 구분되는 계경(契經), 응송(應頌), 고기

송(孤起頌), 인연(因緣), 본사(本事), 본생(本生), 미증유(未曾有), 비유(比喩), 논의(論議), 자설(自說), 방광(方廣), 수기(授記) 등으로 모든 경을 총칭한다. 이들의 청정한 안목이 된다는 것은 모든 경전 가운데에서도 이 경이 가장 중요하고 으뜸 되는 위치에 있다는 뜻이다.

부처님은 이 경을 다섯 가지 이름으로 부를 수 있다고 하셨으니, '대방광원각다라니(大方廣圓覺陀羅尼)'는 크고 바르고 넓고 두루한 부처님의 밝은 깨달음을 모두 설한 경전이라는 의미이며, '수다라요의(修多羅了義)'는 부처님의 경지를 완전히 드러내어 끝까지 설한 경전이라는 의미이고, '비밀왕삼매(秘密王三昧)'는 중생들의 망령된 식정으로는 도저히 파악할 수 없는 비밀한 부처님의 삼매 경지를 설한 경전이라는 의미이다. '여래결정경계(如來決定境界)'는 어떠한 경우에도 움직이거나 변하지 않는 부처님의 결정된 경지를 나타내 보인 경전이라는 의미이고, '여래장자성차별(如來藏自性差別)'은 부처님의 마음자리인 여래장의 성품에 차별을 보인 경전이라는 의미이다.

이 가운데 앞의 네 제목이 원각이 지닌 불변성(不變性)에 근거를 둔 것이라면 끝의 제목은 원각의 수연성(隨緣性)에 근거를 둔 것이라 할 수 있다. 앞서 밝혔듯 알고 보면 중생도 마찬가지지만 원각의 성품은 변화하지 않는 속성과 변화하는 속성 두 가지를 지니고 있다. 다시 말해 원각의 마음자리는 일체의 상이 끊어져 허공처럼 고요하여 움직이지 않지만 그렇다고 고정된 자리만 지키고 있지는 않다. 허깨비 같은 인연을 따라 구르면서 만 가지 법에 응하기를 마치 거울이 갖가지 얼굴이 오면 오는 대로 비추어 주는 작용을 하는 것과 같다. 이 불변성과 수연성을 본각(本覺)과 불각(不覺), 진여와 무명으로 설명하기도 한다.

●

선남자야, 이 경은 여래의 경계만을 드러내었나니 여래만이 능히 다 설할 수 있느니라. 만일 보살들과 말세의 중생들이 이에 의하여 수행하면 차츰차츰 나아가서 부처의 경지에 이르게 될 것이니라.

善男子 是經 唯顯如來境界 唯佛如來 能盡宣說 若諸菩薩 及 末世衆生 依此修行 漸次增進 至於佛地

여래의 경계만을 드러내었다 함은, 이 경은 최상승의 경으로서 오직 가장 높은 부처님의 경지가 어떠한 것인가를 설했을 뿐 그 밖의 소승의 깨달음이나 보살의 차원을 설한 것이 아니라는 것이다. '여래만이 능히 설할 수 있다.' 함은 역시 소승의 깨달음을 이룬 성문이나 연각은 물론 대승의 지위에 머물러 있는 보살들도 원각의 근원을 사무치게 요달하지 못하였기 때문에 설할 수가 없고, 오직 최상 무극의 깨달음을 이룬 부처님만이 설할 수 있다는 것이다.

●

선남자야, 이 경의 이름이 돈교대승이니 단박에 깨닫는 기질을 지닌 중생이 이를 따라 깨달음을 얻을 것이며, 점차로 닦는 일체의 무리들도 포섭하나니, 마치 큰 바다가 작은 개울도 거절하지 않는데 모기, 깔다귀, 아수라까지도 그 물을 마시는 자는 모두 배부름을 얻는 것과 같으니라.

善男子 是經 名爲 頓敎大乘 頓機衆生 從此開悟 亦攝漸修一

切群品 譬如大海 不讓小流 乃至蚊虻 及 阿修羅 飮其水者 皆
得充滿

　돈교대승(頓敎大乘)은 여러 과정을 거치지 않고 대승의 경지를 단
박에 깨닫게 하는 가르침이라는 말이다. 도량을 꾸미고 앉을 필요도
없고 관행을 닦을 필요도 없이 법문만 듣고도 바로 깨달음을 얻을 수
있는 가르침을 돈교라고 한다. 돈교의 입장에서 보면 수행 방법과 수
행 과정은 무의미하다. 부처님의 설법을 듣자마자 그 자리에서 무명
을 단박에 여의어 더 닦을 것이 없어 곧바로 원각에 들게 되는 것이
다. 이에 반해 점교(漸敎)는 갖가지 수행을 통해 점차로 깨달음을 이
루어 원각에 드는 가르침이다. 그런데 『원각경』은 돈교에 속하는 경
이면서도 점교의 경이기도 하다는 데 또 다른 의미가 있다.
　이 경이 상근기, 중근기, 하근기들을 골고루 깨닫게 하기 위한 법
문이라는 것은, 상근기들에게는 끊을 번뇌가 본래 없고 얻어야 될 열
반이 본래 없어 일체가 허깨비와 같다는 사실을 그대로 알고 떠나기
만 하면 원각을 깨달을 수 있다는 법을 보인 것과, 중근기에게는 사
마타와 삼마발제와 선나를 닦는 방편으로써 원각을 깨닫게 하는 법을
보인 것과, 하근기에게는 안거를 정하고 부처님을 모시면서 업장을
참회하고 삼관을 닦음으로써 원각을 깨닫게 하는 법을 보인 것을 보
면 알 수 있다. 이는 마치 바다가 깨끗한 물과 더러운 물, 강물과 개
울물을 가리지 않고 받아들이듯 『원각경』은 단박에 깨닫는 지혜로운
돈기와 점차로 깨닫는 어리석은 점기를 다 받아들여 부처의 크나큰
깨달음을 성취하게 하고 있다.

●

선남자야, 가령 어떤 사람이 삼천대천세계에 순전히 칠보만을 가득 쌓아 두고 보시하더라도 다른 어떤 사람이 이 경의 제목이나 한 구절의 이치를 들은 것만 못하니라. 선남자야, 가령 어떤 사람이 백 항하의 모래 수의 중생을 교화하여 아라한의 과위를 얻게 되더라도 다른 어떤 사람이 이 경을 설명하여 반 게송을 분별한 것만 못하느니라.

善男子 假使有人 純以七寶 積滿三千大千世界 以用布施 不如有人 聞此經名 及一句義 善男子 假使有人 敎百恒河沙衆生 得阿羅漢果 不如有人 宣說此經 分別半偈

이는 경을 받아 지니거나 남들에게 전해 주는 공덕을 말씀하신 것이다. 세상에 아무리 큰 복을 지닌 사람이라 하더라도 이 경의 제목이나 한 글귀를 받아 지닌 사람만 같지 못하고, 헤아릴 수 없이 많은 중생에게 소승의 깨달음인 아라한의 지위를 얻도록 교화했더라도 이 경의 반 게송만 알려 준 것만 못하다는 것이다.

삼천대천세계(三千大千世界)는 하나의 태양계를 소천세계로 보고 그 소천세계를 천 배한 것을 중천세계, 그 중천세계를 다시 천 배한 것을 대천세계, 그 대천세계를 삼천 배한 것으로 불교에서 우주를 통칭할 때 쓰는 말이다. 이와 같이 광대한 세계를 일곱 가지 보배인 금, 은, 유리, 자거, 마노, 진주, 호박 등을 가지고 다 채워서 널리 베풀 수 있는 복을 지닌 사람도 『원각경』 반 구절 받아 지닌 사람에 비하면 아무것도 아니다. 앞의 복은 큰 것 같지만 꿈을 깨지 못한 유위의 복으로 능히 생사윤회를 벗어나지 못하지만, 경전 구절 반만이라도 받아 지니게 되면 일체의 속박으로부터 벗어날 수 있는 무위의 복을 얻게 되므로 그 복을 비교할 수 없다는 것이다.

불교에서 중생이 받는 복 가운데 가장 큰 복은 부처님의 바른 가르침을 만나게 된 일과 남들에게 부처님의 가르침을 전해 주는 일이라고 말한다. 시작도 알 수 없이 되풀이되어 온 중생의 삶을 드디어 청산하고 자신과 남들을 진정으로 복되게 할 수 있는 길은 이 같은 가르침을 바로 믿고 바로 전하는 행으로부터 이루어진다.

●

선남자야, 또 어떤 사람이 이 경의 이름만 듣고도 신심이 줄지 않으면 마땅히 알라. 이 사람은 한 부처님이나 두 부처님께만 복과 지혜를 심은 것이 아니라, 항하의 모래 수와 같이 많은 여러 부처님께 선근을 심으면서 이 경의 가르침을 들은 줄로 알지니라. 선남자야, 말세의 수행하는 이를 보호해서 악마나 외도들이 그의 몸과 마음을 홀리어 뒤로 물러서는 일이 없게 하라.

善男子 若復有人 聞此經名 信心不惑 當知是人 非於 一佛二佛 種諸福慧 如是乃至 盡恒河沙 一切佛所 種諸善根 聞此經敎 汝 善男子 當護末世 是修行者 無令惡魔 及諸外道 惱其身心 令生退屈

경의 이름만 듣고도 신심을 일으킨다는 것은 참으로 드문 일이다. 그러나 경의 제목 속에 이미 부처님의 모든 말씀이 함축되어 있는 줄을 안다면 경의 제목만 들어도 믿음을 일으킬 수 있다. 불교 수행법 가운데 경전의 제목만 집중적으로 암송하는 방법이 있는데, 이를 경제신앙(經題信仰)이라고 한다. 『나무묘법연화경』이라는 제목만 외워도 『법화경』 한 권을 다 외운 것이 되며, 『금강반야바라밀경』이라는 제목만 외워도 『금강경』 한 권을 다 외운 것이 되는 이유는 제목 속에 그 경의 내용이 모두 들어 있다고 믿는 까닭이다.

사람들 중에는 오랫동안 부처님의 가르침을 듣고서야 믿음을 일으키는 이가 있는가 하면, 법문 한 구절만을 듣고서도 믿음을 일으키는 이가 있다. 전생에 지은 복이 없이는 금생의 공덕이 있을 리 만무하다. 이런 사람은 금생에 부처님의 제자는 아니지만 이미 과거 생에 여러 부처님과 선지식을 만나 뵙고 착한 공덕의 씨앗을 심은 결과라고 할 수 있다.

말법 시대는 갖가지 악마와 외도들이 활개치면서 중생들을 죄악에 빠지게 하고 악견에 물들게 한다. 이러한 때 보호받을 수 있는 것이 바로 이와 같은 『원각경』이다. 『원각경』은 중생의 무명을 부수는 철퇴이며 사견을 끊어 내는 칼이다. 제목만 들어도 악마들은 두려움에 떨며 자취를 감출 것이고 외도들은 혼미해서 길을 잃고 헤맬 것인데 직접 수행을 닦고 깨닫기까지 한다면 어떻겠는가. 부처님께서는 법을 알면서 중생들에게 전하지 않는 사람은 악마의 제자라고 말씀하셨다. 수행자는 늘 이 원각법문으로써 자신의 마음을 깨달아 들어가는 방편을 삼고 중생을 교화하는 도구로 삼아 악마와 외도들의 방해와 유혹으로부터 벗어나게 하는 데 게으름이 없어야 한다.

●

그때 화수금강, 최쇄금강, 니람파금강 등 팔만 금강과 그들의 권속들이 자리에서 일어나 부처님의 발 앞에 이마를 대어 절하고 오른쪽으로 세 번 돌고 부처님께 사뢰었다.

"세존이시여, 말세 중생들로서 이 결정된 대승경전을 지니는 이가 있으면 저희들이 눈을 아끼듯이 보호할 것이며, 그가 수행하는 도량까지도 저희 금강들이 무리를 이끌고 가서 아침저녁으로 지켜 물러서지 않게 할 것이며, 그 집에는 영원히 재앙이 없어지고 질병이 사라지며 재물이 풍족하여 항상 모자람이 없게 하겠나이다."

爾時 會中 有 火首金剛 摧碎金剛 尼藍婆金剛等 八萬金剛 幷其眷屬 卽從座起 頂禮佛足 右繞三匝 而白佛言 世尊 若後末世 一切衆生 有能持此 決定大乘 我當守護如眼目 乃至 道場所修行處 我等金剛 自領徒衆 晨夕守護 令不退轉 其家乃至永無災障 疫病消滅 財寶豊足 常不乏少

부처님과 그 가르침을 보호하는 신들을 호법신중(護法神衆)이라고 한다. 신중의 무리는 크게 넷으로 나눌 수 있는데, 첫째는 불보살이 화현한 금강신중, 둘째는 천계의 천왕들, 셋째는 허공의 귀왕들, 넷째는 지상의 영기(靈祇)들이다. 먼저 금강신중은 불보살이 정법을 보호하기 위해서 차원을 낮추어 신중의 몸으로 화현한 존재들이다. 불경에 나오는 금강역사(金剛力士)니 밀적금강(密迹金剛)이니 하는 신중들이 모두 여기에 속한다.

화수금강은 타오르는 불꽃을 머리에 이고 있는 신중으로, 그 불꽃은 깨달음 속에 내재하는 삼매를 상징한다. 화수금강은 이 삼매의 불로써 중생들의 무명과 악업을 태워 버릴 뿐만 아니라 악마와 외도들을 흔적 없이 사라지게 한다. 최쇄금강은 주먹을 쥐고 있거나 철퇴를 지니고 있는 신중으로, 주먹과 철퇴는 깨지지 않는 원각의 견고함을 상징한다. 최쇄금강은 이 주먹과 철퇴로써 악마와 외도들의 머리를 산산조각 내어 수행하는 이들을 지키고 정법을 보호한다. 니람파금강은 푸른 몸을 가진 신중으로, 무서운 귀왕의 모습을 하고 있으면서 중생들의 번뇌와 무지를 항복시키고 악마와 외도의 무리를 제거한다.

●

그때에 대범천왕과 이십팔천왕과 그리고 수미산왕과 호국천왕 등이 자리에서 일어나 부처님의 발에 이마를 대어 절하고 오른쪽으로 세 번 돌고 부처님께 사뢰었다.
"세존이시여, 저희들도 이 경을 지니는 사람을 수호하여 늘 안온토록 하여 물러설 마음이 나지 않게 하겠나이다."

爾時 大梵天王 二十八天王 并須彌山王 護國天王等 卽從座起 頂禮佛足 右繞三匝 而白佛言 世尊 我亦守 護是持經者 常令安隱 心不退轉

이 신중들은 천계의 천왕들이다. 천계는 우리 인간들보다 선업과 공덕을 많이 쌓은 결과로 만들어진 세계이다. 천계는 욕계천(欲界天), 색계천(色界天), 무색계천(無色界天)으로 이루어졌는데 모두 스물여덟 단계로 나누어진다. 대범천왕은 초선을 닦아 태어나는 색계천에서 세 번째 되는 하늘인 대범천의 왕이고, 이십팔천왕은 욕계의 여섯 하늘과 색계의 열여덟 하늘, 무색계의 네 하늘의 왕들이며, 수미산왕은 욕계 하늘 중의 두 번째인 도리천의 왕인 제석천왕(帝釋天王)이다. 그리고 호국천왕은 사왕천(四王天)을 지키는 사천왕으로 지국천왕, 다문천왕, 증장천왕, 광목천왕이다. 이 신중들은 모두 위의 금강들과는 달리 아직 깨달음을 얻지 못한 중생의 차원에 있으면서 부처님이 설하신 정법이 세상에 끊이지 않도록 보호하겠다고 서원한 신중들이다.

●

그때에 길반다라 불리는 힘이 센 귀왕이 있었으니, 십만 귀왕들과 함께 자리에서 일어나 부처님의 발에 이마를 대어 절하고 오른쪽으로 세 번 돌고 부처님께 아뢰었다.

"세존이시여, 저희들도 또한 이 경을 지니는 사람을 보살펴 아침저녁으로 시중하여 물러서지 않게 할 것이며, 그 사람이 사는 곳에서 한 유순 이내에 어떤 귀신이 그 경계를 침노하거든 저희들이 그를 먼지같이 부수어 버리겠나이다."

爾時 有大力鬼王 名吉槃茶 與十萬鬼王 卽從座起 頂禮佛足 右繞三匝 而白佛言 世尊 我亦守護是持經人 朝夕侍衛 令不 退屈 其人所居 一由旬內 若有鬼神 侵其境界 我當使其碎如 微塵

길반다는 구반다(鳩槃茶)라고도 하며 모든 귀신을 통솔하는 귀왕이므로 대력귀왕이라고도 한다. 십만 귀왕은 모든 귀신을 총칭하는 말로 귀신에게는 악귀와 선귀가 있는데, 여기 나오는 귀왕들은 모두 부처님께 귀의한 귀왕들로 악마와 외도들의 세력이 커지지 못하도록 싸우는 역할을 한다. 이들이 『원각경』을 지니는 사람을 보호하되 한 유순 이내에 침범하는 악귀들을 부수어 버리겠다고 했으니 한 유순은 사방 육십 리이다.

●

부처님께서 이 경을 다 말씀하시니, 온갖 보살과 하늘, 용, 귀
신, 팔부의 권속들과 천왕, 범왕, 일체 대중이 부처님의 말씀을
듣고 매우 기뻐하면서 믿어 받들고 행하였다.

佛說此經已 一切菩薩 天龍鬼神 八部眷屬 及諸天王梵王等
一切大衆 聞佛所說 皆大歡喜 信受奉行

팔부의 권속은 팔부신중이 거느리는 권속들이다. 팔부신중은 위에
서 서원한 하늘〔天〕 왕들을 비롯해서 용(龍), 야차(夜叉), 건달바(乾達
婆), 가루라(迦樓羅), 긴나라(緊那羅), 마후라가(摩睺羅迦), 인비인(人
非人)을 가리킨다. 『화엄경』에 보면 부처님께서 『화엄경』을 설하실
때 그 법회에 운집한 대중 가운데는 수많은 보살을 비롯한 신들이 등
장하고 있는 것을 볼 수 있다. 이들을 가리켜 화엄성중(華嚴聖衆)이라
고 하는데, 우리나라에서는 이 화엄성중을 신앙의 대상으로 삼고 염
불하듯 신들의 이름을 부르면서 비는 기도를 하고 있다. 하지만 이러
한 신앙 형태는 올바른 수행법이라고 볼 수 없는 것이 『화엄경』에 나
오는 수많은 신들의 이름은 자신의 마음을 떠나서 따로 존재하는 자
들도 아니지만 인간 세계의 길흉화복을 주관하는 초월자들이 아니
다. 경에 나타나는 신들은 깨달음에 의해 나타난 세계의 낱낱 존재들
을 인격화시키고 신격화시켜 산을 산신으로, 바다를 해신으로, 나무
를 목신으로 표현하고, 그를 통해 삼라만상의 참모습을 중생들에게
깨닫게 하려는 것이다.

원각의 경지에서 볼 때 부처님의 깨달으신 마음과 세계와 중생은 본래 차별이 없다고 여러 차례 말했다. 무명과 미혹 속에 덮여 바라보았던 해와 달, 산과 들 그리고 나무와 물은 원각을 이룸으로 인해서 부처의 몸과 하나가 되고, 그것들은 불법 속에 들어 있으면서 정법을 지키는 신들로 나타난다. 그러므로 『화엄경』에 나오는 수많은 신들의 이름은 마음을 깨달아서 바라보아야 될 세계의 참모습들이지, 입으로 불러서 복을 구하는 미신적 대상들이 아니다.

그렇게 본다면 이 세상의 모든 존재는 신중 아님이 없어 본문 맨 위에 나오는 금강신중을 비롯한 일체의 호법선신들과 이들로부터 보호받아야 할 중생들은 결국 하나라는 말이 된다. 법을 설하시는 부처님과 법을 듣는 중생과 중생이 함께 머무르는 국토와 이를 보호하는 신중이 모두 하나의 원각 가운데 있는 것인데, 중생을 깨우치려는 방편으로 갖가지 이름과 형상이 나오게 된 것이다. 마음을 깨치지 못하면 이 세계 그대로가 악마와 외도의 도량이 되고, 마음을 깨달으면 이 세계 그대로가 호법신중의 도량이 된다. 그러나 이 또한 중생의 입장에서 그러할 뿐, 실은 중생이 마음을 깨닫든 못 깨닫든 부처님은 지금도 이 경을 쉼 없이 설하고 계시고 호법신중들 또한 끊임없이 이 경을 유통하고 있으니, 누가 가히 그 불가사의한 일을 알겠는가.

맺는 말

이때까지의 삶을 되돌아보면 이 세상에서 부처님의 바른 진리를 만났다는 것이 얼마나 다행한 일인지 모른다. 허무한 사바세계에 알지도 못한 채 태어나 일생을 허덕이다 꺼져 가야 될 우리에게 부처님은 대광명의 영원한 진실을 밝혀 주셨으니 이보다 기쁘고 복된 일은 없다.

중생들에게 남아 있는 시간이란 결코 길지 않다. 오로지 금생에 해야 될 가장 큰 일이 있다면 마음을 깨닫는 일이다. 부족한 이 해설집이 수행의 길을 가는 이들에게 조금이나마 도움이 된다면 더 이상의 보람이 없겠다.

이 책이 나오기까지 집필을 도와주신 남화정 님과 오선화 님께 감사드리며, 출판되도록 힘써 주신 도서출판 민족사 사장님을 비롯한 편집부 식구들에게 고마움을 전한다.

적연(寂然) 이제열 합장

완전한 깨달음

초판 1쇄 인쇄 │ 2010년 7월 15일
초판 1쇄 발행 │ 2010년 7월 20일
초판 2쇄 발행 │ 2010년 9월 15일

강　의 │ 이제열
펴낸이 │ 윤재승
펴낸곳 │ 민족사

책임편집 │ 김창현
마 케 팅 │ 성재영 윤선미
디 자 인 │ 김형조

등록 │ 1980년 5월 9일(등록 제1-149호)
주소 │ 서울시 종로구 수송동 58번지 두산위브파빌리온 1131호
전화 │ 02)732-2403~4
팩스 │ 02)739-7565
E-mail │ minjoksa@chol.com
홈페이지 │ minjoksa.org

ⓒ 2010 이제열

ISBN 978-89-7009-529-5　　03220